KB234723

생태주의 행정철학

이 저서는 2010년 정부(교육과학기술부)의 재원으로 한국연구재단의 지원을 받아 수행된
연구임(NRF-2010-327-B00699)

생태관료 육성의 철학적 기반을 찾아서

생태주의 행정철학

이도형 지음

이담
Books

GREEN SEED

"문명 앞에 숲이 있고 문명 뒤엔 사막만이 남는다." 이는 프랑스의 작가이자 외교관이었던 샤토브리앙이 한 말이다. 우리가 좀 편하게 살아보겠다고 자연을 마구 파헤치고 얕은 마음으로 이용만 하면, 우리들 삶의 터전이 금방 삭막해지고 그만큼 사람이 살만한 곳이 하나 둘 없어진다는 경구이다.

"…… 깊은 흙 얄팍한 아스팔트, 짐승스런 편리 사람다운 불편 ……" 그윽한 생태시를 발표하는 정현종 시인은 오늘의 생태위기 원인과 그 해법을 위의 시 한 구절로써 넌지시 제시한다.

아이들이 정 붙이고 살아야 할 이 땅의 사막화를 막으며, 아이들이 자연에 좀 더 가까이 다가가도록 하기 위해, 우리는 생태주의적 삶이 요구하는 이런저런 불편을 기꺼이 감수해야 할 것이다. 그것이 사람다운 불편이므로!

작위로 점철된 나 자신의 삶을 반성하고 스스로 그러한(self-so) 자연에 보다 가깝게 다가가기 위해 생태주의 공부를 조금씩 시작했다. 그런데 이 땅에서 자행되는 대규모 토건사업과 지역경제 최우선의 마구잡이식 난개발들이 우리의 귀중한 자연생태계를 정복과 개발의 대상으로 폄하하는 토건국가적 파괴경로로만 치닫고 있어 참 난감했다.

　　행정학자로서 생태주의 공부를 병행하면서 우리 사회가 토건국가적 망상을 지우고 진정한 생태적 전환의 길로 나가기 위해선, 모든 정책과 국토개발 사업을 일선현장에서 손수 관장하며 집행하는 정부관료들의 업무철학 변화가 주요 관건이라는 생각이 강하게 들었다. 한 나라의 자연환경을 실제로 보호하거나 파괴하는 결정적 행위는 세부적 정책결정권과 집행권을 장악한 정부관료들에 의해 궁극적으로 좌우되기 때문이다.

　　개발과 보전의 갈림길에서 국가정책을 실제로 관장, 집행하는 정부관료들이 "이 세상 모든 것이 하나로 연결되어 있다"라는 생태적 전일(全一)성과 자신도 생태계의 일부라는 생태적 존재성에 대한 뚜렷한 자각 아래, 생태적 가치의 학습과 그것을 촉진시키기 위한 생태윤리 및 생태친화적 정책철학을 체화(體化)해 나갈 때, 생태적 전환의 단초가 마련될 수 있다. 특히 관료들이 자신의 단 한 번의 잘못된 의사결정과 무의식적인 반(反)생태적 정책집행이 자연의 대반격 등 위험의 부메랑이 되어 되돌아옴을 깨닫고 더 이상의 반생태적 행동을 스스로 경계할 때 진정한 생태적 전환이 가능해진다.

　　우리는 여기서 생태주의와 행정철학 간 학문적 만남의 필요성을 발견하게 된다. 정부관료들의 진정한 생태적 계몽을 촉진시킬 수 있는 구체적 실마리를 '생태주의 행정철학'이라는 새로운 학문영역의 정립을 통해 찾아볼 수 있기 때문이다.

철학이 존재와 진리에 대한 문제를 고민하기 위한 올바른 사유와 가치부여의 과정이라면, 생태주의 행정철학은 생태주의의 학문적 본질과 생태문제 해결자로서의 현대 정부의 존재 이유에 대한 철학적 사유와 더불어, 현대 정부가 추구해야 할 바람직한 생태적 가치의 구현과 사회 전체의 생태적 전환을 유도하기 위한 공무원 생태윤리 및 생태친화적 정책철학을 정립하려는 새로운 실천철학의 영역이 될 것이다.

생태주의 행정철학에선 정부관료들이 이 세상의 모든 것이 서로 연결되어 있다는 생태주의적 사유에 정통할 것을 무엇보다 강조하는데, 이런 생태주의적 사유만이 인위적 통제 없이 자연의 이치 그대로 행정이 이루어져야 할 필요성을 인식하게 한다. 또 관료들이 종래 기술-개발관료로서의 환경파괴자적 이미지에서 벗어나 생태관료(eco-crats)로서의 생태문제 해결자적 이미지로 변신할 수 있는 근거를 만들어줄 수 있다. 따라서 생태주의 행정철학은 생태관료 육성의 철학적 기반을 마련해줄 것이다.

이 책은 이런 문제의식 아래 저자가 근 5~6년간 생태주의 공부를 한 흔적을 저자의 전공인 행정철학에 연결해본 학문적 노력의 작은 결과물이다. 생태주의 혹은 생태철학의 각도에서 행정학이나 행정철학을 논한 선행연구가 없는 현실에서 처음엔 허공에다가 그림을 그리는 막연한 느낌이었지만, 그간 읽은 많은 책들을 스승 삼아 생태주의와 행정철학의 연맥구조를 찾아보고 거기서 생태관료 육성의 철학적 기반을 마련해, 국가정책권을 쥔 관료들이 사회 전체의 생태적 전환의 길을 리드해 나갈 수 있는 사유의 기반과 실천논리를 찾아보려고 무던히 노력해보았다. 그래도 부족하고 덜 여문 부분들은 모두 저자의 지적 한계이다. 이에 대해선 계속 공부해 보완해 나갈 생각이다.

돈만 아는 척박한 세상풍토에서도 이런 유의 학술서적이 세상에 나올 수 있도록 출판기회를 선뜻 주신 한국학술정보(주)의 채종준 대표이사님, 강태우 차장님과 까다로운 편집일을 맡아주신 김소영 선생님께 깊이 감사드린다.

2012년 임진년 새해를 맞으며

이도형

PART 02　생태주의 행정철학 Ⅰ
(성찰 및 가치 재구성의 철학)

PART 03 생태주의 행정철학 Ⅱ
(개혁 및 행동의 철학)

PART 01

생태주의 행정철학의 정립 필요성과 그 구성체계

01

책의 들머리

▣ 연구의 필요성

산업혁명, 정보혁명을 통해 획기적 문명발전을 이루어온 인류의 근현대사는 달리 보면 인간이 지구 생태계의 균형에 큰 흠집을 낸 생태계 파괴의 역사이기도 하다. Dunlap(1994)에 따르면 인간에게 있어 자연환경은 삶의 공간(living place), 자원 공급창고(supply depot), 폐기물 저장소(waste repository)로서의 3가지 기능을 수행하는데, 생태문제는 이런 3가지 기능이 서로 경쟁적으로 확대되는 바람에 지구가 그것들을 모두 수용하기 어려워진 데서 발생했다. 특히 근대에 들어 생산과 소비방식이 크게 바뀌어 환경에 대한 첨가(예: 쓰레기 폐기)와 철회(예: 지하자원 개발) 수준이 지나치게 높아지면서(한국환경사회학회, 2004: 43~44) 생태계 파괴는 가속화되었다.

더욱이 현 인류는 열대 제조업자로서 난개발을 일삼으며, 환경오염이라는 치명적인 전염병을 지구 도처에 마구 퍼뜨렸다(코헨,

2001). 지난 1950년대부터 현시점까지의 범세계적 산림파괴가 48억 년 전에 지구가 출현한 이래 1940년대까지의 숲 파괴 역사보다 지구 전체에 더 나쁜 영향을 미쳤다는 Williams(2002)의 분석은, 생태문제의 이런 범지구성을 정확히 지적한다.

인류가 자연과 갈등을 빚어 야기된 지구 생태계 파괴의 대표적 증거로는 기후변화로 인한 빙하 해빙과 해수면 상승, 벌목과 난개발로 인한 숲 면적 축소와 초지의 황폐화, 이산화탄소 농도증가, 어업붕괴, 다수 생물종의 멸종 등을 들 수 있다(브라운, 2003: 22).

일본의 아사히 글라스 재단의 발표에 의하면 생태계 파괴 및 범세계적 환경오염에 따른 환경위기시계는 2008년 현재 이미 9시 33분을 가리켜, 돌이킬 수 없는 매우 불안한 수준에 와 있다.[1] UN 밀레니엄 생태계 평가보고서(2005)에 의하면, 특히 지난 50년간의 생태계 파괴로 인해 물, 식량, 목재, 공기, 기후 등 인류의 기본 생태자원의 60%가 고갈, 악화되었는데, 특히 난개발로 인한 산림파괴와 물 부족에 대한 범지구적 차원의 비상대책이 없는 한, 향후 30년 내에 지구촌 황폐화가 더욱 급속히 전개될 전망이다.

세계은행의 전 수석연구원 니콜라스 스턴(2006)은 "기후변화는 자본주의의 가장 크고 광범위한 실패로서 세계경제를 20%나 위축시키는 등, 제2차 세계대전과 경제 대공황에 견줄만한 사회경제적 붕괴를 초래할 수 있다"라고 경고한다. 이미 기후변화는 작업, 건강, 식량안보, 세계평화 등 인간생활에 지대한 영향을 미치고 있으며, 보험사들은 기상이변에 따른 피해보상에 매년 더 많은 돈을 지불하고 있다.

생태계 파괴로 인한 기후변화 등 자연의 대반격은 이미 '위험의 부

---

1) 환경위기시계는 저녁 6시가 넘으면 불안한 수준이고, 밤 12시가 넘으면 파국이다.

메랑'이 되어 인류의 생존을 위협한다. 열섬 현상, 슈퍼 태풍, 급속한 사막화, 해양 사막화, 황사, 각종 오염, 유전자 변형물질 등이 위험의 부메랑이 되어 우리에게 되돌아오고 있다.[2]

더 이상의 생태계 파괴는 인류의 멸절을 가져오므로 범지구적 생태문제에 대한 녹색적 접근[3]과 근본적인 생태적 전환이 요구되는 시점이다. 이미 선진국들에선 이에 대처하기 위한 생태적 사회로의 전환작업이 구체적으로 시작되고 있다. 예컨대 EU는 2050년까지 에너지의 절반을 대체에너지로 생산할 계획이다(굿랜드, 2001). 일본도 화석연료에 대한 탄소분리 연구뿐 아니라, 우주의 태양에너지를 지구상에서 전기에너지로 변환시키는 연구를 시작해, 2020년까지 약 5백만 대의 연료전지를 보급할 계획으로 있다(박영숙, 글렌, 고든, 2006).

우리나라는 현 경제침체 속에서 생태적 전환과는 거리가 먼 성장-개발 경로를 재설정하는 것 같아 걱정이다. 당장 경제가 어렵고 청년층과 빈곤층의 일자리 고수가 목전의 일로 다가오니 불가피한 측면도 없진 않겠지만, 21세기 '환경의 세기'를 맞아 진정한 생태계 보전에 박차를 가해야 할 시점에, 4대강 사업 등 난개발의 우려가 큰 대규모 토건사업과 한시적 고용창출이 현 정부의 녹색뉴딜 사업에서 핵심을 차지해왔음을 부인하기 어렵다. 정부가 신성장 동력으로 삼겠다고 하면서도 그린 카, 청정에너지 보급 등 녹색기술에의 투자규

---

2) 생태경제학자 우석훈(2009a)은 인류의 생존을 위협하는 이런 무서운 자연현상들을 '생태 요괴'라는 개념으로 규정해, 미래의 환경지킴이로 성장해야 할 청소년들 대상의 생태교육에서 활용하고 있다.
3) 녹색성은 생명과 그 근원인 자연의 색이 되살아나는 것을 말한다(조명래, 2002). 이를 위해선 인간 삶의 조건과 맥락의 근본적 변화를 위한 사회체계의 재구성(문순홍, 2006a), 즉 '생태적 전환'이 필요하다.

모는 왜소했다. 녹색일자리 중 토목공사인 SOC에 관련된 건설직, 단순생산직은 96%나 되지만, 정작 환경전문직, 기술관리직 관련 일자리 창출은 미미했다(중앙일보, 2009.1.7). 녹색뉴딜을 통해 실제로 생태계가 어떻게 보전될지를 보여주는 구체적 환경지표들도 처음부터 명확하게 제시되지 못했다.[4]

우리가 정부의 개발사업 추진을 늘 경계하고 다잡지 않으면, 녹색뉴딜 정책패키지들은 4대강 사업 같은 대규모 토건사업의 재발과 지역경제 최우선의 마구잡이식 난개발 등, 우리의 귀중한 자연 생태계를 정복과 개발의 대상으로 만드는 토건국가적 파괴경로로 치닫기 쉽다.

그렇다면 한시적 일자리 창출을 위해 토건사업을 녹색의 상징가치로 포장한 토건국가적 망상을 지우고 진정한 생태적 전환의 길로 나아가기 위해 우리가 주목해야 할 부분은 무엇인가? 그것은 바로 이 모든 사업을 일선 현장에서 손수 관장하며 집행해야 할 '정부관료들의 업무철학과 실천의지'이다.

물론 한 나라의 환경수준은 그 나라의 산업화 정도, 국민의 인식변화, 정치인의 이해관계 등 여러 요인들에 의해 영향을 받는다. 예컨대 산업화의 결과로 사회 내에 중산층이 형성되면, 이들을 중심으로 환경 NGO나 녹색당 등 환경정치 세력이 선거과정에서 환경문제를 쟁점화하기도 한다.

그러나 한 나라의 환경을 실제로 보호하거나 파괴하는 결정적 행

---

4) 2008년의 8·15 경축사에서 대통령이 저탄소 녹색성장 이념을 발표한 이후, 2011년 11월에 이르러서야 처음으로 녹색성장지표가 발표되었다. 통계청(2011)의 발표에 의하면 환경관련 국제특허 출원건수, 1인당 생활권 도시림 면적 등이 2005년에 비해 개선된 반면, 온실가스 배출량, 생활폐기물 발생량 지표는 오히려 더 나빠졌다.

위는 그 나라의 관료조직에 의해 궁극적으로 좌우된다. 정부관료들이 세부적 정책결정권과 집행권을 장악하고 있기 때문이다. 이런 점에서 정부행정은 개발-보전 간의 갈등이 벌어지는 실제적 장소이며, 행정의 제도적 형태는 친환경적 행동을 지지할 수도 있고 억제할 수도 있다. 특히 어떤 행정형태는 생태계 보전의지를 국가정책과 행정관행 속에 구체화시키는 데 보다 유리하다(도일, 맥케이컨, 2001: 183; 이도형, 2008: 95). 따라서 생태적 사회로의 궁극적 전환은 국가정책을 실제로 관장, 집행하는 정부관료들이 스스로 생태적 가치와 생태윤리를 체화하고 그것을 생태친화적 정책으로 구체화시켜 실천할 때 비로소 가능해진다.

정부관료들이 "이 세상 모든 것이 하나로 연결되어 있다"라는 생태적 전일(全一)성과 자신도 생태계의 일부라는 생태적 존재성에 대한 뚜렷한 자각 아래, 생태적 리더십5)과 생태친화적 정책역량을 구비해나갈 때, 사회 전체의 생태적 전환이 가능해지는 것이다. 특히 관료들이 자신의 단 한 번의 잘못된 의사결정과 무의식적인 반(反)생태적 정책집행이 위험의 부메랑이 되어 자신에게 되돌아옴을 깨닫고 더 이상의 반생태적 행동을 스스로 경계할 때, 진정한 생태적 전환의 구도가 마련될 수 있다.

생태적 사회로의 전환을 지향하는 국가정책사업들은 '지역에서의 미시적 집행과정'이 특히 중요하다. 일선현장에서 관료들이 자기 지역을 지키기 위해 감수해야 할 장기간의 생태계 보전에 따른 수고로움을 무시하고 단기적 지역개발 이익의 유혹에 함몰될 때 인간-자연

---

5) 생태적 리더십은 한 나라의 경제-사회-환경이 서로 연결되어 있다는 인식 아래, 사회 전체의 생태적 전환과 생태친화적 삶의 창출에 적극 나서는 리더십이다(최민자, 2007: 556).

의 상생적 균형구도는 쉽게 무너진다. 그런 점에서 양자 간 상생의 길을 다지며 지역생태계 보전에 전념하는 일선관료들의 생태적 가치의 제고와 그것을 촉진시키기 위한 생태윤리 및 생태친화적 정책철학의 학습은 매우 긴요하다.

지금까지 우리 정부가 생태문제에 잘 대응해오지 못한 이유 중 하나는, 청정기술 개발수준이 낮은 기술관리적 시각도 있지만, 생태적 가치에 대한 보전부처의 의지가 부족했던 탓도 크다(김병완, 1993: 192). 즉, 관료들의 환경철학 빈곤6) 속에 경제우선주의가 관료적 절차주의로 연결되면서, 개발주의자들의 정당화 논거만 뒷받침해 왔던 것이다(조명래, 2003). 따라서 정부관료의 가치체계와 신념정향을 생태친화쪽으로 신속히 전환시켜야 한다(이도형, 2008: 99). 지금까지 정부관료가 생태문제 유발자였다면, 향후엔 생태문제 해결자로서의 역할을 해야 한다는 인식의 근본적 전환이 요구되는 것이다.

우리는 여기서 '생태주의7)와 행정철학 간 학문적 만남'의 필요성을 발견하게 된다. 관료들의 진정한 생태적 계몽을 촉진시킬 수 있는 구체적 실마리를 '생태주의 행정철학'이라는 새로운 학문영역의 정립을 통해 찾아볼 수 있기 때문이다.

철학이 존재와 진리에 대한 문제를 고민하기 위한 올바른 사유(思惟)와 가치부여(valuing)의 과정이라면(Hodgkinson, 1978: 3), 행

---

6) 정부는 생태산업이 될 수 있는 농업의 자생력 강화엔 관심이 없었다. 대형사고에 치명적인 원전건설은 세계 7위이지만, 대체에너지의 소비량은 2.1%에 불과했다. 정부는 반핵단체가 반대하자, 원전의 신규건설을 지연시킨 채 화력발전으로 충당하는 등(서요성, 2005: 554~555), 환경철학의 부재를 자주 드러냈다.
7) 생태주의는 인간을 생태계의 일원으로 간주하고, 인간이 자연의 질서를 거스르지 않는 삶의 방식을 추구할 것을 강조한다. 즉, 인간−자연관계를 존중하면서 그 관계가 손상되지 않도록 자연을 지탱 가능하게 신중히 이용하되 생태계 파괴를 철저히 제한한다.

정철학은 행정의 본질 및 정부의 존재 이유에 대한 철학적 사유와 더불어 정부행정이 추구해야 할 바람직한 가치의 실천에 대해 고민하는 학문이다. 그렇다면 생태주의 행정철학은 생태주의의 학문적 본질과 생태문제 해결자로서의 현대 정부의 존재 이유에 대한 철학적 사유와 더불어, 현대 정부가 추구해야 할 바람직한 생태적 가치의 구현과 사회 전체의 생태적 전환을 유도하기 위한 공무원 생태윤리 및 생태친화적 정책철학을 정립하려는 새로운 실천철학의 영역이 될 것이다.

생태주의 행정철학에선 정부관료들이 그간의 환경결정론적 삶을 떠나 "이 세상의 모든 것이 상호 연결되어 있다"라는 생태주의적 사유에 정통할 것을 무엇보다도 강조한다. 왜냐하면 정부관료들이 생태적 전일성과 생태적 존재성을 제대로 인식할 때, 자연-인간이 공생해야만 생태친화적 삶이 가능해진다는 점을 알게 되기 때문이다. 또 이런 생태주의적 사유만이 정부행정이 인위적 통제 없이 자연의 이치와 섭리대로 이루어져야 할 필요성을 인식하게 하며, 관료들이 종래 기술-개발관료로서의 환경파괴자적 이미지에서 벗어나 생태관료[8](eco-crats)로서의 생태문제 해결자적 이미지로 변신하는 그 근거를 만들어줄 수 있다. 따라서 생태주의 행정철학의 정립은 정부관료들을 생태관료로 육성[9]시키는 철학적 기반을 마련해줄 것이다.

---

8) Beck(1998)은 그의 책 『적이 사라진 민주주의』에서 기후변화에 따른 전 지구적 관리자 모델로서 생태관료 개념을 잠깐 스치듯 언급하고 넘어갔는데, 이 책에선 개발관료 패러다임을 근본적으로 치유하고, 특히 21세기 '환경의 세기'에 걸맞은 새로운 관료상을 제시할 만큼 학문적 함의가 큰 대안적 개념으로 보고 이를 적극 사용해본다.

9) 여기서의 육성(育成) 개념은 기존 관료들을 전부 퇴출시키고 생태친화적 성향이 강한 공무원들로 정부관료제를 새로 충원하자는 의미가 아니라, 기존 관료들의 가치체계와 행동정향에 생태친화성을 체계적으로 강화시켜, 이들을 생태관료로 점차 전환시키는 광의의 '학습이론' 개념으로 이해될 필요가 있다.

2 연구의 학문적 의의

환경철학이나 생태주의철학의 각도에서 생태문제를 들여다본 국내연구는 적지 않다(윤용택, 2005; 이도원, 2004; 한면희, 2007; 오용선, 2009). 이들 분야의 연구는 우리로 하여금 생태문제의 본질과 문제의 심각성을 깊이 있게 성찰하게 하고, 또 그 해결에 필요한 일반론적 처방을 풍부하게 제공해준다. 그러나 생태주의철학 및 환경철학의 논의는 주로 교양인이나 일반시민을 대상으로 하고 그 처방책도 추상성과 일반성을 보인다. 따라서 개발이익이 난무하는 생활현장, 건설현장에서 생태문제를 어쩔 수 없이 유발하거나 혹은 이런 문제에 실제로 직면해 당황하기 쉬운 일선관료들이 바로 그 현장에서 무엇을 신속하게 성찰하고 또 어떤 가치체계하에서 행동을 올바르게 수정하며 생태적 가치를 지켜내야 할지에 대한 행위규범과 구체적 행동준칙들을 체계적으로 제공하기엔 다소 역부족이다.

특히 앞서 논의한 것처럼 환경정책의 세부결정권과 집행권을 갖고 있어 생태문제 해결에 큰 영향력을 행사할 수 있지만, 직무명령에 대한 복종의무의 압력 아래 가치판단 유보적 입장을 택한 채, 생태적 가치보다는 정권의 정치적 이해와 기업들의 개발이익을 옹호하는 쪽으로 정책을 가져가기 쉬운 일부 '영혼 없는 공무원'에겐 생태주의철학이나 환경철학의 심리적 접근도가 더욱 떨어질 수밖에 없다.

따라서 지금까진 생태문제 유발자로 작용해왔지만 앞으론 생태문제 해결자로서의 존재론적 역할을 적극 수행해야 할 일선관료들이 반드시 참고하고 준수해야 할 생태적 가치들과 그것을 바로 현장에서 응용, 실천할 수 있는 구체적 윤리규범 및 행동준칙을 상세히 만들어 체계적으로 제시해줄 수 있는 새로운 응용·실천철학 분야가 요구된다.

그러나 생태문제와 불가분의 관계에 있으면서도 그간 학문적 관심을 덜 받아온 까닭에, 정부관료들의 생태적 가치정향과 생태문제에 대한 윤리적 관점을 자세히 논구한 연구는 극히 드문 실정이다. 물론 생태주의 관점에서 정부행정 쪽에 연구의 초점을 맞춘 뒤 녹색국가, 녹색정부, 녹색행정 체계의 이론적 논의를 전개한 연구들이 최근 대두하고 있다(문순홍, 2006b; 문태훈, 2002; 정규호, 2008). 이들 논의는 행정 패러다임의 생태적 전환을 시도한 단초로서의 큰 학문적 의미를 갖지만, 불행히도 생태문제 해결에 필수적인 정부관료들의 자기성찰 근거와 생태적 가치 및 윤리규범들을 확고한 철학적 논의 체계 아래서 직접적으로 제공해주진 못한다.

"환경과학, 환경관리에 대한 글은 많아도 이론적 체계를 제대로 갖춘 철학 담론은 없다"라는 원로 철학자 박이문(2002)의 다음과 같은 지적은 참으로 시사하는 바가 크다. 생태문제의 미시적 해석과 그에 따른 성급한 문제해결 기술의 개발에 급급하기 전에, 생태주의 담론에서 나타난 여러 개념을 체계적으로 정리하고 이를 토대로 거시적 안목에서 취해야 할 기본행동의 철학적 방향을 우리가 진지하게 모색해야 하기 때문이다. 여러 개념의 의미를 철학적으로 어떻게 이해하고 그런 개념이 제기하는 철학적 문제를 어떻게 정리하느냐에 따라 구체적 정책대응과 행정체계 개발의 목표와 설계가 달라진다. 우리가 철학적 반성에 비추어 환경문제를 투명하고도 거시적으로 보지 않으면, 잘못 설계된 환경보호 노력은 원래의 의도와 달리 환경파괴의 한 원인이 될 수도 있다. 즉, 미시적, 부분적, 근시적 차원에서의 환경보호 기획노력이 거시적, 전체적, 원시적 차원에선 환경파괴를 가져올 수도 있는 것이다.

여기서는 상기한 문제의식을 생태주의와 정부행정의 불가분의 관계 속에서 재조명해, 철학 담론의 빈곤 속에 반(反)생태적 행동을 초래하기 쉬운 정부행정에 대한 비판적 성찰의 근거로서 '생태주의 행정철학'이라는 새로운 학문체계를 정립해보고자 한다. 즉, 세부적 정책결정자 및 집행책임자인 정부관료들이 생태적 전일성에 의거한 자기성찰을 토대로, 생태적 사회로의 전환에서 생태적 리더십을 적극 발휘하도록 하기 위해 반드시 숙지하지 않으면 안 되는 생태적 가치와 윤리규범, 그리고 생태친화적 정책철학 및 생태적 리더십의 바람직한 방향을 탐구함으로써, 생태관료 육성의 철학적 기반을 마련하고자 한다.

▣ 연구목표 및 방법

상기한 연구 필요성과 학문적 의의에 따라 이 연구에선 다음과 같은 연구목표를 수행한다.

첫째, 범지구적 생태문제의 실상과 그것을 초래하는 데 직간접적으로 작용해온 근현대 정부들의 생태계 파괴사를 성찰하며, 그런 폐해를 치유하기 위한 생태관료 육성의 철학적 근거로서 생태주의와 행정철학 간 학문적 만남의 가능성을 타진한다.

둘째, 관료들이 생태계 보전의 실질적 맥락을 좌우하는 환경정책을 주관한다는 점에서, 사회 전체의 생태적 전환을 유도하기 위한 관료들의 업무철학 변화 논리를 생태주의 행정철학의 관점에서 도출해 보고자 한다.

셋째, 철학의 일반적 분류체계와 종합적 개혁모델인 Re-ing 모델의 전략적 재구성을 전제로 해, 생태주의 행정철학의 논의체계를 구성해본다. 특히 정부관료들의 생태적 전일성(존재성) 인식, 생태적 가치정향, 생태친화적 정책철학 및 생태적 리더십철학 학습에 주된 초점을 두어, 그 논의체계를 구성해본다.

넷째, 생태주의 행정철학의 실천적 지향점으로서 이 학문분야가 필히 응용되어야 할 국내외 과제들을 다각도로 찾아본다.

생태주의와 행정철학 간의 학문적 접점을 찾아 생태관료(eco-crats)라는 새로운 정부관료상(像)을 만들어보려는 연구주제의 성격상, 이 연구는 광범위한 학제 간 접근(inter-disciplinary approach)을 필요로 하지만, 여기서는 한 명의 연구자가 수행할 수 있는 범위로 이를 한정시켜 학제 간 연구방법의 효과를 다음과 같이 도모해본다.

첫째, 역사학, 발전론 등 '인류문명 발전사적 접근'을 통해, 인류문명 속에 노정된 각국 정부의 생태계 파괴실상과 그 파괴를 정당화시켜온 기존 발전논리의 허구성을 성찰한다.

둘째, 최근 생태학과 사회과학의 통섭을 통해 멀티 사이언스를 지향하는 정치생태학, 생태경제학, 환경경영론 등 인접 사회과학의 학문적 전제 및 녹색국가론, 녹색정부론 등의 이론적 시사점을 참고해, 이들 논의가 생태주의와 행정철학 간의 학문적 만남에 어떻게 이론적으로 기여할 수 있는지를 타진해본다.

셋째, 존재론, 인식론, 가치론, 윤리론 등 철학의 일반적 분류체계에 준거해, 생태주의 행정철학의 구성체계를 새롭게 설계해본다. 단,

철학의 기존 분류체계에만 의존할 경우 다소 나열식 논의가 될 우려가 있어, 종합적 개혁모형인 Re-ing 모델의 전략적 재구성에 의거해 생태주의 행정철학의 구성을 좀 더 체계적, 전략적으로 도모해본다.

넷째, 자연 생태계의 지혜를 탐구하는 자연독법(自然讀法)10)을 토대로 생태학적 기초지식을 파악한다. 또 생태계를 대표하는 숲의 존재방식을 인간사회의 운영원리에 대입하는 응용 생태학자들의 창의적 견해를 비판적 시각에서 참고해, 이들의 연구시각을 정부행정의 바람직한 방향제시에 학문적으로 연결시키는 작업을 시도한다.

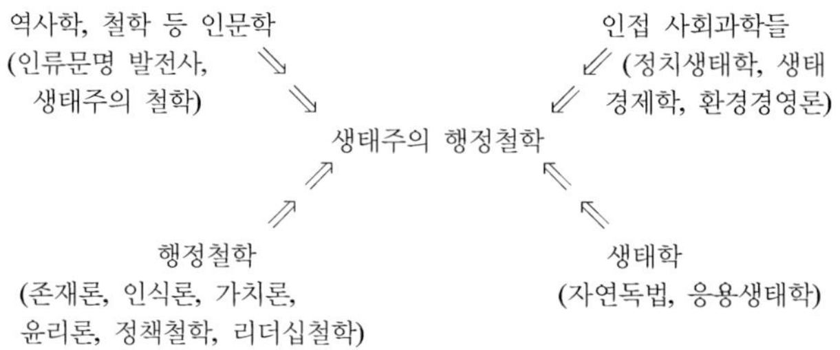

〈그림 1〉 연구방법들의 주요 포인트

---

10) 자연세계의 존재방식에 대한 체계적 관찰을 통해 인간사회가 어떻게 변화해야 하는가를 논의하는 자연독법은, 자연이 인간세계의 모델이 될 수 있다는 희망적 전제 아래(돕슨, 1993), 자연환경을 사회연구에 이용해왔던 보편적 연구방식의 하나이다(Barry, 1999). 예컨대 아나키즘의 생물학적 기초를 마련한 Kropotkin은 자연에서 사회법칙을 읽어내는 방법을 통해, 외부의 자연(Nature)과 인간 내면의 본성(nature)을 연결시킬 수 있다고 보고, 자연에서 이끌어낼 수 있는 인간사회의 순기능적 운용법칙으로서 상호부조, 연대, 협력, 자치, 조화, 균형, 공동체 개념을 도출했다. 인간조건에 대한 자연주의적 설명을 시도하는 생태학도 생물종-환경 관계를 다루는 경험적 자연과학에서 출발했지만, 이제는 "인간사회가 자연을 어떻게 다루고 이용해야 하는가?"라는 규범적 사회이론의 한 형태로 전환하고 있는 점에서(배리, 2004: 48~49), 자연독법을 방법론으로 삼는 주요학문으로 볼 수 있다.

생태주의 행정철학의 이론적 배경: 관련 연구동향의 이론적 시사점

02에서는 생태주의 행정철학의 이론적 배경을 논의하기 위해, 먼저 생태주의의 연원과 생태주의철학의 학문적 본질을 살펴본다. 그리고 사회과학과 생태학의 학문적 통섭을 통해 멀티 사이언스를 지향하는 정치생태학, 생태경제학, 환경경영론 등 인접 사회과학들의 학문적 전제와 그 이론적 함의를 분석해본다. 또 녹색국가론과 녹색정부론 논의들이 생태주의와 행정철학 간의 학문적 만남에 어떻게 이론적으로 기여할 수 있는지 그 구체적 가능성도 타진해본다.

▇ 1 생태주의의 연원과 생태주의철학의 학문적 본질

자연 생태계는 수십억 년을 이어오면서 완성된 하나의 복잡한 시스템이다. 특히 자연 생태계의 구조와 조직들은 오랜 세월 동안 엄격하게 자연 선택되어 이루어진 것이어서, 어떤 새로운 조직과 구조도 현재의 그것보다 더 나을 수 없다. 현 생태계의 구조와 조직이 가장 '최선의 상태'라는 말이다. 따라서 이에 인위적인 것을 가하면 생태계의 균형은 쉽게 깨진다(김욱동, 2000). 그럼에도 불구하고 인류의 근현대사는 제1장에서 잠시 언급했듯이 자연 생태계의 균형에 마구 흠집을 내어온 생태계 파괴의 역사였음을 부정할 수 없다.

그렇다면 우리 인류는 왜 자연 생태계를 쉽게 파괴해왔는가? 그 이유를 밝히기 위해선 먼저 환경과 생태(生態)의 개념적 차이 및 환경주의와 생태주의의 본질적 차이점을 간략하게 짚고 넘어갈 필요가 있겠다.

환경(environment)이 인간이라는 생명체를 둘러싼 외부조건으로서 지극히 인간중심적인 단어라면, 집을 의미하는 eco와 체계를 의미하는 system이 결합된 생태계(eco-system)는 인간을 포함한 모든 생명체가 시공간으로 서로 연결되어 있음을 전제로 한 전체(全體)를 고려하는 말이다. 따라서 환경이 인간이라는 중심을 중시하는 데 비해, 생태는 시스템을 구성하는 각 요소들을 상호의존적 존재로 보는 점에서 '관계'를 중시한다(Taylor, 1986; 운용택, 2004). 결국 생태가 인간-자연 간의 유기적 관계를 거시적 안목에서 바라본 자연이라면, 환경은 인간중심주의적 관점에서 인간을 둘러싼 외적 주변으로서 자연을 단순하게 이해함으로써(구승희, 2001: 215), 자연을 인간의 착취대상으로 타자화하기 쉽다. 이런 점에서 생태 개념은 환경보다는 훨씬 상위의 거시적 개념이다.

환경과 생태의 이런 개념적 차이에 따라 환경주의와 생태주의도 다음과 같은 본질적 차이를 보이게 된다. 환경주의는 어원학적으로 인간이 중심이며 자연은 그 주변이기에, 자연을 인간의 도구로 보는 인간중심주의 세계관을 전제로 한다. 특히 실용주의 가치관 및 공리주의 경제관에 따라 현 물질문명의 혜택을 긍정하며, 현 물질문명의 틀을 유지하는 한에서 환경문제의 과학적 해결을 시도하는 실증주의 과학관을 숭상한다. 즉, 환경공학 기술에 의거해 오염의 내재화를 도모하는 사후관리 해법식의 규제정책을 옹호한다.

환경주의의 이런 한계적 인식은 자연을 인간의 도구로 보는 한 인간에 의한 자연에의 압박이 불가피하며 시장이 생태적 진실을 반영하지 못하게 하므로 근본적인 환경문제들을 남기게 된다.

반면 생태주의는 자연적 존재들 간의 유기적 연관성을 바탕으로 생태계를 생명부양의 체계로 인식하는 것으로서, 환경위기의 심화를 예상하며 그것을 야기하는 현 물질문명의 생활양식, 제도, 가치관을 넘어서는 새로운 문명단계로의 진입을 강조한다. 즉, 전체론적 접근(holistic approach)과 유기체적 사유를 전제로 하는 생태학적 세계관을 자연-인간관계의 재설정을 위한 가치관으로 확장해, 이를 토대로 생태적 사회를 지향하는 새로운 윤리적 해석 단계이다(한면희, 2007: 15~22). 특히 생태주의는 인간을 생태공동체의 일원으로 간주해 인간이 자연의 질서를 거스르지 않는 등 양자의 관계를 존중하면서, 그 관계가 손상되지 않도록 자연을 신중히 이용하되 생태계 파괴를 철저히 제한하는 행동원리로서 생태윤리를 강조한다.

따라서 환경주의 시각에서 보면 우리가 단순한 외적 주변인 자연환경을 문명을 위한 개발대상으로 삼아 쉽게 파괴, 훼손할 수 있다고 보는 반면, 생태주의적 시각에서 보면 자연은 인간세계와 같이 생태계의 주요일부이며, 자연적 존재들 간의 유기적 연관성 때문에 자연을 파괴하면 그것이 곧 우리에게 위험의 부메랑으로 돌아오기에 쉽게 파괴하거나 훼손할 수 없는 그런 것으로 보게 된다. 생태주의는 이처럼 인간과 자연이 공존, 공생해야 할 당위성을 철학적으로 논구하고 그 공존, 공생의 길을 모색하는 실천방법들을 고민해왔다. 최근 우리 사회에서도 이런 논의의 연장선상에서 환경이란 말만큼 생태라는 말도 많이 쓰이기 시작했다.

생태주의에선 2개의 자아(two selves)를 구분하는데, 그중 하나(self)는 인간의 의식적 신념, 욕구, 내용들로 구성된 자아이고, 다른 하나(Self)는 이런 자아의 배후에서 자연과 함께 있는 큰 자아이다. 큰 자아의 실현(Self realization)은 인간-비인간, 자아-타자 간에 어떤 존재론적 구분도 없다는 점을 체험하는 과정으로서, 결국은 자기를 더 큰 전체인 생태계의 일부로 인식하는 자기반성의 과정이다(데자르뎅, 1999: 353~355).

심층생태주의자인 Naess는 이런 점에서 "우리 모두는 하나"라는 큰 자아실현 개념을 모든 자연적 존재에로 확장시켜, 인간과 자연이 하나임을 확인하고 자연 역시 그 고유의 권리를 갖고 있음을 강조한다. 그는 "환경파괴는 인간이 다른 피조물을 하찮게 여기는 인간중심주의 탓"이라고 말한다. 즉, 자연보다 인간에 무게를 두는 현 계급질서와 인간-자연을 이항 대립적으로 보는 인간중심적 태도가 생태위기의 장본인이라는 것이다.

사회생태주의를 창시한 Bookchin은 인간에 의한 인간지배와 서열화가 온갖 사회문제를 초래하다가 마침내 자연영역으로 이어져 환경위기가 초래된 것으로 보고, 자연수탈적 행태를 보인 인간의 의도적 변화를 도모하기 위해, 자연(Narure)의 섭리에 인간의 본성(nature)

과 문화가 포섭되는 새로운 지평으로서 '자유 자연'이라는 개념을 탄생시켰다.[11] 그는 이런 자기 의식적 자연이 윤리적 인간사회를 품어 생태사회를 낳아야 한다고 보면서, 생태적 기반에 과부하를 주지 않는 생산과 소비방식을 강조했다(한면희, 2007: 22~29).

상기한 생태주의자들의 공통적 입장은 어느 누구도 자연을 소유할 수 없으며, 더 나아가 인간도 자연 생태계의 일부라고 보는 것이다. 생태주의에 의하면 인간뿐 아니라 나무, 숲, 곰, 연어, 고래까지도 서로서로 관계를 맺으며 자연의 일부가 된다. 예컨대 숲을 베면 곰과 연어가 사라지고, 그러면 바다에선 연어에 의존하던 범고래가 사라진다. 그러면 범고래에 의존하며 살던 인디언 자신들도 영향을 받는다.

1993년 캐나다 밴쿠버 섬 서해안 지역에서의 대규모 벌목에 맞서 수만 명의 주민이 벌목 반대시위를 할 때, 현장의 벌목공들도 너무 많은 양의 숲을 한꺼번에 베어버리는 것을 반대하는 양심선언을 한 후 시위에 참가했다. 왜냐하면 숲이 사라지면 연어가 사라지고, 그러면 사람의 일자리도 결국 줄어들기 때문이다. 인도의 벌목 반대운동인 칩코(Chipko) 운동가들의 시위노래 속엔 "숲을 살리자, 우리를 살리자, 숲은 우리에게 물, 식량, 생명이라오"란 구절이 들어 있었다. 숲을 살리는 것이 결국 인간을 살리는 길이란 것인데, 이는 곧 자연과 인간의 관계망을 가리킨다.

여기서 '모든 것은 하나'라는 생태주의철학이 대두한다(탁광일,

---

11) 그는 위계조직과 계층구조를 지닌 인간사회(2차 자연)가 자연질서(1차 자연)와의 조화를 통해 자유 자연으로 나아가야 한다고 말했는데, 자유 자연은 생태적 감수성에 입각한 새로운 유기체적 공동체, 즉 생태공동체를 가리킨다. 자유 자연인 생태공동체는 비위계적이며, 경쟁이 아닌 상보성에 기반을 둔다. 또 자신이 속한 생태계에 적응하려 노력하고 공공 영역을 분권화시켜 자치적으로 작동시킴으로써 새로운 민주적 사회관리 유형을 지향한다.

2005: 38, 138~143). 생태주의철학은 인간-자연의 관계를 존중하고 그 관계가 손상되지 않도록 인간의 사유와 행동방식을 근본적으로 전환하는 것이다. 생태주의철학은 "땅은 우리가 부모에게서 물려받은 것이 아니라 후손에게서 빌린 것이고,12) 땅이 우리에게 속한 것이 아니라 우리가 땅에 속해 있다"라는 아메리카 원주민들의 지혜를 담고 있다(Van Jones, 2009: 37~38). 인디언들의 세계관은 "인간은 우주, 기후, 대지, 동식물에 불가분하게 연결되어 있기에, 대지가 인간에게 주는 선물을 찬양하고 자연의 혜택에 보답하자"라는 상호주의적 순환의 정신을 반영한다. 그러므로 "다음 7세대에까지 미칠 영향을 고려해 결정하라"는 이로쿼이 부족연합의 대 규범은 자신의 행동에 책임의식을 강조하는 등 환경 청지기의 태도를 보이기도 한다.

유럽 낭만주의의 영향을 받은 Emerson과 Thoreau의 초월주의, 원생(原生) 자연은 종교명상의 원천이자 미적 체험의 장소로서 그 내재적 가치를 보전해야 한다는 Muir의 환경보전주의, 인간도 대지의 품에 안긴 생명공동체의 일원이라는 Leopold의 대지윤리, 자연물에도 법적 권리를 부여할 수 있다는 Stone의 법철학, 인간에 의한 지배로부터 동물의 권리를 주장하는 Singer의 동물해방론들이 생태주의철학에 포함된다(오제키 슈지 외, 2007: 123).

생태주의철학은 인간뿐 아니라 동식물, 산하천 등 자연물 자체에 인간의 목적으로부터 독립된 내재적 가치가 있음을 인정해, 그것을 보전해줄 것을 호소한다. 일례로 『대지윤리』라는 책을 쓴 Leopold(1949)는 "자연은 누구의 재산이나 소유물이 아니며, 자연에 대한 인간의

---

12) 후손은 연금 얼마를 더 받고 덜 받는 것으로 우리를 평가하지 않는다. 그들은 우리가 그들에게 맑은 물, 건강한 땅, 깨끗한 공기를 물려주었는지의 여부로 우리를 평가한다(알트, 2004).

 생태주의 행정철학 -생태관료 육성의 철학적 기반을 찾아서-

윤리적 의무는 동식물, 곤충은 물론 개울, 호수에까지도 확대 적용되어야 한다”라고 주장한다. 그의 철학은 ‘모든 것은 하나’라는 아메리카 원주민 철학의 현대적 재해석이며, 생태문제 해결의 시작이 자연변화 과정에의 인위적 개입보다는 개발과 정복의 탐욕으로부터 인간 스스로를 어떻게 제어해내는가에 달려 있음을 말해준다.

생태주의철학에 의거해 Brower는 미국 정부가 그랜드 캐넌 국립공원에 도로를 가설하려 하자, 이는 마치 “관광객이 성 시스티나 성당의 천정화를 더 잘 보려고 성당을 물에 잠기게 하는 것과 같다”고 비판하면서, 『산이 말하고 강이 달리게 하라』는 그의 책에서 CPR을 주장했다. CPR은 Conservation, Preservation, Restoration의 이니셜 합성어이다(Van Jones, 2009: 42). 여기서 보존(conservation)은 당대를 기준으로 자연이 크게 훼손, 남용되지 않게 돌보는 것으로 자연의 상업화, 개발주의를 일부 허용하는 반면, 보전(preservation)은 다음 세대를 위해 자연을 훼손하지 않고 천연의 원시(pristine)상태 그대로 물려주는 것이다. 그리고 복원(restoration)은 파괴된 생태계를 자연의 원상태(original condition)로 되돌리는 것을 의미한다.

오늘의 생태문제들은 자연이 우리 인간에게 보내는 경고이다. 이제 자연에 대한 인간의 도전은 인간의 생존권이 자연의 생존권과 등가(等價)라는 인식에서 시작되어야 한다. 인간은 독생(獨生)이 아니라 자연과 상생(相生)해야 한다는 것이다(김재일, 2005: 134). 결국 생태주의철학의 요점은 인간을 세계창조의 중심부에 두는 기존의 인간중심주의적 가정과 도구적 자연관을 버리고, 환경과 관련해 인간의 자율적 절제를 촉구하는 것이며, 나아가서는 자연세계에 인간을 용해시키는 것이다. 그래서 생태주의철학은 인간이 관계망, 체계, 전체의 일부분이 되어야 한다고 주장한다. 그리고 기술적 해결책이 불가능하다면 이젠 더 심원한 사회적 사고와 실천에서의 변화, 즉 인간 가치와 도덕성 관념에서의 변화가 필요하다고 강조한다(Dobson, 1990). 결국 생태주의철학은 우리가 과학기술이 환경문제를 치유해줄 수 있다는 소박한 환경관리주의를 넘어, 정치-경제-사회적 삶의 근본적 재구성을 시도하는 사회 전체의 생태적 전환 쪽으로 나아가야 할 필요성을 제기한다.

② 멀티 사이언스를 지향하는 인접 사회과학들의 학문적 전제와 이론적 함의

종래의 요소 환원적 접근과 학문적 분화로 인해 쪼개진 소(小)과학들을 통합해 대(大)과학으로 전환시킬 필요성에서(도키와 후미카스, 2002), 최근 학문적 경계에 안주하지 않고, 생태적 전일성(全一性)에 의거해 사회과학-자연과학을 융합한 멀티 사이언스를 구축하려는 학자들의 노력이 인접 사회과학에서 활발히 전개되고 있다.

1. 정치생태학

정치생태학(political ecology)은 생태문제가 생태계 자체의 요인에 의해 발생하는 것이 아니라, 인간이 생산하고 소비하는 사회체제의 특성에서 기인하는 것으로 보고, 인간사회-자연 간의 역동적 관계성을 비판적으로 탐색한다. 즉, 모든 사회관계와 구조, 생태적 기능과 물리적 환경이 서로 밀접한 관계를 맺고 있는 만큼, 생태문제를 해결하는 데서도 사회체제의 구조와 관계적 특성들이 자연 생태계의 파괴에 어떤 영향을 미치는지를 깊이 살펴보아야 한다는 것이 그 문제의식이다. 이런 입장은 환경결정주의-사회결정주의, 또 환원주의-구조주의 간의 이분법적 틀을 넘어 자연-인간사회의 상호작용 관계를 종합적으로 바라보게 한다.

정치생태학의 분석차원은 세계체제의 정치경제구조가 자연자원과 지구 생태계의 이용방식에 미치는 영향을 다루는 거시적 측면에서부터, 개인의 의식과 행동이 자연 생태계에 미치는 영향요인 분석 등 미시적 측면까지 다양하다. 물론 인간의 활동으로 인해 자연이 재구성되고, 그렇게 재구성된 자연이 현재와 미래의 인간 삶과 활동조건으로 작용하는 현상을 제도적 관점에서 분석하는 중범위 수준의 접근도 많다.

정치생태학은 생태정치와 문화전략을 통해 생산-소비체제의 생태적 재구조화를 지향하는 등 다소 급진적 전략을 추구한다. 정치생태학은 사회-자연의 균형과 그 지속 가능한 관계를 유지하기 위해 사회구조와 문화의 총체적 변화를 유도하는 노력으로서, 기존의 정치경제학적 접근을 생태학적 관점에서 보완, 대체한 것이다. 즉, 정치생태학은 정치경제학의 녹색화로서 경제-생태-문화의 맞물림을 지향한다(정규호, 2005; 케일 외, 2005). 여기서 녹색은 인간 삶의 조건 혹은 맥락의 근본적 변화를 상징하며, 그 변화를 위해 인간, 서구, 남성의 중심성을 비판하고 생명유기체의 재발견을 강조한다. 또 권력의 소재지를 체제에서 개개인에로 바꾸어 개개인이 정치적 주체로 회복할 것을 강조하는데, 이는 비정치적인 것의 정치화로써 가능하다. 즉, 생태위기를 인지한 주민 또는 시민운동단체의 정치적 표현으로서의 생활정치가 정치에 대한 도구주의적 관점을 넘게 해야 한다는 것이다(문순홍, 2006b).

결국 정치생태학은 생태학적으로 무지한 정치경제학과 사회구조적 특성에 무지한 생태학의 한계를 넘어서기 위한 의미 있는 이론체계로서, 생태주의 원리를 기반으로 한 사전 예방적, 통합적 접근과, 민주주의 원리를 기반으로 한 자율적, 협력적 접근을 통해, 신화(神話)화한 성장지표, 제도화된 무책임성, 도구화한 국가주의 등 한국의 반생태적 사회문제들을 진단한다. 그리고 그 대안을 추구하기 위해 풀뿌리 민주주의를 기반으로 한 지역중심 전략을 제시한다. 즉, 지역사회를 기반으로 한 생산위원회 설립 등을 통하여 지방적 생산의 육성, 생산물의 지방적 통제를 강화해 지역의 생태계와 공동체를 보전하자는 것이 그 실천전략이다(정규호, 2005: 10~21).

2. 생태경제학

경제학과 생태학을 융합한 생태경제학(eco-economics)은 복잡계 이론, 열역학 법칙, 진화론을 토대로 해, 인간경제 시스템이 생태계에 배태(胚胎)되어 있음을 밝혀내면서, 인간경제와 자연 생태계의 안정적 공진화(共進化) 필요성을 제기한다. 따라서 생태경제학의 정책논리는 사전예방 원칙에 기초한 지탱 가능한 경제로의 진화론적 전략이다(조영탁, 2004).

생태경제학의 대표논자인 Costanza et al.(1997)은 경제계를 생태계와 상호작용하는 하나의 하부체계로 보면서, 인간경제의 규모가 자연 생태계의 수용능력을 넘어 생태계에 스트레스를 가하는 데서 생태문제가 발생한다고 보고, 학제적(multi-disciplinary) 접근을 통해 생물권 내에서의 인간활동 범주가 생태적으로 지탱 가능하게 하는 방식을 지향한다.

이를 위해 한정된 자원의 효율적 배분은 2차적 관심사로 보며, 자원과 재산권을 세대 내 및 세대 간 또는 타 생명체와 공정하게 배분할 것을 강조하고, 생태계의 건강성, 지역적 수용능력, 최소 안전기준, 환경공채, 적응적 관리 개념 등을 그 기본 정책도구로 제시한다. 또 외부성의 내부화보다는 사람-환경 혹은 경제-생태 시스템 간의 상호작용과 피드백을 고려한 모델링을 추구한다(최미희, 2007: 185~192).

생태경제학에서는 한 나라가 생산하는 부가가치의 총합 Y를 F[L(노동), K(자본); E(에너지)↓, R(자원)↓; H1(개인지식)↑, H2↑(공공재 성격의 집단지식), Cu(문화)↑, Ca(돌봄 노동)↑, Co(소통 혹은 공론장 투입)↑]의 함수관계로 본다. 즉, 국민경제의 생태적 전환과정에서 에너지 및 자원의 유입을 줄이고 그 빈 자리를 지식, 문화와 돌봄 노동, 소통으로 채울 것을 강조한다. 그러면 고용도 증대할 것으로 본다.

생태경제학에선 저축을 강조하고 기계적 소비 대신 생태적 소비를 강조한다. 즉, 경차, 수동기어, 작은 냉장고 등 저소비를 강조하는 등 소비 합리성에 호소한다. 반면 유기농산물, 공정무역, 지역농산물 사기 등 까다로운 요구사항도 많은데, 이런 것들이 경제를 생태적으로 개편, 전환시키는 핵심 메시지라고 본다(우석훈, 2011: 344, 365).

3. 환경사회학과 환경경영론

사회연구에서 생태환경적 요소를 중시하는 환경사회학도 사회의 성장과 발전에서 자연조건의 중요성을 강조한다. 더 나아가 신생태주의 패러다임의 세계관과 이론적 전망을 수용해, 사회연구에서 생태환경적 요소를 십분 고려하는 발견적(heuristic) 도구로서의 학문적 가능성을 모색하고 있다(한국환경사회학회, 2004: 50~58).

최근엔 가장 자본주의적 학문인 경영학조차 환경친화적 학문으로의 탈바꿈을 시도한다. 즉, "녹색화(greening)가 기업이 전체적으로 경영의 질을 제고하게 하고 경쟁에서 우위를 점하게 한다"라는 가설하에, 전망-투입-과정-산출의 통합적 녹색화 전략을 통해, 기업의 모범적 환경경영을 가능하게 하는 '경영의 생태학적 접근'을 시도한다.

경영 녹색화를 위한 생태학적 계획의 핵심이론은 기업의 투입-작업과정-산출을 동시에 변화시키는 수명-주기 접근법이다(슈리배스터버, 1998: 219). 먼저 투입의 녹색화 초점은 에너지와 재료원의 보존인데, 이는 간단한 보존기술과 원료로써 달성할 수 있다. 둘째, 작업과정의 녹색화는 지속적, 조직적인 시스템과 구조를 창출해 에너지와 재료의 생산성을 개선시키고, 포괄적 SHE(safety-health-environment) 정책의 수행을 통해 오염방지를 도모하는 것이다. 마지막으로 산출의 녹색화는 환경에 대한 수명-주기의 영향을 감소시키는 설계방식을 요구하는데, 이는 쓰레기 감소, 제품의 재사용, 재활용을 실천하는 것이다.

3 녹색국가론, 녹색정부론의 이론적 시사점

상기한 인접 사회과학들의 통섭적 노력 중에서도 행정학 논의에 좀 더 친화력을 갖는 것이 정치생태학이다. 특히 우리는 정치생태학의 행정학적 실천방향을 녹색국가론, 녹색정부론으로 정리할 수 있겠다.

녹색국가는 협의의 개념으로 보면 환경부담의 관리를 진지하게 떠맡은 국가이거나 행정부에 환경주의자를 참여시킨 국가를 뜻한다. 그러나 녹색국가를 광의로 정의하면 환경문제에 관련된 이해당사자들이 참여할 수 있는 민주적 과정과 숙의(熟議) 절차를 시민사회 내에 마련하고 이에 의거해 스스로를 생태친화적으로 변형시키는 국가를 뜻한다.

Jaenicke는 생태친화적 녹색국가로의 전환을 위해 환경파괴에 대한 보상제도, 종말처리형 환경기술에 의한 보호 등 그간의 사후추방 방식에서 벗어나 환경친화적 기술, 기존제도의 생태적 재구조화를 위한 구조조정정책 등 사전예방 쪽으로의 단계적 정책변화를 강조한다. 물론 이 과정에서 경제의 생태친화적 재구조화와 대안적 생태경제의 육성, 숙의(熟議)민주주의 정치제도의 학습, 문화정치가 실현되어야 한다.

문순홍(2006b: 86~90)은 상기한 논의들에 의거해 녹색국가로의 다양한 발전과정을 다음과 같이 체계적으로 정리한다. 제1단계는 생태관리주의국가, 정당형 녹색국가, 거버넌스형 녹색국가[13] 등 최소

---

13) 환경과 보완적으로 경제가 재구조화되는 초입단계가 생태관리주의국가이다. 이것이 시민사회와의 관계에서 적극적으로 배타적이면 환경발의가 전적으로 행정부에 의존하게 되고, 소극적으로 배타적이면 정당형이나 거버넌스형으로 나타난다.

한으로 정의된 녹색국가 단계이며, 제2단계는 분배적 정의로서의 환경정의를 국가의 제도, 전략, 정책에 포함시킨 녹색 복지사회국가 단계이다. 마지막 제3단계는 이념으로서의 생태자치연방으로서, 이 단계에서 생태적 가치와 급진민주주의의 진정한 결합이 이루어진다.

최근 생태주의 및 녹색국가론 시각에서 연구의 초점을 정부에 맞춘 뒤 녹색정부, 녹색행정 체계의 이론적 논의를 전개하는 연구경향도 대두하고 있다(문태훈, 2002; 정규호, 2008). 정부의 녹색화는 녹색을 가치로 삼아 정부의 성격을 바꾸어줌으로써 생태친화성을 국가 전반에서 높여나가는 것이다(문순홍, 2006b: 90~93). 녹색정부는 이런 점에서 녹색가치(혹은 생태적 가치)를 도구적 의미가 아닌 통치의 내재적 본질로 인식하는 정부이다.

녹색정부는 생태 중심성-인간 중심성, 보편성-특수성 간의 조화로운 결합을 추구한다. 즉, 경제의 녹색화를 위해 환경친화적 산업 및 대체에너지 개발정책을 도입하고, 생태계 보전정책을 수립, 집행한다. 또 녹색생산과 녹색소비의 순환을 위해 국가정책과 개발사업에 환경영향평가제도를 도입하고, 자원순환형 경제사회체제로의 이행을 도모한다. 또 지방화 추세에 부응하기 위해 국가의 생태적 지배영역 재설정과 분권화를 통해 생태적, 경제적 효율성을 동시에 높이는 녹색민주주의 정치체제를 재형성한다(최민자, 2007: 613~617).

녹색정부가 추구하는 행정이 녹색행정인데 이는 사회구성원의 생존과 생태위기를 해결하기 위해 자원, 권한, 책임성을 집합적으로 동원, 실행하는 체계로서, '가치지향 및 목표'로서의 녹색과, '구성체계이자 작동양식'인 행정을 상호구성적으로 결합한 개념이다(정규호, 2006).

생태주의 행정철학의 정립 필요성

03에선 범지구적 생태문제의 대두에 직간접적으로 작용해온 각국 정부들의 생태계 파괴실상과 그에 대한 정당화 논리를 생태주의 시각에서 비판적으로 성찰한다. 그 폐해를 성찰하기 위한 학문적 연장선상에서 생태주의와 행정철학 간의 학문적 만남을 추구하는 생태주의 행정철학 정립의 이론적, 실제적 필요성도 체계적으로 논구한다.

1 인류문명의 발전과 각국 정부의 생태계 파괴실상

1. 인류문명 발전 속의 생태계 파괴

여기선 인류문명 발전 속에서의 자연 생태계 파괴실상을 생태계의 축소판인 숲을 중심으로 살펴보고자 한다.

수풀의 준말인 숲은 생태학적으로 수목(樹木)이 다수를 점하는 식물들의 자연적 집합체이지만 곤충, 새, 짐승 등 모든 생명이 공존하며 살아가는 곳이기도 하다. 따라서 숲은 자연 생태계의 '축소판이자 그 대표적 표본'이라 할 수 있다.

초기 인류에게 있어 숲은 신령한 기운이 감도는 성지(聖地)여서 사람들은 함부로 숲에 접근하지 못했다. 일례로 그리스시대 때 숲은 신들이 사는 성스러운 곳, 아름다움과 풍요의 상징, 영감을 얻는 곳이었다. 사람들은 야외의 숲을 신전으로 삼고 숲 속에서의 사냥을 금지했다. 숲(forest)은 바깥을 의미하는 어원인 foris에서 나온 말로서, 정부의 법과 통치권이 미치지 않는 무법과 암흑의 세계였다(탁광일, 2005a: 70~71).

그러나 사람들이 도구를 만들어 사용할 줄 알게 되면서, 숲 속의 나무를 베기 시작하고 그곳에 논과 주거지를 만들었다. 인류의 초기 농업문명은 이처럼 숲을 딛고 일어섰다. 특히 로마인들의 제국건설에의 욕구와 실용주의 사고가 팽배해지면서 숲은 급속히 파괴되기 시작했다.

숲은 인구부양의 주요원천이었지만 오늘날 인류문명의 발상지인 숲은 급속하게 사막화되고 있다. 인구부양을 위해 숲이 파괴되고 경작지가 확대되자, 숲 파괴가 토양을 유실시키고 유실된 토양이 관개수로를 막아 배수기능이 나빠지면서 경작지의 염분이 상승되고 사막화가 진행된 것이다(전영우, 1999). 그러니 "문명 앞에 숲이 있고 문명 뒤에 사막만이 남는다(forests to precede civilization, deserts to follow)." 이는 자연과 문명의 역(逆) 상관관계를 암시화한 경구(警句)로서 프랑스 외교관이자 작가인 샤토브리앙이 한 말이다.

인류문명을 우월한 것으로 보며 자연을 경시하는 현상은 그것들을 가리키는 단어의 어원(語源)에서도 잘 발견된다. 예컨대 문명을 상징하는 도시(city)는 라틴어인 civitas에서 파생되었는데, 이는 문명, 시민, 정중함 등과 관련된 모든 용어의 뿌리이다. 반면 산림과 숲의 라틴어 낱말인 silva는 야만이란 뜻의 영어 savage의 어원이다(웨더포드, 2005).

숲을 베어 경작지를 만든다는 agricultura라는 라틴어에서 문화(culture)라는 말이 탄생했는데, 이처럼 숲은 자연 속 인간의 삶을 가능케 한 하나의 경작된 문화터전이 되었다. 사람들이 숲과 같이 어둡고 복잡하고 예측불허였던 야생 자연경관을 단순화시켜 인간의 예측과 통제가 가능한 인간 친화적 경관으로 신속하게 바꾸어 나간 것이다.

인간이 야만상태의 자연을 자신의 문명적 관심사에 따라 이용하면서, 천연의 자연경관(landscape)마저 인류문명을 증대시키기 위한 상징적 역할을 강요당했다. 관청에 가서 토지권리를 청구하던 시대 이전엔, 그 시대의 풍경화가 땅의 소유에 대한 권한을 나타내는 상징적 역할을 했다. 따라서 초창기의 풍경화는 토지소유권을 증명하는 일종의 토지대장(臺帳) 역할을 하기도 했다. 일례로 16세기 후반 슈투트가르트 성의 영지(領地)를 그린 한 풍경화는 영주의 토지소유의식과 소유지 현황에 대한 조사의지의 표현이었다(바른케, 1997). 그림이라는 수단을 통해 영지의 풍경을 사람들 머릿속에 새기게 하는 등 지배자는 풍경을 숙지하고 개관해 자신의 이용 가능한 토지에 대한 소유권을 자랑하며 땅을 개발하고 또 방위했다.

지금까지 살펴본 것처럼 인류 문명사의 이면엔 인간탐욕이 낳은 자연파괴와 약탈의 역사가 있다. 특히 근대화를 앞세운 서구제국주의자들은 상대적으로 우월했던 자신의 기계, 공학, 물질 등 문명을 정신, 예술, 가치 등 문화의 위에 배치하며 서구의 지구지배를 가속화시켰다(지강테스, 2004; 웨더포드, 2005).

2. 정부의 숲 파괴사

그런데 여기서 우리가 특히 유의할 점은 지구 생태계의 파괴에 각국의 정부들이 직간접적으로 작용해왔다는 사실이다.

서기 1500년까지만 해도 국경선을 표시하며 관료들이 운영하고 법률로 다스리던 국토의 면적은 전 세계 육지면적의 20% 이하였다. 그러나 국가의 중앙집권화가 이루어지고 인구가 성장하면서, 인류의 문명화된 생활방식은 이후 주위의 모든 자연을 소모시키고 황폐화시켰다. 특히 절대왕정의 중앙집권사회는 대규모 공공 토목공사와 장거리 교역을 도모하며 자연을 파괴했다(다이아몬드, 1998).

근대 과학의 이상을 제시한 Bacon의 경험론 이후 숲으로 상징되는 자연 생태계는 더욱더 고난의 역사에 직면했다. 자연을 지배하기 위해 '아는 것이 힘'이라는 그의 생각이 유럽의 지배적 사고가 되면서, 자연의 비밀을 캐내어 인간제국의 영역을 넓히자는 난개발의 논리가 서구정부들의 국토개발과정에서 팽만해졌다. 이로써 자연 생태계는 서구정부들의 직접적 목적달성 도구가 되었다(한면희, 2005). 점차적으로 대삼림이 없어지고 자국의 인구가 계속 늘어나자, 유럽은 해외 식민지 개척에 나섰다. 유럽인들은 아시아, 아메리카를 발견하고 아프리카로 발을 뻗으며 자국의 인구를 먹여 살릴 새로운 숲과 광물, 땅을 장악했다.

유럽의 정부들은 식민지의 숲을 정치적으로도 이용했다. 예컨대 영국 해양세력의 위력은 식민지의 숲에서 벌채된 선박 건조용 목재 수량에 달려 있었고, 미합중국의 여러 주(州)는 19세기 말까지 목선(木船)을 유럽에 공급하는 조선소 역할을 했다. 여기서 우리는 나무와 나무의 정치적 가치를 주목한 국가 간의 상관관계를 인지할 수 있다. 나무는 국가 간 정치전략의 중심이자, 지배자들의 정복수단이었던 것이다(뒤마, 2004). 그러나 해외 식민지들도 개발의 붐이 일 때마다 금방 황폐화되어(웨더포드, 2005), 20세기 초엽엔 정복할 만한 새로운 땅도 없고 착취할 만한 새 대륙도 없어졌다.

서구정부들이 숲을 파괴만 해온 것은 아니다. 16세기만 해도 일부 지역의 경우 혹한기를 견디기 위한 땔감 부족을 걱정할 정도로 숲이 황폐화되었는데, 이때부터 국가는 숲을 보호하고, 숲을 관리, 경영의 대상으로 인식하게 되었다. 특히 18세기에 들어와 산림사상이 체계화되면서 산림보속(保續) 사상이 만개했다. 예컨대 "숲을 가꾸는 일을 등한시해 피해가 생긴 지역은 빈곤과 갈등이 증대된다"라는 경고에 근거해 항속림(恒屬林) 사상을 토대로 숲의 지속적 유지 원칙이 세워졌다(전영우, 1999). 20세기에 들어와선 지구의 허파라는 숲의 생물학적 기능을 보호하고 도시미학에도 몰두했다. 또 복지기능, 환경보호 기능이 보속원칙에 포함되면서, 숲의 복구와 산림경영에 힘입어 독일 같은 나라는 임업 선진국이 되었다(배상원, 2005).

그러나 지난 산업사회에서 숲은 여전히 인간 목적달성의 도구로 작용했다고 보는 것이 정설이다. 지천으로 깔린 무소유의 자연을 개척하면 그것이 곧바로 자기 소유가 된다는 Locke의 사유재산제 정당화 논거 위에서, 산업화 시대의 각국 정부는 자연 생태계의 대표적 상징이라고 할 수 있는 숲을 인류문명 발전의 도구로 보고 계속해서 개발, 정복의 대상으로 삼아왔다.

　지구 상의 열대우림 파괴는 후진국의 피식민 역사에서 시작되었다. 제국주의자들은 식민지의 제일 좋은 땅에 대규모 플랜테이션을 조성했는데, 아시아, 아프리카의 신생국 정부들은 독립 이후에도 식민지 경제구조를 쉽게 버리지 못한 채, 플랜테이션에서 당장의 단일 작물을 수출하는 데 급급해왔다. 각국 정부에 의해 자행된 전쟁도 숲과 산림을 화염에 싸이게 하며 초토화시키는 등 그 폐해가 너무 커서 지구 생태계의 회복 기미마저 없앴다. 일례로 12년간 전쟁을 치른 엘살바도르에선 원시림이 2%만 남고 농경지의 75%가 황폐화되었다. 강물의 90%는 오염되었고, 국민의 80%가 식수난으로 위장병을 앓았다(김소희, 1999).

　자연파괴적 공업화와 해외 식민지 개척과정에 작용해온 각국 정부는 지금도 개발논리의 옹호 속에 자연 생태계의 파괴에 직접적으로 나서거나 기업식 난개발을 인허가해준다. 수출입품의 장거리 수송을 위해 엄청난 수의 고속도로, 공항, 항구가 각국 정부들에 의해 증설되면서 생태계 파괴가 가속화되고 있다. 예컨대 남미의 정부들이 닦은 아마존 유역 횡단고속도로가 벌목회사, 광업회사, 농장 경영자들을 마구 불러들이면서 지구의 허파기능을 하던 천연의 숲과 동식물 서식지들이 붕괴되고 있다. 또 정부의 무분별한 인허가로 인해, 대만의 공장 9만 개 중 상당수가 시골의 수로(水路) 인근에 소재해 산업폐수가 농경지로 마구 흘러간다.

　환경규제의 파수꾼으로서 기업들의 반환경적 행위를 단속해야 할 각국 정부는 오히려 성장논리를 지배이념으로 내세우며 기업들의 자연파괴를 방조하고 있다. 즉, 정부의 수출 강조로 인해 기업들의 숲

벌채화가 자행되면서 토양이 침식되고, 지하수면의 급강하로 인해 가뭄과 홍수가 반복된다. 수출 위주의 벌목산업이 숲을 파괴하고, 대량 가축사육과 집약농업이 땅을 파괴하며, 첨단기술을 이용한 수출 위주의 어업이 바다마저 파괴시킨다. 그 결과 오늘날 17대 세계어장 중 9개는 쇠퇴했고, 4곳은 상업적 가치를 상실하고 있다(골드스미스, 2001). 때로는 정부가 환경파괴를 초래하기 쉬운 기업들의 상행위를 조장하기 위해 보조금까지 지불하는 경우도 있다. 예컨대 많은 나라의 정부들이 광산, 어류남획, 지하수 남용 등 환경파괴적 생산활동에 많은 보조금을 지급한다. 미국 산림청은 종이, 목재의 가격인하를 위해 숲 벌채회사에 보조금을 주기도 한다(브라운, 2003: 110, 154).

개발도상국들의 폭발적 산업화와 무계획적 도시화로 인한 자연파괴와 난개발은 근대화로 미화되기조차 했다. 그리고 다시 현 자본 세계화는 이러한 무한경쟁의 난개발과 무계획적 공업화, 도시화에 따른 자연 생태계의 무차별적 추가붕괴를 예고하고 있다.

세계화는 선진국의 공장과 공해물질을 개발도상국으로 옮기게 해, 공해산업 수출 등 국경을 넘은 유해물질의 이동을 야기하고 있다. 이에는 다국적기업은 물론 해당국의 정부들과 국제개발기구의 정책도 작용했는데, 예컨대 세계은행의 자금을 빌려 후진국 정부들이 공장을 짓고 댐 건설을 강행한 결과 주민들의 강제이주와 생태계 파괴가 잇달았다(오제키 슈지 외, 2007: 42).

그리스 신화에 나오는 에릭 스톤은 풍요의 숲을 도끼로 마구 찍어 낸 벌로 자신의 팔다리를 뜯어 먹다 죽는 어리석은 존재인데, 김재일(2005: 132~134)은 지금 인류가 그 꼴이라고 비판한다. 우리나라도 예외는 아니어서 정치인은 이익집단들과 야합해 그린벨트를 마구 해제하고, 지방자치단체들은 세수(稅收) 확장을 위해 난개발을 마구 허용한다. 난개발은 산불보다 더 큰 타격을 주지만, 정부도 그 누구도 숲을 되살릴 마음이 없다. 산불은 자연복원이 되지만 난개발된 숲은 복원조차 어렵다.

② 생태문제 해결을 위한 정부관료 인식의 중요성

우리가 자연을 인간과 분리된 타자, 즉 이질적 약자나 인간의 목적 달성 도구로 볼수록 자연을 지배, 개발하려는 인간의 욕구는 증폭된다. 그러면 사회-환경문제는 경제문제로 환원되고, 우리는 단기적 개발이익과 성장업적에 집착하며 생태계 파괴를 쉽게 용인한다.

생태계 파괴로 인한 기후변화 등 자연의 대반격은 이제 '위험의 부메랑'이 되어 인류의 생존을 위협하고 있다. 더 이상의 생태계 파괴는 인류의 멸절을 가져오므로 근본적인 생태적 전환이 요구되는 시점이다.

그런데 생태적 전환의 키는 01에서 상술했듯이 환경정책의 세부적 결정권과 집행권을 장악한 정부관료들이 실제로 쥐고 있다. 정부행정은 개발-보전 간의 갈등이 벌어지는 실제적 장소이며, 행정의 제도적 형태는 친환경적 행동을 지지할 수도 있고 억제할 수도 있다. 결국 한 나라의 환경수준을 실제로 보호하거나 파괴하는 결정적 행위는 정책권을 장악한 관료조직에 의해 궁극적으로 좌우된다. 그들이 어떤 세계관과 어떤 환경의식을 갖고 있느냐에 따라, 그들이 머릿속으로 구상하고 몸으로 집행하는 생태계 보전과 국토개발의 방향과 성격이 결정된다.

정부관료들이 자연에 대해 어떤 관점을 갖고 있고 생태문제에 대해 어떤 인식론적 태도를 취하느냐에 따라, 국가의 정책과 제도가 도구적 가치에 그칠 수도 있고, 본질적 가치의 실현수단으로도 작용할 수 있다(한면희, 2007: 25). 따라서 생태문제의 원인과 관련해 정부를 필요악으로 보는 기존의 인식 틀을 뛰어넘어 사회 전체를 생태적으로 지속 가능한 방향으로 이끄는 핵심기제로서 정부의 역할을 재설정할 필요성은 매우 크다(Eckersley, 2004; 이도형, 2008).

결국 우리는 현 생태위기를 맞아 관료들의 생태친화적 인식전환의 필요성에 주목하지 않을 수 없다. 정부관료들의 가치체계, 행동정향, 정책이해를 생태친화적으로 바꾸며 그들을 생태관료로 육성할 때, 생태적 전환이 전혀 불가능한 일도 아니다. 따라서 관료들이 경제적 합리성에 의존해 개발의 정당화에 충실했던 종래 개발관료의 이미지에서 벗어나, 개발의 파괴효과를 줄이며 생태발전 경로를 체계화해 나가는 생태관료 패러다임에 한걸음 더 다가설 수 있도록 유도하는 체계적 전략이 필요하다.

▣ 3　생태주의 행정철학의 정립 필요성

선진국의 경우를 보면 1인당 국민소득이 2천 달러 이하에선 환경보존 대책 없이 경제성장 우선정책만 추진하다가, 3~5천 달러 수준에서 비로소 환경문제를 인식하기 시작하고, 국민소득 5천 달러 이상이 되면 환경보존 대책이 정부의 국가발전계획에 포함, 실행된 바 있다.

우리나라도 국민소득이 점차 올라가면서 1963년에 공해방지법 제정, 1978년에 환경보전법 제정, 1980년에 환경청 설립, 1990년에 환경보전기본법과 관계법들을 제정해 환경행정의 틀을 만들고 환경보전 활동을 강화하기 시작했다(변동건, 1994). 그러나 비록 1978년에 환경보전법이 제정됐지만, 당시는 개발논리가 워낙 강해 보전법은 합리적 개발의 보완수단으로 형식화됐다. 집행도 여러 부처로 분산되어 당시의 주무부처인 보건사회부의 행정력이 작동하지 못했고 기업들의 협조도 미흡했다. 이처럼 한국의 환경정책은 실질적 발전보다는 수사학적 발전의 성격이 강해 1990년에 환경보전 원년을 선포하며 6개의 개별 환경법이 제정되었지만, 다음해에 페놀오염 식수사건, 1994년 낙동강 식수오염사건, 1996년 시화호, 여천공단 오염사건 등 반(反)생태적 사건이 잇달았다(문태훈, 1997: 396).

생활환경의 질적 측면에서도 큰 진전은 없었다. 그 단적인 예로서 주요도시들의 공원조성 면적이 낮았는데 그 이유는 그간의 성장우선 가치관에 따라 녹지의 환경, 생태적 기능과 가치가 평가 절하되어 왔기 때문이다(김선희, 2001: 32). 한마디로 말해 택지개발 및 주택건설 촉진법은 있지만 공원개발 촉진법은 없었다. 그러니 이름만 공원이지 그 규모는 아주 작았고 그 안의 시설물도 열악했다. 결국 공원은 도시의 부대시설로만 생각될 뿐이고, 도시설계는 개발업자에게 종속된 용역이 되어갔다(김기호, 문국현, 2006).

물론 낙동강 페놀 무단방류 사건 등 1990년대의 환경폐해에 대한 형이상학적 사고전환이 요구되면서 녹색, 생명 등의 단어가 시민에게 생소하게 느껴지던 시대는 끝났다. 경제성장이 어느 정도 되면 사람들은 자아실현, 환경과 생태, 삶의 질, 심미적 가치에 관심을 가지게 되는데, Inglehart(1997)에 의하면 한국과 대만이 가장 빠른 속도로 탈(脫)물질주의화했다.

그러나 정부의 생태의식은 대중의 친환경적 삶과는 달리 아직도 생태를 경제의 한 분야로 이해하는 등, 관 주도의 개발정책이 국가정책의 주류를 이루며 근본적 한계를 부단히 노정한다. 대규모의 개발사업일수록 환경문제와 연관해 미리 사회적 합의를 구해야 하고 그에 대한 기술적, 경제적 타당성 검토가 선행되어야 하지만, 의사결정의 불투명, 의견수렴 노력의 부재, 환경-개발논리의 잦은 충돌만 빚어져 국가적 손실만 커져 왔다.

이젠 훼손된 자연 생태계에 진정한 녹색을 돌려주는 것이 정부의 존재론적 과제이다. 그래야만 자연과의 공존 속에 인간이 살만한 곳들이 겨우 확보된다. 그래서 주요국들에선 자연파괴형 성장의 대안철학과 대안적 삶의 방법을 모색하는 연구와 정책실천이 활발하다.

우리나라도 위험의 부메랑 효과와 개발국가의 폐해에 직면해 친환경 기술낙관론만으론 곤란하며, 차제에 사회 전체의 생태적 전환이 필요하다. 이는 곧 그 하부구조인 정부행정의 생태적 전환을 요구한다. 지난 산업화시대 국가정책의 이념인 개발, 성장 이념이 기술-개발관료들에 의해 옹호되면서 자연 생태계의 파괴를 낳았다면, 현 자본 세계화 시대에선 무한경쟁의 생태계 파괴가 우려되고 정부관료제역시 개발-경쟁관료의 득세가 예상되므로(홍성태, 2006), 향후엔 생태주의철학을 학습해 생태친화적 발전을 계획, 설계하며 인간-자연 간 상생의 길을 책임지고 다져나가는 생태관료(eco-crat)들을 육성해나갈 필요성이 매우 크다.

그렇다면 생태관료들을 체계적으로 육성할 수 있는 새로운 학문시각은 무엇인가? 우리는 생태주의 행정철학이라는 새로운 학문영역에서 그 실마리를 찾을 수 있다.

생태주의 행정철학은 생태문제 해결자로서의 정부의 존재 이유에 대한 철학적 사유와 더불어, 정부행정이 추구해야 할 생태적 가치의 실천방향에 대해 진지하게 논구하는 학문이다. 생태주의 행정철학은 이를 위해 생태주의와 행정학 논의의 학문적 통합 이유를 철학의 각도에서 규명하고 양자 간의 접점을 실천철학의 각도에서 강구한다.

생태주의 행정철학이라는 또 하나의 새로운 실천철학이 새삼스럽게 대두하는 이유는 무엇인가? 정부관료들이 그간의 환경결정론적 삶을 떠나 세계 내 사물 간의 연관성을 밝혀내고 생태적 가치를 궁구하기 위한 철학적 사유에 정통해야 하기 때문이다. 더 나아가선 공무원이란 직업에 내재된 생태문제 해결자적 함의를 도출하고, 사회 전체의 생태적 전환이라는 올바른 세계를 실제로 건설해 내기 위해서이다.

생태주의 행정철학은 이런 철학적 사유를 통해 정치행정이 생태적 전일성에 대한 자각 아래 자연의 이치대로 흘러가는 것임을 이해하게 하고, 이에 의거해 관료들이 종래의 기술-개발관료로서의 환경파괴자적 속성에서 벗어나 생태관료로서의 생태조절적 역할자 쪽으로 존재상승해야 할 실천적 이유를 밝혀낼 것이다.

생태주의 행정철학의 구성체계

1 생태주의 행정철학의 실천철학, 개혁철학적 성격

철학은 존재 이유와 진리를 캐는 학문이다. 이런 점에서 인간관, 세계관 등의 존재론 영역과 더불어, 진리탐구의 작업인 인식론이 철학의 주요 하위체계로서 탐구되어야 한다(윤영진, 1988). 그러나 철학은 올바른 인간세계를 건설하기 위한 가치실천의 학문이기도 하다. 따라서 가치론과 더불어, 가치실천의 과정에서 필히 참고하고 준수해야 할 세부적인 행동규범들을 탐구하는 윤리론에 대한 심층적 논의도 철학 논의에 응당 포함되어야 한다.

인문학인 철학에선 존재론, 인식론 등 이론철학을 더 강조하지만, 응용실천학문인 행정철학에선 학문의 실천성과 처방성을 강화하는 차원에서 정책철학, 리더십 철학 등 실천철학적 논의들도 큰 비중을 차지해왔다(Hodgkinson, 1978, 1983; Jun, 1994). 이 책도 생태주의 행정철학의 하위체계로서 생태친화적 정책철학, 생태적 리더십철학

등을 아울러 논의하고자 한다.

그러나 이론철학과 실천철학을 단순히 구분하는 식으로의 평면적 구성체계는 자칫 철학의 하위분과들을 나열식으로 죽 늘어놓는 것에 불과하게 하고, 그 논의내용도 일반성에서 크게 벗어날 수 없게 만들 수 있다. 따라서 좀 더 체계적 연계성을 갖고 또 응용실천철학으로서의 실천성과 처방성을 강화한 그런 행동지향적, 개혁적 철학의 구성체계가 필요하다.

여기서는 Re-ing 모델이라는 종합적 개혁모델의 전략적 재구성 방향을 철학의 일반적 분류체계에 덧붙여 논의해봄으로써 이러한 문제점을 해결하고자 한다.

② 생태주의 행정철학의 구성체계: 생태관료 육성의 철학적 기반을 찾기 위한 Re-ing 모델의 전략적 재구성

Re-ing 모델은 거대조직의 비효율성을 극복하기 위한 기업혁신 모델이다. 그러나 이 모델은 정부의 '질적 변화'를 위해 조직의 주요 변수들(예: 목표, 구조, 사람)을 중심으로 '종합적 개혁'을 꾀하는 쪽으로도 응용할 수 있다는 점에서 공공부문에도 전략적으로 응용 가능한 보편적 개혁모델로서의 성격도 가지고 있다.

예컨대 한국 국가의 녹색화 정도를 분석하기 위해 이 모델의 주요 구성요소들을 생태적 정책목표, 보전-개발조직의 비중, 절차상 거버넌스 구조로의 변화 정도, 관료 및 시민의 생태적 감수성 등으로 변

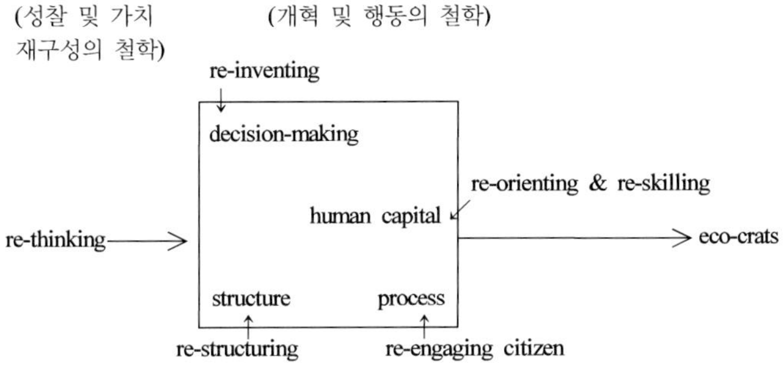

〈그림 2〉 생태관료 육성을 위한 Re-ing 모델의 철학적 재구성

자료: Marlowe et al.(1994: 309)를 참조해 재구성.

용시켜 분석변수로 활용한 문순홍(2006b: 93~94)의 연구는 이런 점에서 주목할 만하다.

이 책에서도 Re-ing 모델의 '행정변수적 함의'를 생태관료 육성의 철학적 기반 모색에 전략적으로 응용해보고자 한다. 기존의 기술-개발관료 패러다임에서 벗어나 생태관료로의 패러다임적 전환을 위해선 행정의 3대 변수인 목표, 구조(조직과 절차), 사람 모두가 변해야 하는데, 이 모델이 이들 3 변수의 바람직한 변화방향을 잘 보여주기 때문이다. 우리가 Re-ing 모델을 전략적으로 응용하면, 이 모델은 생태관료 육성을 위한 철학적 관점과 종합적 개혁철학의 요소들을 포착하는 데 있어 다음과 같은 많은 응용의 여지를 보여줄 것이다. Re-ing 모델을 상세히 설명해보자.

첫째, 맨 왼쪽의 re-thinking은 관료들이 생태적 존재자로서의 자기 존재의 본질을 깨닫고, 그 본질을 다하지 못한 채 생태문제 유발자로 전락해온 그간의 행위를 비판적으로 성찰하며, 생태문제 해결자로서의 새로운 존재상승을 위해 생태관료로서의 인식체계 구비와 정부의 존재가치 재구성에 힘쓰는 과정을 가리킨다.

둘째, 관료들은 이런 자기성찰과 인식체계의 변화 및 존재가치의 재구성에 적합하게 국가정책 내용의 우선순위와 정책철학을 생태친화쪽으로 재조정해야 하는데, 여기서 re-inventing이 필요하다. 흔히 미국 클린턴 정부에서의 정부개혁을 Reinventing Government라고 부르는데, 이때의 Reinventing은 효율적 정부를 만들기 위해 정부전반을 뜯어고치는 광의의 개념이다. 그러나 여기서의 re-inventing은 〈그림 2〉에서와 같이 의사결정(decision-making)을 통해 생태친화적 정책들을 새로 안출(案出), 창안하는 등 '생태친화적 정책철학 역량'을 발휘하는 개념으로 사용하고자 한다.

셋째, 생태관료로서의 사고를 전환과 생태친화적 정책개발이 보다 촉진되기 위해선 그에 걸맞은 구조개혁도 요구된다. 즉, 생태친화적 조직과 절차를 조성해주거나, 특히 관료들이 생태적 리더십을 발휘해 그것을 스스로 만들게 할 필요가 있다. 이와 관련해 re-structuring은 환경변화에 대응적인 사업부문 쪽으로 조직의 전반적 구조를 탄력적으로 개편하는 것을 뜻하는데, 여기서는 생태친화적 정책변화에 맞춰, 늘어난 일거리를 전담하는 조직들(보전부처)은 내부적으로 강화하고, 정당성을 상실한 조직들(예: 개발부처, 개발공사)은 통폐합하며, 정책갈등을 초래할 중복사업은 별도의 조정기구를 설치해 해결해나가는 '통합 및 조정의 개혁논리나 개혁원리'로서 re-structuring 개념의 구조개혁철학14)적 관점을 살려 보고자 한다.

넷째, 원래의 Re-ing 모델에선 프로세스(process)와 관련해 절차의 간소화를 뜻하는 리엔지니어링(re-engineering)을 언급하지만, 여기선 프로세스를 업무절차상의 소통(疏通) 통로로 재해석해 이 모델의 또 다른 구성요소인 re-engaging citizen과 직결되는 개념으로 본다. 생태문제 해결을 위해선 절차 간소화 등 능률을 강조하는 리엔지니어링보다는 '숙의(熟議)민주주의' 관점에서 관-민 간 소통 통로와 거버넌스 체제를 구축하기 위해 프로세스를 re-engaging citizen 개념과 연결시켜 보는 것이 더 옳다는 생각에서이다.

마지막으로 re-orienting과 re-skilling은 관료들의 긍정적 의식 변화를 위한 공무원들의 생태윤리 확립과 리더십 철학의 학습, 또 새로운 역량강화를 위한 생태친화적 행정기술의 숙지전략 등을 의미하는 것으로 개념화한다(이도형, 2008: 104~105).

종래엔 정부가 생태문제 유발자로서의 성격이 강했지만, 향후엔 정부가 반드시 생태문제의 주도적 해결자가 되어야 한다. 그래서 일차적으론 생태문제 유발자로서의 자기 잘못에 대한 관료들의 준엄한 자기비판과 근본적 성찰이 요구되고, 또 생태문제 해결자로서의 존재상승을 도모하기 위한 인식의 근본적 전환과 정부 존재가치의 재구성이 필요하다. 그리고 나서 인식의 전환과 존재가치의 재구성을 실천에 옮기기 위한 구체적 개혁과 실천적 행동이 뒤따라야 한다. 따라서 생태주의 행정철학은 관료들이 이런 근본적인 질적 변화의 필요성을 심오하게 인지하고 그것을 스스로 촉진시키는 데 응용할 수

---

14) 여기서는 구조개혁 논리(logic), 구조개혁의 성공적 관점(perspectives), 구조개혁의 기본 원리(principle)를 총칭하는 차원에서, '구조개혁철학'이란 표현을 쓴다.

있는 종합적 개혁철학이 되어야 한다.

생태주의 행정철학의 종합 개혁철학적 측면을 Re-ing 모델과 연관시켜 좀 더 체계화된 생태주의 행정철학의 구성체계를 마련하기 위해, 이 책에선 위의 Re-ing 모델을 크게 2부분으로 나누어본다.

먼저 앞의 〈그림 2〉에서 왼쪽의 re-thinking을 '성찰 및 가치 재구성의 철학'으로 보고자 한다. 관료들이 생태문제 해결자로서의 자기 존재의 본질을 다해오지 못한 점을 비판적으로 성찰한 뒤, 생태관료로의 존재상승을 도모하기 위해 요구되는 인식체계를 스스로 마련하고 미래 정부의 새로운 존재가치를 재구성하는 것이 이 과정에 포함된다. 생태주의 행정철학의 영역에선 생태주의적 행정존재론, 생태주의적 행정인식론, 정부의 생태친화적 존재가치론이 이에 해당된다.

Re-ing 모델의 실질적 지향점은 〈그림 2〉의 가운데부터 오른쪽 전반에 걸쳐 포진한 일련의 re-ing들이다. 이는 '개혁 및 행동의 철학'으로서 생태친화적 정책철학, 생태친화적 구조개혁철학, 관료의 생태윤리 확립, 생태친화적 리더십철학의 학습 등을 포괄한다.

Re-ing 모델의 전략적 재구성에 터해 생태주의 행정철학의 구성체계를 간략히 소개하면 다음과 같다.

〈표 1〉 생태주의 행정철학의 구성체계

생태주의 행정철학	성찰 및 가치 재구성의 철학	생태주의적 행정존재론
		생태주의적 행정인식론
		정부의 생태친화적 존재가치론
	개혁 및 행동의 철학	생태친화적 정책철학
		생태친화적 구조개혁철학
		공무원 생태윤리론
		생태친화적 리더십철학

PART 02

생태주의 행정철학 Ⅰ
(성찰 및 가치 재구성의 철학)

생태주의적 행정존재론

PART 02의 01에서는 생태주의 논의의 행정철학적 함의를 살리기 위해 생태적 전일성과 생태적 존재성에 대한 이론적 논의를 먼저 한 뒤, 생태조절적 역할자 혹은 생태지속성 관리자로서의 현대 정부 그리고 초록자아, 환경 청지기로서의 정부관료들의 생태적 존재성을 체계적으로 규명해본다.

1 존재론 차원에서 본 인간–자연관계와 생태적 전일성, 생태적 존재성

인간과 자연은 원래 유기체적 하나로 인식되었지만 근대 과학기술의 발달은 자연을 인간의 통제와 개발의 대상으로 전락시켜 인간과의 공생관계에서 벗어나게 했다. 특히 인간이 우주의 만물 중 가장 우월하며[15] 심지어 우주가 인간을 위해 만들어졌다는 인간중심주의적 관념은 17~19세기 동안 인간이 행복해지기 위해선 모든 자연환경을 무분별하게 착취, 이용해도 좋다는 도구적 자연관을 팽배하게 했다(조경식, 2005).

인간중심주의에 따르면 자연 안의 모든 존재물은 인간에게 인식될 때만 그 존재의미가 있고, 인간이 관심을 보이는 한에서만 존재가치를 지닌다. 따라서 다른 생명체들의 도덕적 지위가 아니라 인류가 오래 살고 행복해지는 데 도움이 되는 자연만 보호하고 보존하는 도구적 사고가 판을 치게 되면서, 우리는 자연을 인간의 주변 환경으로만 보는 근본적 한계에 직면하게 된다.

제1편의 제2장에서 지적한 자연 생태계 파괴의 구체적 실상과 정부와 기업들의 반(反)생태적 파괴행위는 모두 이런 도구적 자연관과 인간중심주의적 세계관에서 기인한 것이다.

반면 생태중심주의는 생태계를 하나의 살아 있는 유기체로 파악한다. 즉 전체를 강조하며 모든 생명체는 시공간으로 서로 연관되어 있고, 따라서 생태계는 관계성, 순환성, 평등성, 다양성을 지닌다고 본다(Commoner, 1971; 윤용택, 2004).[16]

자연 생태계의 유기체(organism)적 성격을 나무를 중심으로 구체화해보자. 나뭇가지와 줄기는 포유류, 조류, 곤충은 물론 다른 식물에게까지도 피할 곳과 먹을 것, 살 곳을 제공한다. 그리고 죽어가는, 심지어는 죽은 나무조차도 살아 있는 숱한 생명체의 보금자리와 피신

---

15) 예컨대 독일의 철학자 Max Scheler는 "인간은 물질적 육체, 식물적 충동, 동물적 본능, 실천적 지성 모두를 겸비하고 있고, 게다가 세계 개방적 정신도 갖고 있다"고 말했다.

16) 미국의 생물학자이며 생태사회주의자인 Commoner는 세상엔 공짜가 없어 반드시 대가를 지불해야 한다는 자연의 순환성, 자연 속에선 아무도 혼자 살 수 없다는 관계성, 모든 것은 다른 모든 것과 연관되어 있어 서로가 서로에게 쓸모가 있다는 평등성, 다양성 등을 생태주의의 4원칙으로 정립했다.

처로 작용한다. 어떤 나무도 혼자 서 있는 것이 아니라 다른 존재들과 뿌리로 한데 얽혀 있는 것이다(스즈키, 그레이디, 2005). 신영복 (2005)은 "모든 사물은 서로가 서로에게 스며 있어 서로가 서로의 존재조건이 되는, 즉 불일불이(不一不二)의 관계에 있다"라고 보면서, "사람이 사는 것은 다른 사람과 자연을 만나는 것"이라고 말한다.

Pascal에 의하면 인식론적 차원에선 인간이 자연 자체를 대상화하고 그것을 관념, 표상화할 수 있기 때문에, 인간은 대상으로서의 자연과 구별될 수 있다. 즉, 인간만이 자연을 자신과 대립시킬 수 있고, 자기 욕망에 비추어 자연을 도구적 가치가 있는 존재인 환경으로 파악할 수 있다.

그러나 자연은 인간을 포함한 모든 생명체와 우주 전체를 총괄한다. 존재론적으로는 생태계로서의 자연이 인류를 포함한 모든 생명체의 생물학적 존속을 위해 절대 필요한 근본조건이 된다. 인간은 생명유기체의 일부인 까닭에 자연환경과의 상호작용 없이는 살아갈 수 없다(박이문, 2002). 결국 인간도 자연의 일부로서 자연 안에 존재하는 것이다(Rosenthal & Buchholz, 1998).

여기서 우리는 인간의 생물학적 체화(體化)성 혹은 생태적 배태성을 발견하게 되며, 이에 의거해 인간에 내재된 생태적 감수성을 이해하게 된다. 생태적 감수성은 우리가 자연에서 온 존재라는 기본명제를 떠올릴 수 있는 시원(始原)의 감성을 말하는데, 사람은 자연에서 왔고 그 자연 속에서 살아가는 존재, 즉 생태적 존재임을 인식하는 것이다. 이렇게 자연을 인간이라는 존재가 출발한 시원의 고향으로 생각하면 우리가 자연을 정복, 착취의 대상으로 삼기 어렵다. "네가 아프니 내가 아프다"는 유마경(維摩經)의 말씀이 이를 가장 잘 말해 준다(우석훈, 2009b).

따라서 "세상만물은 모두 하나"라는 생태적 전일성에 대한 이해가 필요하다. 만물은 좋든 싫든 긴밀히 연결되어 있어 어떤 하나가 다른 하나의 존재조건이 되거나 존재환경이 된다. 또 그 상호연결성 때문에 서로가 같이 존재할 때 각자의 존재감은 더 생기고 존재가치도 더 빛난다. 우리는 '만물은 하나'라는 생태적 전일성을 토대로 해 자연스럽게 생태적 존재가 되는 것이다.

땅(humus)과 인간(human)이라는 2단어의 어근(語根)이 같듯이, 인간의 생물학적 본성(nature)은 자연(Nature)의 일부이다. 따라서 우리는 우리 안의 자연과 우리 밖의 자연을 서로 연결시켜 볼 줄 알아야 한다. 우리가 지구를 죽은 것으로 대하면 지구는 죽은 것으로 보이고 죽은 것처럼 움직인다. 반면 지구를 산 것으로 대하면 지구는 살아 움직인다. 자연에 대한 인간의 태도 여하에 따라 천연 늪지가 인간의 주차장이 되기도 하고 생명을 양육하는 자궁도 되는 것이다.

코헨(2001)은 인간-자연관계에 대한 이런 존재론적 인식에 의거해, "우리는 너무 오래 숲을 떠나 있었다. 우리 인간의 심리, 사회, 국제적 불안의 대부분 원인은 자연세계와 우리 생활수단의 충돌과 단절 때문이다. 이제 우리 개개인과 지구 모두가 건강해지기 위해서는 우리가 열대 제조업자로서의 열대 만들기 유혹에서 벗어나 자연세계, 즉 지도 속 푸른 부분의 방식과 지혜를 배우기 위해 하나의 습관이 될 정도로 그것과의 관계를 즐기며 오랜 시간을 보내야 한다. 우리가 자연을 즐길 때 우리의 좋은 느낌, 생각, 행동은 환경친화력의 일부가 된다. 우리는 우리가 사랑하는 것을 해치지 않는다. 우리는 자연에 대한 친화력 이미지와 자연과의 좋은 관계 맺기를 통해 지구 생태계를 보호하는 녹색의 산타클로스가 되어야 한다"라고 역설한다.

2 인간-자연관계에 대한 인간 사유의 진화

1. 자연에 대한 도덕적 고려의 확대

인간은 자연에서 온 존재이다. 자연은 인간이라는 생태적 존재의 시원(始原)인 것이다. 그러나 자연은 그간 퇴행적이고 문명화되지 않은 것 등 사회경제적 열등함의 상징으로 간주되어 왔다. 서구철학의 오랜 전통 속에서 도덕적 고려의 경계는 주로 인간세계에 일치해왔다. 그 외의 것은 타자(他者)로서 어떤 권리도, 어떤 도덕적 지위도 쉽게 인정받지 못했다.[17]

그러나 역사는 종종 도덕적 고려의 확대를 보여주기도 했다. 특히 휴머니즘 운동이 대칭적 윤리[18]를 넘어 도덕적 고려의 확대를 시도했다. 즉, 동일한 인간, 노예, 여자, 보다 최근엔 현 인류 모두와 미래의 후손, 나아가선 감각력 있는 모든 생물(sentient being)에까지 도덕적 고려대상을 확대해왔다. 일례로 생태윤리학은 도덕적 고려의 확대에 의거해 생명, 생태계, 자연에까지 윤리적 확장을 시도하는 것에 관심을 갖는다(Alroe & Kristensen, 2003: 64).

우리가 자연에 대한 도덕적 고려를 확대하려면 자연에 대해 지금

---

17) 철학을 수학적 논리에 의거하거나 윤리학을 인간관계로 국한시켜 보는 인간중심적 철학(human chauvinism)에서 자연을 대표하는 숲이 철학의 연구과제가 되지 못했던 것은 이런 연유에서이다. 서양의 전통철학에서는 숲에 대한 논문이 없다. 근대 이후 임학(林學)에서 숲을 과학적으로 설명했을 뿐이다(진교훈, 2004).

18) 서구 문화사에서 윤리는 인간중심적, 대칭적(symmetrical)이었다. "윤리적 행동이 가능한 자만이 도덕적 고려의 대상이 될 수 있다"는 대칭성은, 오랜 세월 윤리의 황금률(golden rule of ethics)이었다. "그들이 너에게 하기 바라는 것처럼 그들에게 하라"는 것이 Kant 등의 보편적인 대칭적 윤리였다. 도덕적 행위를 할 수 있는 사람만이 도덕적 고려를 받을 가치가 있다고 여겨 왔던 것이다.

까지와는 완전히 다른 관점을 가져야 한다. 특히 비인간적 생물종이 지닌 내재적, 본질적 가치를 인정해야 한다. 예컨대 최근의 식물 자율성에 대한 논의를 살펴보자.

물론 『Nature』 잡지 등 반대 입장에선 "식물은 선택능력 및 이성적 사고역량이 없어 자율적 존재로 고려될 수 없고 도덕적 존중(고려)의 밖에 위치하는 것으로 봐야 한다"라고 말한다. 그러나 생태철학자 Taylor(1986)는 "인간 문명적 가치에 의거해 식물 같은 비인간적 존재를 판단하는 것은 현명하지 못하다"라고 비판한 바 있다. 비인간적 생물종의 삶은 그것 자체의 고유가치로 평가해야 한다는 것이다.

실제로 Heyd(2005)는 자율성의 본질을 자기 자신을 지배하는 능력(the capacity for ruling one's self)으로 규정하면서, 자신의 존재를 다스리고 운영하며 그 본래성(integrity)을 능동적으로 유지하는 행위자가 자율적 존재라면, 식물은 분명 자율적 존재라고 말한다. 스위스의 비인간적 생물기술에 대한 연방윤리위원회(Federal Ethics Committee on Nonhuman Bio-technology)도 식물이 그 자체의 권리와 본래적 가치(inherent worth)를 갖는다고 보고 있다.

식물신경생리학(plant neurobiology)을 개척한 Trewavas(2003)는 식물이 제한된 공간 안에서 유연한 성장운동(growth movement)을 하고 있음을 보여준다. 여기서 유연성은 식물이 자신의 재생산적 적합성을 증대시키고 그 본래적 가치를 유지하기 위해 환경변화에 대응함에 있어 자신의 형태(morphology)를 쉽게 변화시키는 능력이다. 이처럼 식물은 자기 조직화 능력, 환경감지 능력, 주요 자극을 식별하고 가려내는 능력, 환경에 적절히 대응하는 능력들을 골고루 갖추고 있다.

따라서 인간중심주의에 치우쳐 비인간적 생물종을 우리의 대상과 객체로만 보는 것은 부당하며, 그것은 일종의 지적 폭력행위이다. 인간이 자신의 건강과 복리를 원한다면 타자들과의 새로운 관계방식이 필요하다. 따라서 우리의 도덕적 고려대상에 식물 등 비인간적 생물종을 통합시켜야 한다(Hal, 2009: 170~181).

기능론적, 공리주의적 산림 공무원에서 생태계 보전을 주창하는 생태철학자로 변신한 Leopold(1949)의 책 『모래군의 사계절』은 인간의 도덕적 고려를 자연에까지 확장시킨 대표적 실례로서 특별한 주목을 받는다. 그는 인간을 자연에 대해 우월한 존재로 보던 종래의 분리적 입장에서 벗어나 인간을 자연의 일부로 보는 체계적 입장을 취하면서, 윤리를 생명공동체 내의 상호의존성 지속을 위한 자율적 속박장치(a body of self-imposed limitation)로 보며, "인간의 윤리가 생명공동체로 확장되어야 한다"라고 강조했다.

인간을 자연의 일부로 보는 생태주의적 이해에서, 자아(the self)와 자아 아닌 것의 명확한 경계는 큰 의미가 없다. 세계는 바로 너의 몸(the world is your body)인 것이다. 여기서 우리는 지역공동체와 생태계를 '확대된 나'로 고려할 수 있다. 타자(the order)가 확대된 나의 일부라는 합리적 인식은 보다 큰 체계와 나를 동일시하는 기반이 된다(Alroe & Kristensen, 2003: 65~69). 그러므로 자연에 이(利)가 되거나 해(害)가 되는 것은 사실 우리에게도 이가 되거나 해가 된다.

결국 우리는 개발, 정복의 대상이 되기 쉬운 자연의 본질적, 내재적 가치를 인정해 그것들을 도덕적 고려의 대상으로 확대해야 한다. 따라서 그 자체의 가치를 지닌 자연 실체가 인간에 의해 해를 당할 수 있다면 우리는 자연에 미칠 불필요한 해악의 의미를 이해하려고 노력해야 한다. 그것의 본질과 의미를 이해하려 하지 않고 불필요한 해를 가하는 것은 회피 가능한 잘못을 스스로 저지르는 꼴이다(Nolt, 2006: 361~373). 최소한 우리는 도덕적으로 고려할 만한 다른 존재들의 가치를 이해하고 그 이해에 걸맞게 행동함으로써 그런 잘못을 회피하려고 시도해야 할 의무가 있다.

2. 인간사회에 대한 자연의 순기능적 가치 탐구

최근엔 생태계 파괴의 물리적 흔적이 워낙 커지고 그 폐해가 가시화되면서, 자연이 인간에게 주는 순기능적 가치를 탐구하고 그것에 가산점을 부여하기 시작했다. 실제로 온갖 생명들의 집합체인 숲은 인간을 위해 다음과 같은 다양한 순기능들을 보여준다.

숲은 목재, 펄프원료, 땔감, 의약품, 채소 등을 우리에게 제공해주는 자연의 보물창고이다(전영우, 2005: 149). 숲은 거대한 산소공장이다. 숲은 1ha당 탄산가스 16톤을 흡수하고 12톤의 산소를 내뿜음으로써, 45명이나 되는 인간의 숨쉬기를 돕는다. 숲은 공기정화기 역할도 수행한다. 잘 가꾸어진 숲은 1,000㎡ 넓이의 먼지를 잡아두는 효과를 보인다.

숲은 인간사회의 소음공해를 차단해주는 아름다운 방음벽이자, 거대한 녹색 댐이다. 인공 댐의 저수량은 강수량의 10%인 126억 톤에 불과하지만, 숲의 저수량은 180억 톤에 이른다. 이는 9개의 다목적 댐과 기타 저수지의 물을 합친 것보다도 1.6배나 많은 양이다. 연간 용수 총 이용량 310억 톤의 반 이상을 숲 등 산림이 저장한다(최소영, 2006: 179).

　재해방지센터로서의 숲 기능도 무시할 수 없다. 숲이 흙을 끌어안고 있는 능력은 황폐지의 227배이고, 숲은 나무 높이의 35배 거리까지 바람의 피해를 막아준다. 산림의 낙엽층은 스펀지처럼 빠르게 물을 흡수해 보관하고 있다가, 유출 시에는 물을 적게 천천히 배출시키는 등 자연생태계의 항상성을 유지하고 홍수조절 능력도 보여준다.

　숲은 수질정화와 수원(水源) 함양에 기여하는 자정능력도 갖고 있다(김종성, 2005: 168~169). 숲은 사람을 인간답게 만드는 교실, 환경윤리에 대한 통찰력을 키워주는 교과서 역할도 수행한다(탁광일, 2005b: 200). 숲은 심리치료사이기도 하다. 숲은 인간 오감을 자극하는 수많은 인자들이 어우러진 곳으로서 사람들이 자신을 되돌아보고 자아를 찾을 수 있는 장소이다. 숲에서의 행동은 자신의 잠재성을 표출하는 데 도움을 주는데, 이것이 사람들에게 성취감을 주고 심리적 건강을 제공한다. 특히 외롭지 않은 고적감을 통해 인간을 심리적으로 성숙시킨다(신원섭, 2005: 190~191).

　숲은 신이 운영하는 병원이기도 하다. Ulrich에 의하면 숲은 인간의 원기회복, 활력증진, 스트레스 제거에 유용한 살아 있는 묘약이다. 그래서 도심경치를 목격하는 사람보다는 자연풍경을 본 사람이 더 빨리 피로를 회복한다. 같은 병실에서도 숲을 본 환자가 입원기간이 짧고 항생제의 부작용도 적다. 결국 숲은 인간의 생명줄이다(전영우, 2005: 18). 숲은 흙, 풀, 나무의 내음으로 가득 찬 향기의 바다여서 우리가 그린 샤워를 하는 곳이기도 하다.

〈사진 1〉 숲, 그곳은 나뭇잎 나라

숲은 인간에게 시원한 그늘을 만들어주고, 도시의 미관을 아름답게 살려주는 고마운 존재이다. 그 밖에도 훌륭한 이정표이자 주민화합 장소[19]를 제공하는 등 인간사회에서 공익을 지키는 힘을 갖는다. 숲에서의 산림욕은 건강을 약속해주고, 침엽수의 피톤치드는 살균작용을 하며, 계곡이나 개울가는 음이온을 발생시키는 등 숲은 인간의 심신에 활력을 주는 생활환경의 지킴이이기도 하다(이천용, 2005: 158~160).

최근엔 숲에서 에너지도 자란다. 예컨대 목재 펠릿(pellet)은 나무 톱밥을 가공해 손가락 덩어리로 만든 것으로서, 제재소에서 나온 톱밥, 대팻밥, 목재 부스러기 등 산림의 부산물을 연료에너지로 이용하는 것이다. 목재 펠릿을 사용하는 보일러는 재가 생기지만 농촌에선

---

19) 사람들은 마을 숲의 나무 아래에 모여 마을 일을 토론하고 결정한다(뒤마, 2004).

재를 비료로 사용할 수 있고 연료가격이 싸다는 장점이 있다. 또 일반목재에 비해 운반이 편리해 수송비도 저렴해 유럽과 북미 등 선진국에선 그 사용이 보편화되어 있다(중앙일보, 2009.11.26). 우리 정부도 바이오 순환림을 2020년까지 10만 ha를 조성해 펠릿 원료를 공급할 계획으로 있다.

그렇다면 숲이 주는 경제적 효과는 얼마나 될까? 전 세계적으로 보면 숲의 서비스 가치는 다음과 같다.

〈표 2〉 숲의 주요 서비스 기능과 공익적 가치

숲의 서비스 기능	ha당 년 가치(달러)
기후 조절	141
토양침식 방지	96
영양소 저장 및 순환	361
인간의 휴양	66
기타(식수 정화, 사막에서의 일교차 방지, 하천과 강을 침적토로부터 보호)	305

출처: Costanza et al.(1997: 253~259)에서 참조

우리나라의 경우 현재 산림의 유·무형 가치는 국내총생산(GDP)의 7% 수준이다. 2010년의 GDP가 1,173조 원인데, 산림의 유·무형 가치는 대충 환산해도 100조 원 가량 되는 것으로 나타난다. 그러나 탄소배출권 등 지구온난화를 방지하기 위한 여러 조치들이 잇달아 발표되면서 그 가치는 더욱 늘어나고 있다.

한국개발연구원(2009)이 숲을 포함한 산림의 경제적 파급효과를 추정해서 발표한 자료에 따르면, 직간접 생산유발 효과는 24조 원, 부가가치 유발효과는 12조 원, 고용창출 효과는 273만 명으로 조사됐다. 삼성경제연구소(2009)도 산림 분야는 숲 가꿈이, 숲 해설가 등 일

자리 창출 속도와 투자의 용이성 면에서 가장 우수하다고 발표했다.

숲과 산림의 가치가 증대하자 그것들의 공익적 가치를 평가하는 객관적 기준이 마련되어, 수원함양, 산림정수, 토사유출 방지, 토사붕괴 방지, 대기정화, 산림휴양, 야생동물 보호 등 7가지 기준을 갖고 그간 산림의 가치를 평가해왔다. 그러나 탄소배출권 등 미래의 산림가치를 현재의 기준으로는 정확히 평가할 수 없다며, 2009년부터 6가지 신규기준이 추가되었다.

6가지 추가기준은 소음방지와 기후를 조절하는 생활환경기능, 생활환경성 질환과 생활습관성 질환을 치유하는 산림치유 기능, 생물다양성 기능, 산림경관 기능, 산림조망권과 문화유산 기능이다. 이 기준에 따르면 산림의 공익기능 평가금액이 2009년을 기준으로 기존의 7개 공익기능 평가금액 73조 1,799억 원에 약 31조 원이 추가된 총 105조 원으로 추정됐다. 2030년엔 이것이 199조 원, 2050년엔 366조 원에 달할 것으로 예상된다(박정원, 2011).

우리나라의 정부 예산은 300조 원을 넘는 수준이다. 현재의 예산으로만 따져도 정부 예산의 3분의 1에 달할 정도로 산림의 가치가 높게 평가되고 있다. 앞으로 갈수록 숲과 산림이 차지하는 비중이 더욱 높아질 것으로 전문가들은 전망한다.

3. 인간사회에 대한 이해력과 처방력을 높이기 위한 자연독법의 함의

숲과 산림은 상기한 것처럼 인간 삶을 지탱해주는 생활정주(定住) 환경이다. 따라서 예로부터 나무를 심는 것을 최고의 공덕(公德)이라 여겼다.

인간사회에 미치는 자연의 순기능 논의의 연장선상에서 최근엔 자연 생태계에 대한 한 연구방법으로서 자연독법이 새삼 주목받고 있다. 자연독법(讀法)은 우리가 인간사회에 대해 알고자 할 경우 먼저 자연세계를 철저히 관찰, 검토하면 거기서 인간사회에 대한 중요한 교훈적 함의를 읽어낼(read-off) 수 있다는 핵심적 주장을 담고 있다.

자연독법은 사람 역시 자연의 일부이므로 우리가 자연세계를 연구해 이끌어낼 수 있는 지식을 인간사회에 적용함으로써 인간사회를 더 잘 서술, 설명할 수 있고, 나아가 인간세계가 어떻게 되어야 한다는 처방까지 내릴 수 있다고 본다(Barry, 1999). 즉, 자연세계에 대한 분석, 관찰이 인간사회에 대한 설명력과 문제해결력을 아울러 제고시켜줄 수 있다는 주장이다.

자연독법의 역사는 오래되어서 동물공동체와 인간공동체의 유사성을 관찰하는 일은 고대시대에서도 애호되었다. 예컨대 Vergil은 벌들이 사회생활을 한다는 점에서 벌들의 세계를 국가의 전형으로 간주했고, Seneca는 벌들의 국가에서 군주제의 정당성을 발견하기도 했다(부케티츠, 1999: 44).

자연독법을 통해 자연의 지혜를 인간사회의 설명과 처방에 응용한 몇 가지 학문적 실례를 좀 더 자세히 들어보자. 일찍이 Darwin은 "생존경쟁에서 살아남는 개체는 환경에 가장 잘 적응하는 종"이라는 적자생존 법칙과 자연선택 이론을 제시한 바 있다. 그의 진화론은 환경-사회관계를 주요 연구대상으로 삼은 고전사회학자들에 의해 인간사회의 설명논거로 응용되었다.

먼저 Comte는 당시 가장 앞서가던 생물학을 이론모델로 삼아 사회를 생물유기체로 비유해 사회정학(靜學)과 사회동학(動學)을 제창

했으며, 최초로 생물환경(milieu) 개념을 만들어내기도 했다. 사회에 대한 이런 유기체적 접근은 Spencer에 의해 증폭되어 그는 인간, 사회, 생물, 심리, 도덕 원리에 이르는 모든 현상을 진화론의 입장에서 서술했다. Marx도 인간 스스로가 자연이며, 인간의 노동도 자연에 의해 규정된다고 보았다. 따라서 그는 사회의 성장과 발전을 자연조건과 별개로 생각할 수 없다는 유물론을 펼쳤다(한국환경사회학회, 2004: 50~52).

한편 19세기에 등장할 때부터 자연-사회의 통합과학을 약속하며 인간조건에 대한 자연주의적 설명을 시도한 생태학은 종(種)-환경관계를 다루는 경험적 자연과학에서 출발해 이제는 사회이론, 도덕이론의 한 형태가 되어가고 있다.[20] Vincent(1992)에 의하면 자연세계의 사실과 그 존재방식을 다루는 생태학은 "세상은 어떠해야 하는가?" 그리고 "우리는 자연을 어떻게 다루고 이용해야 하는가?"라는 규범적 질문에 대한 답을 구하며, 인간세계를 위한 자연의 도덕적 중요성을 연구해나간다.

현대 녹색사상도 자연독법의 순기능을 살리는 데서 대두했다. 그 선구자인 Kropotkin 등 아나키스트들은 다윈론자들의 적자생존과는 다른 관점에서 자연독법을 활용했는데, 그들은 진화만큼이나 협력과 상호부조가 중시되는 조화로운 관계망으로서 자연을 보았다. 따라서 녹색사상가들은 상호부조, 연대, 평등, 조화가 이루어지는 자연계에

---

20) 인간생태(生態)는 사람이 살아가는 모양새 혹은 그 됨됨이를 말하게 된다. 이런 개념정의에 입각하면 생태학은 비록 자연과학에서 출발했지만 인문 사회과학들과 교류할 수 있는 열린 태도를 가질 수 있어 자연-인간의 학문적 통합에 기여할 여지가 크다(이도원, 2004b: 202). 인간 생활환경을 연구하는 생태학이라면 자연계의 물질과 인간사회의 문화 모두를 포괄해야 하기 때문이다.

기초해 상호부조적, 연대(連帶)적 인간사회 모델을 정립할 수 있다고 생각했다(배리, 2004: 91~110).

최근의 자연독법 실례로는 윌슨(2004)의 사회생물학을 들 수 있다. 사회생물학은 모든 사회적 행동의 생물학적 토대에 대한 체계적 연구로서 생물이론을 인간사회에 적용시키는 인간행동에 대한 혼합이론인데, 여기서는 유전자를 진화의 단위로 파악하는 생물학적 결정론이 인간과 환경의 관계를 이해하고 인간의 사회적 관계를 설명하는 데 핵심이라고 본다.

사회생물학자들은 동물과 인간의 행동을 동일한 방식으로 설명하려고 해 종종 날카로운 비판을 받는다. 그들은 유전자와 특정 형태의 인간행동을 너무 직접적으로 연결시킴으로써 방법론적 개인주의의 환원론적 오류에 빠진다(트리그, 2007: 18). 이런 근본적 오류는 사회생물학이 인간의 다양성보다는 동물세계와의 유사성 발견에 비중을 두기 때문이다. 즉, 사회생물학은 인간의 사회적, 개인적 행동을 동물의 행동과 같은 것으로 간주하는 등 인간세계의 사회, 정치, 문화를 자연선택에 의한 유전자 진화의 관점에서 설명하고 있다(배리, 2004: 246~247).

과연 인간은 진화의 자연적 과정에 그대로 종속되고 마는 존재인가? 사회생물학 비판론자들은 비록 동물이 나름대로의 집단규범을 발전시켜도 그런 유사(類似) 도덕적 행동은 어디까지나 본능에 기인한 것이므로, 문화전통에서 전승된 인간 고유의 사회규범과 혼동해선 안 된다고 주장한다. 인간의 도덕적 행동은 문화와 이성이 만들어 낸 행동으로서 유전자로의 환원은 불가능하며 따라서 생물학적 진화에서 미리 정한 노선을 따라가지 않는다는 것이다.

따라서 동물이 이런저런 행동을 하므로 그것이 인간에게도 좋다고 결론을 내리는 것은 자연주의적 오류[21]라고 비판한다. 일례로 Waal(1983)은 '침팬지의 정치' 등 동물집단을 사람의 모습으로 의인화시켜 묘사하고 또 적잖은 인간특징을 동물에까지 이입시키는 의인주의(anthropomorphismus)를 경계하면서, 이것이 생물학주의를 초래할 위험성이 있다고 비판한다(부케티츠, 1999: 147~152). 특히 인간의 종교와 도덕은 동물행동과의 유사성이 전혀 발견되지 않는 인간 고유의 영역으로서 사회생물학자들의 최대 골칫거리이다(트리그, 2007: 223).

Barry(1999)는 그렇다고 해서 우리가 자연독법의 사회과학적 상상력을 완전히 폐기할 필요는 없다고 말한다. 왜냐하면 자연독법을 일부 응용한 사회생물학이 비판받는다고 해서 우리가 인간이 자연적이라는 사실을 완전히 부정해야 하고 또 인간의 문화와 그 실천이 전혀 자연적이지 않음을 뜻하는 것은 아니기 때문이다.

생물학적, 생태학적 사고를 사회이론에 통합시키는 Benton(1993: 103)은 인간은 다른 종과 같진 않지만 그러나 이 사실이 인간이 그들과 완전히 분리되거나 우월함을 의미하진 않는다고 말하며, 인간세계 속의 사회현상을 탐구할 때 우리가 얻을 수 있는 자연과학의 적실성, 즉 자연독법의 함의를 완전히 부정하진 않는다. 더 나아가 그는 인간존재에 대한 자연주의적 설명을 명료화해 인간은 필연적으로 생태계에 체화(體化)되고 동시에 생태적, 사회적으로 이중 배태(胚胎)된다고 주장하며 자연-환경, 인간-문화의 이분법적 구분의

---

21) 자연주의적 오류는 자연 안에서 일어나는 사건으로부터 당위와 규범을 도출해내려는 추론을 말하며 생물학주의, 사회적 다원주의로도 불린다(부케티츠, 1999: 239~245).

극복을 시도한다. 그는 인간이 다른 종과 같진 않지만 그 역시 자연의 일부이므로 자연세계의 생존법칙을 읽어내 그것을 인간사회에 대비해 응용할 여지는 여전히 적지 않다고 본다(벤튼, 레드클리프, 1997: 61~64). 즉, 사회현상 탐구에 있어서의 자연과학의 적실성을 자연과학이 완전한 설명을 제공하는 것과 혼동할 필요는 없다는 것이다.

최근의 녹색사회 이론은 이런 점에서 인간도 본능을 가진 생물학적 실체라는 생물학적 체화성을 일단 인정하면서, 인간의 사회적 생활과 내외부의 자연조건과의 연관성, 즉 생태적 배태성, 생태적 존재성도 강조한다. 인간도 자연적 존재의 하나의 종으로 보며, 사회-환경의 엄격한 분리를 극복하는 등 비결정론적, 비환원적 방법을 강조하고 있는 것이다(배리, 2004: 276~283).

이런 점에서 최근 사회생물학도 개정되었다. 일례로 Lumsden & Wilson(1981)은 유전자와 문화의 공진화(共進化),[22] 즉 생명체의 진화와 사회문화적 진화 간의 연관성 설명에 진력하고 있다. 이들은 사회생물학적 설명을 고수하면서도 인간정신의 특이성과 문화의 중요성을 인정하기 시작했다(부케티츠, 1999: 119~122). Huxley(1964)의 '진화적 휴머니즘', Riedl(1988)의 '자연과 사회 간 협약' 개념도 인간의 생물학적 진화와 사회문화적 진화 간에는 모순이 없고, 자연과 문화는 대립된 것이 아니라 인간에게 동일한 현실성의 양면임을 주장한다. 따라서 우리에게는 인간-환경의 낡은 이분법을 극복하며 '인간다움으로 진화하려는 노력'이 필요하다. 휴머니티는 문화가 고

---

22) 공진화는 다수의 생물집단이 서로의 연관성 속에 발전하는 것, 특히 사회생물학에선 유전적 과정과 문화적 과정이 상호관계를 맺으며 발전, 진화하는 현상을 의미한다(부케티츠, 1999: 236).

안해낸 것이 아니라 인류의 생존을 위해 반드시 필요했던 것으로서, 인류 진화의 초기단계에서 이미 확고히 정립되어 있었던 것이다.

결국 인간은 생물-사회적 통일체이다. 우리가 진화적 휴머니즘의 입장에서 인간다움으로의 진화를 위해 인간사회의 자연주의적 토대에 관심을 둘 때, 자연독법은 인간사회의 이해에 유용해지고 도덕의 문제에까지 가까워진다. 이에는 이미 과학이론에 포함될 수 없는 "~를 해야만 한다"라는 당위가 내재하기 때문이다. 따라서 인간의 사회 생물학은 가치판단을 회피할 수 없다(부케티츠, 1999: 216). 결국 우리가 자연독법을 무비판적으로 무제한 수용할 것이 아니라, 인간의 생물학적 체화성과 생태적 배태성을 전제로 해 비결정론적, 비환원적 방식으로 자연독법의 이론적 함의를 선별해 적절히 읽어낸다면, 자연독법은 인간사회의 이해와 처방에 적지 않은 기여를 할 수 있다(이도형, 2007a: 227~229).

❸ 생태조절적 역할자, 생태지속성 관리자로서의 정부

지금까지 인간-자연관계에 대한 인간 사유의 진화 관점을 서구학자들의 논지를 중심으로 살펴보았다. 그러나 일찍이 도교철학을 비롯한 동양사상에서도 자연에 순응하고 자연의 원리에 일치하려고 노력하는 인간의 삶을 전체(dao)와 부분(de) 간의 조화라는 관점에서 줄곧 강조해왔다.

존재론적 관점에서 볼 때 전체인 dao는 만물이 존재하는 공유된

맥락이다. 따라서 자연환경 내에서 사는 모든 생물종과 사물은 존재론적으로 연계되고, 같은 생물권(bio-sphere)을 공유한다. 부분인 de는 dao라는 전체맥락 내에서만 구현될 수 있는 개별 존재의 특정성이다. 이처럼 동양사상에선 개별 존재의 특정성도 존중하지만, 그것이 구현되기 위한 조건으로 개별 존재가 속한 전체환경과 맥락의 중요성을 우선적으로 강조했다(Lai, 2003: 255). 그래서 동양사상에선 자연에 친숙한 삶, 자연과 조화를 이루고 자연에 순응하는 인간 삶을 강조해왔다.

이런 점에서 볼 때 세상만물은 그 어느 것도 생태주의 인식의 첫 출발점인 생태적 전일성과 생태적 존재성에서 자유로울 수 없다. 즉, 세상만물은 dao라는 생태적 전일성 속에서 de로서의 생태적 존재성을 갖는 것이다.

그렇다면 우리는 이런 개념들에 의거해 정부에 대한 새로운 해석, 즉 정부라는 조직체 역시 생태적 전일성 속에서 생태계의 일부를 구성하고, 그런 면에서 생태적 존재성을 배태하게 된다는 새로운 관점을 확보할 수 있다.

따라서 사회의 생태적 전환을 주도할 책무를 부여받은 정부관료들은 종래의 인간중심적 세계관에서 벗어나, '만물은 하나'라는 우주만물의 존재론적 평등성을 뜻하는 생태적 전일성을 자각할 필요가 있다. 아울러 자신의 생태적 존재성에 대한 자각도 필요한데, 여기선 먼저 인간의 생태적 존재성을 살펴본 뒤, 정부 안에 내재되어 있는 생태적 존재성도 자세히 이해해본다.

인간의 자아감(sense of self)은 그가 속한 장소감각(sense of place)과 연결된다. 인간이 속한 장소는 식물상, 동물상 등 생태계의 고유한 특성과 지형 등의 지리적 경계이자, 사람-자연의 관계 속에 형성된 역사, 문화적 경계이기도 하다. 따라서 인간은 특정한 장소감각을 자연스럽게 갖는데, 이는 자기가 사는 특정지역의 자연환경과 인간생활의 관계를 숙지하고, 그런 생활환경에 의지해 그 안에서 자신의 위치를 파악해내는 고유의 감각이다.

우리는 이런 장소감각에 의거해 개인의 정체성과 심리적 평안을 구할 수 있는 생태적 적소(ecological niche)를 발견한다(Benton, 1993: 184). 인간의 생태적 적소는 문화와 동시에 생물학-생태학적으로도 영향을 받는 것이다(배리, 2004: 267).

생물지역주의(bio-regionalism)는 자기가 사는 장소가 바로 자신의 생태적 적소라는 점에 착안해, 인간이 자신의 땅에서 장소감각이 주는 본래의 의미대로 살아가는 것이다(오제키 슈지 외, 2007: 60~61). 이런 점에서 보면 생물지역주의는 전체(dao)와 부분(de)의 조화를 강조하면서 부분(de)의 특정성이 구현되기 위해 그것이 속한 전체(dao)환경과 맥락의 요소를 중시하는 도교철학 등 동양사상과 흡사한 논리구조를 보인다. 이처럼 전체-부분의 조화론적 논의를 진전시키기 위해선, 생물지역(bio-region) 개념에 대한 좀 더 정확한 이해가 선행될 필요가 있겠다.

생물지역은 인간이 임의로 구획한 것이 아니라 식물상, 수계(水界), 기후, 토양, 지형 같은 자연조건에 따라 자연발생적으로 형성된 인간정주(定住)의 체계이다. 이런 정의는 우리 삶의 터전이 정치적, 인위적 경계가 아니라 원래는 생태계의 지리적, 자연적 경계를 바탕으로 설정되는 것임을 의미한다(Sale, 1985). 즉, 생물지역은 지리, 역사, 자연지형 등에 토대를 두고 구획되는 자연적 지역으로서, 인간

–자연의 통합이 인간–자연 양자 모두에 도움이 되는 그런 사회공간을 의미한다(모리슨, 2005: 266).

생물지역은 그곳의 거주자인 인간의 특정역할을 강조하는데, 우리가 그 역할을 올바르게 수행하려면 삶의 터전에 대한 우리의 근본적 이해가 필요하다. 즉, 특정지역의 거주자로서 우리는 내가 살고 있는 장소의 특징들을 잘 이해해야 한다. 예컨대 발밑의 땅과 바위 종류, 지역 안에 물이 흐르는 곳과 바람의 종류, 동네 안의 곤충, 새, 동물, 작은 풀, 나무들, 그 밖에 계절의 순환과 적절한 파종 및 수확시기도 알아야 한다. 또 자원의 한계, 토양, 물의 수용력, 그 땅에서 자란 사람들의 고유한 문화, 지형적인 것에 따라 형성, 채택된 사회경제조직과 질서 등등 이 모든 것이 새롭고도 정확하게 이해되어야 한다(김성균, 구본영, 2009: 38~39). 우리는 이처럼 우리 주위의 땅의 속성을 잘 알아야 하고, 내가 사는 장소의 존재방식과 리듬에 거스르지 않고 그 존재방식과 리듬에 맞춰 함께 살아가야 한다(Dobson, 1990).

그렇다면 국민 모두의 생물지역을 통합한 것에 해당하는 국가와 그 영토를 관리하는 정부도 생태계의 일부로서 자신의 장소감각과 생태적 적소를 무시할 수 없다.

국가에 대해선 "사회질서유지 등의 초계급적 기능을 수행하는 사회지배조직"이라는 Weber적 개념 정의가 통용되지만, 국가는 "영토[23]라는 자연체계 내에 국민공동체적 삶의 관계가 지속되도록 다스려지는 하나의 유기적 생태체계"로도 정의될 수 있다. 그렇다면 그 관리자인 정부는 "영토–국민의 결합을 통해 통치구조를 조절하고 생

---

23) 우리는 특정장소에서 집처럼 편안함(feel at home)을 느낄 수 있다. 그래서 특정장소에 애착을 갖고 그곳에 밀착하려 한다. 실제로 장소는 일종의 안전지대 및 안전한 먹이확보 지역으로 작용한다. 이런 점에서 김형국(1999)은 장소의 영토성(territoriality)을 강조한다.

명의 지속성 유지를 관리하는 생태조절적 역할자(eco-regulatory role) 혹은 생태지속성 관리자"가 된다(조명래, 2001; 2002).

우리의 국토공간은 자연요소와 인위적 요소가 상호유기적으로 결합된 곳이다. 국토를 구성하는 자연요소는 대기, 물, 토양 등인데, 인간의 활동은 이런 자연요소를 기반으로 한다. 최근 국토생태, 국토생태학 등의 단어들이 회자되기 시작한 것(박태순, 2008; 우석훈, 2011)은 생태주의 시각에서 국토의 생태적 존재성을 재해석한 결과를 반영한 것이다.

국가와 정부의 생태적 존재성을 인정한다면 향후 정부가 장기적으로 발전하기 위해선 자신이 속한 생태계와 함께 공진화(co-evolution)해야 한다. 복잡계 이론에 의하면, 정부 역시 개체가 전체를 진화시키고 전체가 개체를 진화시키는 환경과의 공진화를 통해 자기 조직화하는 복잡적응체제(self-organizing complex adaptive system)이다.

물론 관료적 공공체계는 안정적 환경을 염두에 두고 설계된 유기체적 존재이지만, 지금처럼 종래의 안정성이 비생산적인 것이 되어버린 격변의 분기점에선, 환경변화에 적응하지 못하는 정부는 파산한다. 결국 급변하는 환경에 적응해야 하고 또 환경과 공진화해야 하는 '복잡적응체제로서의 정부의 존재론적 속성'을 제대로 이해해, 하나의 유기체로서 정부의 새로운 능력과 형태를 발현시켜야 한다(최창현, 1999: 28∼35). 정부도 생태적 존재성을 갖기 때문이다. 정책진화론자들도 정책이 격변하는 환경과 부단히 상호작용하며 동태적으로 적응, 진화해온 점에서, 정책을 '자생적 질서에 의해 형성된 자기 조직적 복잡적응체계'로 본다(성지은, 2003: 351∼352).

최근 산업공해, 환경파괴적 지역개발, 오물처리 등 많은 생태문제에 직면하면서, 우리 사회에서도 미래세대의 지속 가능한 생존권을 보장하자는 차원에서, 실질적인 환경정책 실행력을 가진 '환경친화적 정부'의 필요성이 더욱 강해지고 있다. 사회적 약자를 위한 쾌적한 환경, 생존권 보장을 위한 환경정의 이념, 생태적 효율이 정부에 의해 조속히 구현되어야 한다는 것이다(한국환경사회학회, 2004: 82). 따라서 정부가 녹색국가로의 전환에 요구되는 생태조절적 역할자 혹은 생태지속성 관리자로서의 새로운 역할정체성 학습에 최선의 주도적 노력을 다할 필요가 있겠다.

▣ 국토생태의 현실과 지향점: 기능론적 토지관에서 명의 장소로의 복귀

그렇다면 우리 정부를 포함한 현대의 정부들은 자신의 생태적 존재성을 얼마나 제대로 이해하고, 생태조절적 역할자 혹은 생태지속성 관리자로서 환경과의 공진화에 얼마나 진력하고 있는가?

Luton(2001: 75)에 의하면, 현대 행정은 인간을 하나의 생물종으로 볼 필요성에 대해 진지하게 고민하지 않은 채, 자연-인간의 공진화보다는 양자의 생태적 관계를 파괴하는 데 적지 않은 역할을 담당해왔다. 현대 행정의 관점은 인간중심주의적이었으며 그래서 국가의 환경정책에서 자연은 자원의 일부로 인식되었다. 행정가들 사이에서 대중적 표어는 지속 가능성이었지만 그러나 그들의 성장 관리적 접근은 실제로 지속 가능하진 못했던 것이다.

도구적 합리성에 의거한 기술관료 통치하에서 기술관료(technocrat) 들은 목적의 사회적 함의보다는 수단의 능률성에 과도한 관심을 보였다. 따라서 사회문제는 계산논리로 규정되고 일상생활이 기술, 행정적으로 제어되면서 자연마저도 도구적 통제하에 개발대상이 되기 쉬웠다(Parkin, 1994: 22).

우리나라의 국토정책 기조도 1960년대 이후 성장 최우선의 기조 아래 제조업, 수출지향의 경제정책 행정편의주의가 주류를 이루어왔다(이덕복, 1999: 467). 근대화가 땅에서 이루어진 지리적 근대화는 국토의 공간적 통합과정으로서 국토 곳곳을 기능적으로 연결시켰다(김형국, 1999: 318). 정부는 택지 개발자, 철도, 도로, 항만, 댐 등 생산활동에 공동으로 이용되는 공공재의 공급자, 일정지역에 공단을 조성해 입주기업에 금융, 조세의 혜택을 주고 투자를 유도하는 촉진자, 정치적 차원에서 저개발 지역으로 생산요소를 배분, 유도하는 중재자로서의 역할을 수행해왔다(박양호, 1999: 440). 1998년엔 택지 거래를 활성화해 개인과 기업의 부담을 완화해준다며 택지소유상한제와 토지초과이득법을 폐지해 토지 공(公)개념을 크게 후퇴시켰고, 1999년엔 국토이용관리법을 개정해 토지거래신고제와 유휴지제도마저 폐지시켰다(유해웅, 1999: 497~510).

땅은 땅값이라는 자본주의적 교환가치로만 주목될 뿐 국토생태라는 생태적 가치엔 아랑곳하지 않고 상품가치나 황금덩어리로만 인식되었다(박명규, 1999). 도구적 통제를 즐기는 관료들의 이해관계와 돈벌이를 좋아하는 자본가의 이해관계 속에서 국토 생태계 파괴는 지속되었다(구승희, 2001). 그래서 우리 주변에서 전원(田園)은 쉽게 발견되지 않는다.

지금도 시골은 난개발의 무한한 대상이다. 목수 김씨 김진송 (2002)의 다음과 같은 지적처럼, 갑자기 집 위로 고속도로가 지나가고 음식점, 노래방의 소음에 매일 밤 시달린다. 일상적 공간으로서 시골에 진입하는 순간 더 이상 전원은 멀리서 바라보던 그것이 아니다. 소음을 고발해도 경찰서와 면사무소는 전부 지인으로 엮여져 소용이 없다. 이의제기는 공무원에겐 단지 국가발전 저해행위로 비쳐지고, 마을사람에겐 그 틈에 돈이나 타먹는 행위로 비쳐진다. 지방 정치가의 유세, 관료의 탁상행정, 시골사람의 잇속 챙기기가 하나의 시스템으로 작동한다. 어디에도 삶의 공간을 배려하거나 자연 생태계를 고려한 제도는 없다. 자연친화적 삶이 정책적으로 무시되는 현실이다.

그렇다면 우리는 난개발에 손을 놓은 채 국토생태의 망가짐을 지켜만 보고 있어야 하는가? 아직도 기능 위주의 땅 가름과 형태 위주의 평면적 공간인식이 국토를 보는 시각의 주류를 형성하고는 있지만, 향후엔 땅의 재발견을 통해 땅의 생태적 가치를 중시하면서(조경진, 1999: 569), 땅의 총체적 모습을 파악해 국토생태와 조화를 이루는 인간 삶을 모색해야 한다.

웨더포드(2005)에 의하면 한 장소를 타고난 아이는 그 장소의 영혼을 평생 갖고 있다. 사람은 본질적으로 영원히 그 장소의 일부인 것이다. 땅이 사람을 소유하는 것이며, 땅의 노래를 아는 자만이 그 땅을 보살피고 그 안에서 사는 방법을 안다. 노래를 안다는 것은 그 땅에 대해 책임을 진다는 것이다. 한 지역의 노래를 알고 그것을 부를 수 있는 사람이 그 지역의 정당한 주인이다.

그래서 우리는 땅에 다시 정주하기(re-inhabitate) 위해 장소감각을 조속히 되찾아야 하며, 그 땅에서 본래의 의미대로 살아가야 한다. 결국 인간과 장소의 상관성을 강조하는 생물지역주의는 우리가 실제로 자연을 감지하고 체험하는 관점의 근본적 개조를 요구한다. 생물지역주의는 단순히 장소의 초월적 이론이 아니라 장소를 체험하기 위한 하나의 초대이다. 따라서 우리는 경계를 걷어내고 우리의 장소를 발견하며 그것을 가꾸기 위한 새로운 삶 속으로 파헤쳐 들어가야 한다(Berthold-Bond, 2000: 23). 이를 위해선 장소의 보다 자연적인 배치에 따라 우리들 삶의 경계를 재설정할 필요가 있다.

근대 국가 내의 지역 개념을 한정짓는 정치적 경계는 너무 인위적이고 작위적이다. 현 정치체제는 극소수의 재정 이득을 위해 지구와 그곳에 사는 대다수 사람들을 황폐화시키는 경제의 덮개에 불과하다. 인위적 경계선에 따라 지역이 나뉘고 자연이 인간 소유의 대상물이 됨에 따라 잃은 것은 지리학적 지역의 자연적 특성이다. 따라서 현 정치, 경제제도의 단순한 재형성(re-forming)보다는 이를 생태학의 정치로 근본적으로 대체할(re-placing) 필요가 있다. 즉, 영토를 재구획해내야 한다.

생물지역주의는 이런 점에서 하나의 정치운동을 지향한다. Dodge에 의하면 생물지역(bio-region)은 regia(territory of life)뿐 아니라 regere(rule of govern)이다. 따라서 생물지역주의는 생명에 의한 통치(government by life)를 추구한다. 우리가 사는 지역은 입법부에 의해 그어진 정치행정적 구획이 아니라 주변 자연의 특징을 십분 반영하고 그런 자연의 이치에 의해 다스려지는 생명의 장소(living-in-place)가 되어야 한다는 것이다.

우리는 산업적 아스팔트를 벗겨내고 그 밑에 놓인 자연의 설계

(natural design)를 따라가야 한다. 정치가 자연의 설계에 의거해 이루어지는 곳에서 인간은 생명에 의한 통치 안으로 들어가 인위적 정치로부터 자신을 해방시킬 수 있다(Berthold-Bond, 2000: 10~12). 결국 자연적 경계의 재생에 따른 정치적 경계와 자연적 경계의 통합은 생명의 장소로의 복귀과정이다(Davidson, 2007: 31; Quilley, 2009: 120). 그런데 인간-자연의 통합을 강조하는 동양적 사유가 생명의 장소로의 복귀를 다음과 같이 촉진시켜줄 수도 있다.

자생 풍수학자 최창조(2007)에 의하면 풍수의 공도(公道)적 자연관은 우리의 국토재편에 기여할 수 있다. 자생풍수에선 자기가 사는 땅을 어머니로 대한다. 그래서 자생풍수에서의 개발은 어머니인 땅의 이용이 아니라 어머니 땅에의 의지이다. 여기서 의지는 자연에 신세지고 은혜를 입는 일로서 궁극적으로 자연과의 조화를 뜻하므로 이용과는 다른 개념이다.

특히 대동공동체를 주창했던 도선 대사의 비보(裨補)풍수는 병든 땅을 살아 있는 땅으로 재생(再生)시키는 운동원리이다. 비보풍수는 큰물이 모이는 합수(合水) 지점이나, 홍수나 큰 침수 위험이 있는 곳, 낭떠러지 밑이나 절벽 바로 위에 절을 세우거나 불탑을 세워 흠결 있는 땅을 보완함으로써, 어머니 땅의 피곤을 풀어 드려 병을 고치고 기분을 온화하게 하는 등 땅에 대한 참된 국토사랑법이다. 본래 완전한 땅은 없다고 보는 비보풍수는 병든 땅을 살아 있는 땅으로 재생시키는 치유의 지리학이다. 그래서 자생풍수는 자연 흐름에 순응하는 치유의 지리학에 입각해 국토를 재편해야 한다고 강조한다(최창조, 1999).

풍수는 생태적 안정성과 생물종 다양성 등 인간 정주환경의 지속 가능성을 염두에 둔 이념체계이기도 하다(조경진, 1999). 산은 지기를 품은 하나의 유기체이다. 그래서 설악산 한계령은 토양, 경사도, 국지성 기후 등 여러 측면에서 열악한 곳이지만 그곳에서 자라는 자생식물은 최고로 다양하다. 그곳의 식생이 땅과 상생조화를 이룬 덕이다.

결국 중요한 것은 땅과 사람의 조화이다. 좋은 땅, 나쁜 땅의 여부가 아니라 사람에게 맞는 땅을 가려내는 지혜가 자생풍수이다. 풍수는 산, 나무, 개울, 옛집, 돌, 사람까지도 제자리를 잡고 제구실을 하는 어머니 품속 같은 땅을 추구한다. 특히 병든 터를 비보하는 사랑이 필요한데, 의지법(醫地法), 구지법(救地法)은 땅의 건강을 살피고 치료하는 방법이다. 풍수는 한반도의 풍토에 어울려 살며 쌓아올린 겨레의 땅에 관한 지혜로서, 땅의 질서와 인간의 논리 사이에 벌어진 문제점이나 갈등 속에서 어떤 합치점을 찾고자 한 전통 지리학이다.

향후엔 국토의 효율적 이용이라는 측면에서 비행기 안에 앉아 효율이라는 잣대만으로 국토에 획일적 칼을 들이대는 천상(天上)의 지리학을 걷어내고(최창조, 2005; 2007), 낮은 데로 임해 옛부터 내려오는 원래의 지리적 자연경계를 살려내 국민 삶의 영역을 생물지역에 일치시키는 치유의 지리학 쪽으로 국토생태를 보는 정부관료들의 관점 변화가 요구된다. 그럴 때 국토생태 및 정부의 생태적 존재성도 더 잘 부각될 것이다.

〈사진 2〉 천상의 지리학: 이 신도시 개발현장은 무엇으로 어떻게 채워질까?

5 생태적 존재성에 의거한 초록자아로서의 정부관료들

생태적 사회로 발전하려면 우리 개개인이 생태주의적 사고방식에 익숙해져야 하는데, 생태주의적 사고방식은 생태서클(ecological circle)의 원리에 토대를 둔다. 생태 서클은 인간의 모든 행동이 사회와 자연에 영향을 주므로 우리가 좀 더 주의 깊게 행동해야 한다는 메시지와 더불어, '모든 사물과 현상은 서로 연관되어 있다'라는 경험–관계성의 통합, '우리는 부분–전체의 어우러짐 속에서 살아간다'라는 부분–전체 간의 부단한 결합을 정확히 인지하는 것이다(모리슨, 2005: 241). 그렇다면 사람–사람의 관계설정에만 한정했던 도덕과 윤리규범을 인간–자연관계에까지 어떻게 확장시킬 것인가의 철학적 문제가 대두한다.

녹색사회의 인간학적 기초를 연구한 오용선(2008; 2009)에 의하면 인간본성의 3가지 특징은 생존성, 존재성, 영성(靈性)인데, 인간이 이런 본질상태로 향하려는 힘, 즉 본질회귀의 에너지를 생명의지라고 부를 수 있다.

생명의지는 생활의 호(好)조건보다는 악조건에서 더 강하게 발현되는데, 특히 인류의 생존을 위협하는 각종 생태위기의 징후와 정보는 인간 자아의 생존성은 물론 영성에도 큰 영향을 미친다. 즉, 점증하는 환경오염과 생태위기는 정보폭풍이 되어 인간의 자아막을 통과하며, 기존 자아핵의 가치정보를 뒤흔들어 놓는다.[24] 이런 상황이 반복되면 자아핵 속의 본질상태를 결정짓는 가치정보로서 생태현상이 주요인으로 자리 잡기 시작한다. 특히 이런 상황이 반복될 경우 인간의 자아핵을 구성하는 가치에 생명가치가 새롭게 반영되어 근대적 자아와는 다른 자아가 형성되는데, 이를 '초록자아'라고 부른다.

초록자아는 인간의 본성인 생존성과 존재성에 환경정보와 생태계 보전활동으로 인한 가치들이 풍부하게 자리 잡을 때보다 잘 형성된다. 인간은 생태계 파괴와 환경오염 문제를 겪으면서 자연을 자신의

---

24) 인간의 자아는 자아핵, 자아막, 자아장(self pool)의 3가지 구조로 구성되어 있다. 자아핵을 구성하는 본질적 가치(생존성, 존재성, 영성의 가치)는 외부 자극에 의해 쉽게 영향을 받기 때문에, 이를 보호받기 위해 자아막으로 둘러싸여 있다. 자아막은 외부에서 들어오는 각종 정보를 선택적으로 투과시킨다. 여기서 선택적이란 의미는 본질상태를 유지하거나 강화하는 가치(+가치정보)는 수용하면서, 본질상태를 깨뜨리려는 가치(-가치정보)는 거부하는 것을 의미한다. 평소 자아막의 선택적 투과가 가능한 이유는 자아가 사회관습과 문화의 수용력이라는 자아장에 잠겨 있기 때문이다. 그런데 기존의 관습과 문화가 수용할 수 없는 새로운 사회현상이 발생한 경우엔 정보폭풍이 되어 투과기능을 마비시켜 곧바로 본질상태에 도달해 충격을 준다. 이런 정보폭풍 상황이 반복되면 자아핵 속의 본질상태는 자주 들뜨고 이것이 지속될 경우 본질로 회귀하려는 생명의지가 폭발한다(오용선, 2009: 244~245).

생존기반으로 인식하게 되고, 인간과 자연이 결코 떨어질 수 없는 관계임을 알게 된다. 그러면서 종래의 이분법적 자연관, 인간중심주의, 개체중심의 고립적 생명관에 대해 깊이 성찰하게 된다.

여기서 자연파괴는 인간의 아픔으로 다가오며 인간-자연을 한 몸으로 인식하는 통합적 사고에서 동식물을 개체 차원에서 보던 그간의 관점이 근본적으로 수정된다. 그래서 자연 생태계나 지구 차원의 전체시스템을 하나의 생명으로 보는 전일(全一)적 사고의 가능성이 커진다. 이런 전일적 사고는 자연과 생명에 대한 감수성을 예민하게 만들고, 이는 개별생명 그 자체를 존중하는 태도를 강화시키는 결과를 낳는다(오용선, 2009: 233~247).

생태적 전일성과 생태적 존재성이 나의 삶을 근본적으로 규정하므로, 우리가 그것을 존중하는 쪽으로 행동할 경우 항상 득이 된다는 점을 백번 공감할 때, 우리는 자연스럽게 초록자아가 되어 자연에 해가 되지 않는 범위 내에서 인간의 생산을 적절히 도모하고 그에 따르는 불편을 즐겁게 감수할 수 있다.

하물며 국가정책을 좌우하는 힘을 갖고 있는 정부관료들은 국가영토의 생태적 전일성과 자기 직업의 생태적 존재성을 더 뼈저리게 느끼고 몸소 그것을 국가정책에 반영해야 한다. 자신도 이 땅에 존재하는 하나의 생명체로서 산과 들, 바다, 강물, 공기와 불가분의 관계에 있으며, 그렇기에 깊게 생각하지 않고 휘두른 자신의 정책 칼날이 돌이킬 수 없는 생태계 파괴의 단서가 될 수 있음을 알아야 한다.

그런 점에서 보면 정부관료라는 직업이야말로 초록자아로서의 인간본성을 제대로 내재해야 한다. 그들이 어떤 세계관과 어떤 환경의식을 갖고 있느냐에 따라 그들이 머릿속으로 구상하고 몸으로 집행하는 국토계획과 보전정책의 성격과 방향이 결정되기 때문이다.

개발주의 아래 마구 파헤쳐진 국토생태의 숱한 상처를 치유하는 길은, 관료들이 직무명령에 대한 복종의무라는 구실 아래 위로부터의 정책지시에 그저 순응만 할 것이 아니라, 초록자아로서의 새로운 가치관으로 무장하고 자연의 섭리 그대로를 행정행위의 잣대로 삼아 자연의 이치에 맞게 행동하는 것이다. 초록자아로서의 관료들이 자연의 법도대로 업무철학의 변화를 스스로 이루어내, 그간의 인위적 행정을 줄이고 자연과 공생하려는 지혜를 보이며 행정일선에서 생태계 보전의 마지노선을 칠 때 난개발, 막개발로 인한 국토의 상처내기는 점차 사라질 것이다.

⑥ 환경 청지기로서의 생태관료

최근 환경정책의 수행에 가장 의미 있는 인간성향(human disposition)을 발견해 내려는 연구가 대두하고 있다(Welchman, 1999). 즉, "무엇이 사람들을 자연세계의 자발적 청지기로서 효과적으로 기능하도록 동기부여 하는가?"를 조사하는 것이다.

여기서 청지기직(stewardship)에 대한 개념 이해가 필요한데, 청지기직은 어떤 타자를 향해 한 개인이 취하는 장기간의 사회적 역할이다. 청지기가 되기 위해선 그 자신의 이익을 위해서가 아니라 어떤 상황이나 다른 사람들의 삶의 조건을 증진시키는 데 그의 생각과 노력의 실질적 기여가 요구된다. 따라서 환경 청지기는 인간의 이익이 아니라 자연보전을 위해 상당량의 생각과 노력을 시종일관 헌신하는 사람이다. 그에게 임금은 우선적인 것이 아니라 하나의 유인책일 뿐이며, 그들의 근무시간은 무제한이다.

관련연구에 의하면 자비심(benevolence)이 많거나 충성(loyalty)스러운 기질을 드러내는 사람이 환경 청지기가 될 수 있다. 두 기질은 대부분의 자발적 청지기(willing steward)가 갖고 있는 핵심성격이다. 즉, 일련의 자연재해 속에서도 후손의 생존과 안정된 번영을 바라는 우리의 자비심은 환경보전에의 강한 동기부여를 유발한다. 자비심은 타자의 고통과 난관의 극복에 보다 관심을 갖도록 우리를 움직이게 하는 힘인데, 이런 자비심이 인간에게만 제한된 것은 아니기에 자연 생태계까지 돌보도록 우리는 동기부여될 수 있다.

한편 충성스런 행위자는 그들이 충성을 바치는 사람과의 동일시로서 자신을 묘사한다. 아름다운 자연경관은 그것을 우리에게 잘 물려준 과거세대를 우리가 존중하게 하고 그들과의 동일시를 지속하게 하며, 미래세대에 대한 그들의 영향력을 확장하게 하는 유적(遺蹟)의 핵심을 이룬다. 부모로서 우리는 아이를 위해 자연체험을 추구하는데, 그런 자연경관을 보전하는 데 기여한 사람들에 대한 칭송과 충성은 우리로 하여금 과거와 자연을 더욱 보전하게 하고 미래의 자연파괴를 억제하게 만든다.

자비심과 충성은 과거세대에의 존중과 미래후손을 위해 인류로 하여금 자연경관을 보전하게 하고 대기 및 수질의 보존, 생물종 다양성 보전을 위해 개인의 자원과 평안을 희생하게 하는데, 바로 이런 자비심과 충성 기질이 사람들로 하여금 자연의 좋은 청지기(good steward)가 되도록 동기를 부여한다. 따라서 환경적으로 보다 민감한 자비로

움과 충성스러움의 품성 개발과 유지가 필요하다(Welchman, 1999: 418~423).

일반적으로 공무원으로서의 직업적 심성을 가진 사람들은 타인에 비해 자비심과 충성심이 강하다. 그래서 공직 생성의 이론적 근거로서 청지기 이론을 강조하는 경우가 많다. 결국 우리가 청지기 정신을 가진 사람들을 정부관료로 많이 충원, 유지하면 그만큼 환경 청지기를 공직사회 내에 확보할 가능성이 높아진다. 관료들이 효율적 국토이용 지식뿐 아니라 환경 청지기 정신으로 무장할 때, 21세기 환경의 세기에 걸맞은 국토이용지식과 국토생태철학이 조화를 이룰 수 있을 것이다.

생태주의적 행정인식론

제2장에선 종래 개발국가의 개발관료들이 노정해온 생태주의적 인식의 한계를 지적한 뒤, 우리 선조들의 생태적 지혜와 최근 서구에서 대두한 생태적 합리성 및 생태적 근대화 개념을 중심으로 새로운 생태관료 패러다임의 인식론적 근거를 제시해본다.

1 개발국가 개발관료의 생태주의 인식의 한계

제레미 다이아몬드(2005)는 『문명의 붕괴』라는 책에서 생태적으로 자살한 고대사회들(예: 이스터 섬, 그린란드, 마야제국 등)은 환경파괴와 천연자원 고갈에 따른 변화의 필요성을 느끼지 못한 채 끝내 변화를 거부하다가 붕괴한 반면, 남태평양의 퉁가족, 뉴기니의 산악부족, 도쿠가와 이에야스 치하의 일본인들은 변화된 환경조건에 적응하기 위해 나무를 심고 토양을 보존시켰으며 식습관도 바꾸어 생태적으로 살아남을 수 있었다고 분석한다.

우리는 여기서 생태계 보전의 가장 결정적인 요인은 환경문제에 대한 인간의 대응방식이며, 사회구성원들의 의식적 선택과 생활방식의 변혁이 이에 필히 수반되어야 함을 잘 알게 된다(리처드 스미스, 2009).

경제성장이 어느 정도 되면 사람들은 자아실현, 환경과 생태, 삶의 질, 심미적 가치 등에 관심을 가지게 되는데, Inglehart(1997)의 분석에 의하면 한국인들은 가장 빠른 속도로 탈(脫)물질주의화 했다. 그러나 정부는 국민의 생태적 가치의 표출에 적극 부응하지 못한 채, 생태계 파괴에 직간접적으로 작용해왔다.

불행히도 개발은 우리 사회에서 오랫동안 지배적 담론으로 작용하며 환경을 자본주의 경제성장의 하위담론으로 환원시켰다(구도완, 2006: 347). 일례로 개발의 환경 부작용을 경계하기 위한 환경영향평가제도는 도입 시부터 개발부처들의 반대로 일부사업이 삭제되는 관료적 어그러짐을 겪었고, 이후 국회 통과과정에선 타 법안들과 함께 날치기 처리되어 입법적 어그러짐을, 마지막 실행과정에선 정부의 주민의견 수렴의 형식성과 사업자들의 평가결과 불이행 등 집행적 어그러짐에 직면하며 거의 유명무실해졌고 오히려 개발의 면죄부로 작용했다는 평가이다(한국환경사회학회, 2004: 360).

세계 11위의 경제력에 비해 세계 122위의 환경지수에 그치고 있는 한국의 경제-생태 간 괴리상황은 그간의 요소투입형 한국경제가 다름 아닌 노동착취형 고도성장을 추구하는 자연파괴형 경제였음을 말해준다. 국제비교에 의하면 우리나라는 중국을 제외한 모든 경쟁국들보다 환경규제가 미약하고 규제의 일관성, 공정성 순위도 낮지만,

생태적 대체에너지 정책은 전무하기까지 하다. 홍성태(2006)에 의하면 우리나라는 오히려 원자력 산업이 과잉 발전한 나라로서 종래의 산업자원부, 과학기술부 등 거대 정부기구들과 한국전력, 한국수력원자력 등 정부와 기업이 이해관계 복합체를 형성해왔다.

비록 1990년대에 들어와 본격화된 생태문제가 삶의 질은 물론 생산의 토대 자체를 붕괴시켜 개발이념의 정당화 논리에 도전하면서, 형식적 수준에서나마 정부 내에서도 개발주의의 틀에 균열을 내는 단초들이 마련되었지만(김두환, 2006),[25] 국가의 기능과 역할엔 큰 변화가 없어 정부가 그간 생태위기에 대해선 무감각, 무능력, 무책임성을 크게 노정해온 것이 사실이다(정규호, 2006).

1974년의 제1차 오일쇼크 당시 서구의 여러 나라에선 대대적인 정부지원을 통해 풍력, 태양열, 지열 등 대체에너지 개발에 박차를 가하기 시작했지만, 우리는 대체에너지 기술개발보다는 손쉬운 원자력에 투자하고 천연가스 도입을 추진해 생태적으로 전환할 수 있는 초기의 기회를 놓쳤다. 1997년의 기후변화 국제협약에서 감축의무를 담은 교토의정서가 등장했는데, 이때에도 사전예방 원칙에 의거한 근본적 기술체계 전환 등이 요구되었지만, 우리는 오히려 주상복합 아파트 같은 고층건물을 지으며 건물당 에너지 사용량을 더 높여 왔다. 2008년에 세계 금융위기가 대두하자 일본의 토요다 자동차 회사가 하이브리드 카를 개발해 연비가 낮은 미국의 GM 자동차를 누르는 등 전 세계적으로 기술혁신이 재강조되었지만, 우리는 4대강 사업 등 토건사업을 벌이며 풍력 및 태양광 보조금을 줄여왔다(우석훈, 2011: 195).

---

25) 1994년의 환경부 승격, 2000년의 지속가능발전위원회 설립이 그 예이다.

정부의 생태친화적 정책도 아직은 생태계를 경제의 일부로만 이해
하는 등 초보적 단계이고 후진적이다. 특히 갯벌, 습지 등 생태계 보
전을 위한 정부의 전문역량과 법률조치가 미비해, 시민-정부 간의
불균형적 생태구도는 천성산 터널, 새만금 간척사업과 〈표 3〉에서
보듯이 정부-환경 NGO들 간의 정치적 대결로 쉽게 변질되었고, 생태
계 보전이 개발과 충돌할 경우 정부는 항상 후자의 손을 들어주었다.

〈표 3〉 정부와 환경단체가 갈등을 빚은 주요 개발정책

개발정책 내용	정부의 입장	환경단체의 입장
수도권에 공장신설 허용	수도권 발전에 기여	국가의 균형발전 및 지방분권과 대치
골프장 230개 건설추진	외화낭비 억제, 경제 활성화	산림파괴, 지하수 고갈, 경기부양 효과 없음
공장 설립면적 제한폐지	경제 활성화	마구잡이 개발, 환경훼손, 토지투기
기업도시 특별법	기업투자 촉진, 경쟁력 강화	개발이익의 사유화 특혜

출처: 서요성(2005: 557)에서 참조

최근 우리 사회 내에 환경 담론이 널리 유포되었지만 정부의 주요
정책결정은 여전히 경제중심, 개발중심이다(구도완, 2006). 예컨대
제3차 국토종합개발계획 이후 환경-개발의 조화를 목표로 한 생태발
전 이념이 제시됐지만, 이런 선언적 강조는 환경파괴를 억제할 현실
성이 없어 경제적 여유가 있을 땐 환경투자를 촉진하지만, 그렇지 못
할 땐 파괴적 개발을 합리화하는 명분만 제공할 뿐이었다(홍성태,
2006). 2005년의 세계경제포럼 발표에 의하면 우리나라는 환경용량
을 가리키는 환경지속성 지수(ESI: environmental sustainability
index)에서 146개국 중 122위를 차지해 OECD 국가 중 최하위를 기록
했다. 환경의 질은 137위, 환경부하 축소노력은 146위, 지구적 책무

수행도 78위에 불과했다. 2006년의 환경성과지수(EPI)에선 133개국 중 42위를 기록했지만, 이 또한 세계 11~13위의 경제력에 비례해 환경개선 정책성과가 그리 신속하게 늘어나지 못했음을 잘 보여준다.

이런 점에서 현 환경정책은 종래의 무분별한 개발방식을 기술적으로 개량해 국토를 고도로 이용함으로써 환경의 경제적 가치를 극대화하는, 즉 외양적으론 개발-보전의 상생가치를 강조하지만 내면적으로는 개발을 더 부추기는 '신개발주의'로서 성장 위주의 개발 관성에서 크게 벗어나지 못한 것으로 평가된다(조명래, 2003). 특히 국가균형발전 등 참여정부의 12대 정책과제[26]가 개발수요를 증폭시켰고, 이명박 정부에 들어와서 추진된 한반도 대운하 건설의 의혹이 짙은 4대강 사업, 뉴타운 개발, 수도권 규제완화도 신개발주의적 성격을 짙게 드러내는 등 큰 우려를 낳고 있다.

물론 정부는 4대강 사업을 '버려진 강들의 복원'이라고 말하지만, 보(洑) 건설, 준설, 굴착작업이 있는 한 이것이 대운하 사업이란 의구심을 버리긴 어렵다. 설치된 여러 개의 보에 갑문을 달면 바로 운하가 되는 것이다(임석민, 2010: 29). 더욱이 강 양안 2km 안에서 레저, 운동, 문화시설 등 모든 개발을 허용하는 친수구역 활용특별법을 제정해, 수자원공사와 지자체들 외에 대형건설사에도 유역개발권을 부여해 강유역의 난개발조차 예상된다(김진애, 2010: 57).

국토해양부는 2011년 업무계획을 통해 4대강에서 시작된 녹색국토로의 변화가 지방 소하천과 주변도시, 해안, 바다 등 전 국토로 확산될 것이라고 발표했는데, 벌써 이런 녹색코드 공사로 인해 전국의

---

26) 참여정부 하에서의 행정복합도시, 수도권 신도시, 기업도시, 혁신도시, 전주 전통문화중심도시, 경주 역사문화도시, 민자 고속도로, 국립공원 관통도로, U자형 지역개발 구상, 레저복합도시, 해남 프로젝트가 그것들이다.

지방산천이 몸살을 앓고 있다. 이른바 주민친화형 하천공사로 표를 얻으려고 서울의 청계천 공사를 모방, 재현하려는 자치단체장들의 과욕이 낳은 폐해이다. 많은 지방자치단체가 서민복지보다 전시성 토건사업에 매달려 있어, 2009년 지자체의 사회간접자본 예산은 38조 7천억 원으로 중앙정부의 25조 5천억 원보다 많다(중앙일보, 2011.2.9). 따라서 차제에 이러한 개발국가성과 개발관료 패러다임을 극복하고, 근본적인 생태적 전환을 이루기 위한 새로운 행정인식이 필요하다.

② 선조들의 생태적 지혜

전복적 계보학(subversive genealogy)이라는 학문적 접근법이 있다. 역사의 물줄기를 거꾸로 들어 올리면 밑으로 쏟아지는 역사적 파편들이 많은데, 그것들을 주워 모아 재구성해 맞추어보면, 거기서 오늘의 문제를 해결하는 데 유용한 역사의 지혜를 발견할 수 있다는 것이다.

땅에 떨어진 사회윤리와 환경파괴 등 오늘의 대표적 사회문제들을 해결하기 위해 제시된 현대 방법론들의 문제해결력에 심각한 의문이 제기되면서, 과거의 지혜에서 오늘의 해법을 구하는 전복적 계보학이 최근 세인의 관심을 끌고 있다. '오래된 미래', '미래는 과거로부터 온다'라는 말들이 이런 사회적 분위기를 집약적으로 잘 보여준다. 우리는 전복적 계보학의 일환으로서 현 생태위기를 극복하기 위한 실마리를 우리 선조들의 생태적 지혜[27)에서 발견할 수 있다.

생태(生態)를 한문 뜻 그대로 옮기면 생활하는 상태를 뜻하는데, 생태학자 이도원(2004a: 25)에 의하면 동양에선 생태를 사람들이 자연에 반응하며 살아가는 모습이나 그 됨됨이로 이해해왔다. 반면 서양에선 생태를 사람의 집을 둘러싸고 있는 환경에 관한 학문으로 이해하는 차이점을 보인다. 생태에 대한 동서양의 이러한 시각 차이는 각기의 세계관과 인식론의 차이에서 기인한 것으로 보인다.

서양처럼 생태계를 단순히 내가 사는 집을 둘러싸고 있는 환경으로 이해할 때, 자연은 인간의 문명과 이익을 위해 개발, 정복될 수 있는 대상으로 전락한다. 반면 천지인(天地人) 합일의 인식론을 중시한 동양사회에선 생태가 바로 하늘과 땅 사이에서 사람이 살아가는 모습과 상태를 가리키며, 이런 인식하에선 자연과 친숙한 삶, 자연과 일치되는 삶, 자연에 순응하는 삶이 강조된다. 즉, 동양에선 사람 안에 천지와 우주가 통일되어 있다는 인중천지일(人中天地一) 사상 아래 만물의 조화로운 협조와 화합을 중시한다(윤형근, 2003: 108).

유학의 논지 위에서 우주-땅-사람의 관계를 재정립한 Tu Weiming에 의하면 사람은 대우주(macrocosm) 안에 자리 잡은 소우주(microcosm)이다. 천-지-인 관계의 핵심은 이처럼 사람을 우주의 자식으로 보는 것이다. 따라서 우리는 천-지-만물을 한 몸(one body)으로 인식해야 한다. 그래서 자연을 지배, 조종하기보다는 우주-인간의 관계적 공명(resonance) 의식이 우선 요구된다. 단 우주의 자식인 사람은 우주에 대한 윤리적 인식에서 우선순위를 부여받아, '모든 생명체의 청지기' 역할을 부여받는다. 즉, 사람은 우주 자체의 최고 도덕적 성찰 구현체

---

27) 자연의 수용능력을 벗어나지 않고 그 안에서 인간의 오염행위를 적절히 조절하는 것이 생태적 지혜이다(우석훈, 2009b: 132).

여야 한다는 특수한 지위 때문에 자기경작(cultivation)의 윤리와 미덕, 도덕적 품성 개발 등 특수한 책무감을 요구받는다. 물론 자연의 약탈은 인간의 도덕적 자기경작 의무와 양립 불가능해 철저히 거부된다.

사람은 다른 생명체와 달리 지식과 행동역량을 부여받았기 때문에 균형과 조화라는 전체맥락 속에서 인식과 행동을 통합하기 위해 하늘의 우주론과 땅의 생태학적 지혜를 결합시켜야 한다. 따라서 천-지-인의 삼위일체는 우주론, 생태학, 윤리의 통합(unity)을 구현하는 것이다. 유학적 인격 안에서 우주(cosmo)-지구생태(eco)-인간윤리(ethics)의 결합은 참된 인식을 지닌 진인(true person)을 만들어 낸다(Chung-ying Cheng, 1998: 228~232).

천지인 삼위일체를 전제로 한 인중천지일 사상에 따라 우리 선조들은 주변 모두의 것을 함부로 버리고 파괴하는 행동을 크게 삼갔다. 예컨대 불가(佛家)에선 썩은 나무를 땔감으로 사용하는 것조차 금지하는데, 그 안은 수많은 숲 속 생명이 도사리고 앉아 살아가는 동물, 벌레들의 천국이기 때문이다. 사람이 보기엔 하찮은 미물이지만 숲 속 낙엽과 죽은 나무를 벌레와 새들이 살아가는 데 없어선 안 될 주요자원으로 보는 따뜻한 눈길이 거기에 있었던 것이다(이도원, 2004a: 193). 이처럼 만물의 조화를 위해 자연과의 공생을 중시하는 생태적 지혜가 자연히 우리 조상들의 마음속에 자리 잡고 있었다.

선조들은 임업 선진국인 독일보다 백 년이나 앞서 보속림(保續林)을 운영했는데, 이를 잘 보여주는 것이 송계(松契)이다. 송계는 땔감을 전적으로 나무에 의존했던 우리의 조상들이 산림의 지속적 이용을 위해 자율적으로 노동력과 기금을 갹출해 산림을 지키고, 자율규약에 따라 마을주변 소나무의 적정 벌채량과 산림 조성량을 매년 할 당해 산림자원의 고갈을 스스로 막았던 자치제도이다.

조선조 전기의 금산(禁山)제도, 조선 조 후기에 국가의 다양한 수요에 따라 산림을 기능적으로 세분화해 관리, 보호하던 시책인 봉산(封山)제도 모두 이런 보속림 사상에서 나온 것이다(전영우, 1999).

선조들의 생태적 지혜는 마을 숲의 조성에서도 잘 드러난다. Appleton의 전망-은신처 이론에 따르면 대개 뭔가로 에워싸여진 곳은 외부 위험으로부터 은신이 가능하고 전망도 좋아 사람들로 하여금 안정감과 마음의 여유를 느끼게 하는 곳인데, 우리의 마을 숲은 이런 점에서 전망이 좋고 은신과 피난에도 적합한 장소였다고 할 수 있다. 예컨대 강원도 춘천시 신사우동 올미 마을에 소재한 심금솔숲을 연구한 박봉우(2004)에 의하면, 이 마을 숲은 마을 앞 벌판에 무방비로 노출된 마을을 가려주고 마을의 경계 및 방풍림 역할을 한다. 또 수구(水口)막이 역할을 하는 등 과거엔 풍수지리적 필요성에서 그리고 지금은 생태화랑의 역할도 충실히 하고 있다.

동네 입구의 마을 숲은 환경심리학의 완충공간이기도 했다. 구불구불한 동구 밖 숲길이 외부사회로 나가는 개인의 불안감을 완충시켜준 것이다. 여기서 우리는 식생 완충대의 물질적 완충기능에 정신적, 심미적 측면을 가미시킨 우리 선조들의 생태적 지혜를 느낄 수 있다.

마을 숲은 지역의 자연경관적 요소이자 새, 곤충, 양서류, 파충류 등 많은 동물들이 쉬고 먹이를 얻는 곳이기도 했다. 마을 숲은 유수지(留水地) 역할도 하고, 미(微)기후를 조절해 여름엔 시원한 공기를 제공하기도 했다. 때로는 당산 숲으로 인정되어 동제(洞祭)를 통해 주민화합을 도모하는 종교적 상징으로 작용하기도 했다.

선조들은 자연이 주는 수분과 영양소의 유실을 막기 위해 불탄 묘지에 짚을 뿌리고, 논둑에 자운영이나 콩을 재배해 자연의 질소순환을 유도하는 등 기존의 재배식물을 이용한 생태학적 원리를 실천해 땅을 기름지게 함으로써 현대 유전공학이나 생태공학에 못지않은 결과를 만들어내기도 했다(이도원, 2004a: 138~145). 그런데 선조들의 생태적 지혜 찾기는 우리만의 일은 아니다. 과거의 지혜를 오늘의 생태문제 해법으로 응용한 사례는 다음과 같이 서구에서도 발견된다.

우리는 자본주의, 민주주의, 정부시스템 등 현대 정치경제 제도와 문화적 생활양식들이 오랜 진화의 역사 속에서 자연 선택된 승리의 결과물로 보고, 적자생존을 거쳐 우리 앞에 우뚝 선 이 제도들과 생활양식을 '문명'이라고 부른다. 그러나 이것들은 극히 최근에 와서야 만들어진 것이다.[28] 그런데도 우리는 물질문명에 잔뜩 길들여진 채, 이에 대한 큰 의문 없이 문명이 우리에게 주는 얄팍한 단맛에 빠져 있다. 때로는 그것들이 주는 구조적 불편함과 부당함에 잔뜩 주눅이 들어 있기도 하다.

일례로 어플루엔자라는 말처럼 현대인은 과도한 자본주의 소비수준을 유지하기 위해 엄청나게 많은 시간을 노동하면서 그 일로 인해

---

28) 일례로 Joseph Tainter는 그의 『문명의 붕괴』(대원사, 1999)라는 책에서 "전체적으로 볼 때, 복합사회 현상은 인류의 전체 삶 중 최근에야 나타난 극히 예외적 상황"으로 본다. 『대전환』의 저자 Polanyi도 "오늘날 우리의 물질적 삶을 옥죄는 자본주의 화폐 경제 시스템보다는 호혜, 선물, 증여, 나눔 등 비화폐 경제의 역사가 훨씬 길었다"라고 말한다. 케빈 터커 역시 "인류는 수백만 년 동안 강압적 권력과 제도로 상징되는 국가가 없는 상태에서 자율적 개인으로 살았다"라고 하면서, "우리가 뼛속 깊이 무정부적 기질을 갖고 있음"을 강조한다. 실제로 대부분의 원시사회엔 지도자, 정치, 법률, 범죄, 세금이 없었다(존 저잔, 2009). 즉, 국민의 행동을 강압적으로 규제하는 정부라는 통치시스템이 등장하기 훨씬 전엔 자생적 질서와 연합적 행동을 전제로 한 무정부적 삶이 평온하게 펼쳐지고 있었다.

스트레스를 받아 과음, 과식하고 나쁜 병에 걸려 고통을 겪는다. 반면 인류의 선조들은 배고픔을 이기기 위해 필요한 만큼만 사냥, 채취하고 나머지 시간은 노래, 춤, 의식, 섹스, 담소로 보내며 자연 속에서 평온과 안일을 누렸다. 지금 식으로 말하면 매력적인 라이프 스타일을 뽐내며 다양한 문화생활을 영위했던 것이다.

우리가 생각을 조금 달리해 현 문명의 대표기제인 자본주의와 민주주의 제도를 옆으로 밀쳐두고 야만이라 불리는 과거 원시사회의 삶을 들여다보면 거기서 오늘의 문제를 풀 수 있는 한줄기 빛 같은 생태적 지혜를 다음과 같이 발견할 수 있다.

〈내용 보태기 1〉 원시사회의 생태적 지혜

『문명에 반대한다』(와이즈 북, 2009)라는 책의 편자인 존 저잔은 과거 인류의 삶 속에서 오늘에 요구되는 삶의 지혜를 찾기 위한 전복적 계보학의 일환으로서, '미래의 원시인'을 등장시킨다. 그리고 같은 책에서 존 란다우도 "우리가 할 일은 원시인의 발명"이라고 말한다. 이 책엔 물질문명을 성찰하고 그 대안적 발전 패러다임을 음미해볼 수 있는 내용들이 다음과 같이 수두룩하다.

먼저 마두스리 무케르리에 의하면 소-안다만 섬의 고볼람베 지역에 온지(Onge)족이 살았는데, 그들의 세계관과 우주관은 비록 그 섬에 한정되어 있지만, 그들은 섬의 모든 해안, 나무, 벌집을 잘 알고 있었고 그것을 자기 몸처럼 아끼는 등 자신들에게 주어진 지역적 한도 내에서 대단히 만족하며 섬을 지키고 살았다. 그런데 이야말로 현대적 생태주의 삶의 실천에 필수 전제조건인 생물지역주의(bio-regionalism)의 생생한 사례이다. 그들은 삶의 장소가 주는 리듬에 맞춰 자연과 조화를 이루며 슬기롭게 살았던 것이다.

로이 워커는 "선사시대인 헤시오도스의 황금시대에서 최고의 미(美)는 물질수준이 아닌 고요한 마음의 유지이며, 그 다음이 노역의 자유와 자연질서 속에서 조화를 이루며 살아가는 것이었다"라고 말한다. 수렵채취 시대의 원시인들이나 지금도 그런 원시적 삶의 방식을 유지하는 현대 원시부족들은 적게 일하고 자신이 공들여 만든 음식만 취하며 여가와 낮잠을 즐겼다. 그들은 근심걱정 없이 적은 물건을 큰 재산처럼 여기며 행복하게 살았다.

데이비드 왓슨은 이런 원시사회를 "아주 적은 것만 필요로 하고 모든 욕구가 쉽게 충족된 최초의 풍요사회였다"라고 평가한다. 원시사회의 도구는 가볍지만 우아했고, 그들의 세계관은 단순하지만 건강했다. 또 그들의 문화는 개방적이고 환희에 차 있었다. 거기엔 사유재산이 없었고 공동체, 평등주의, 협동 등이 삶의 준거였다. 또 우두머리가 없는 무정부 사회이자 작은 노동이 즐거운 사회였다. 그리고 수많은 생명체가 각각 통일성과 주체성을 가진 신성한 존재로 존중되었다.

반면 현대인이 종교처럼 숭상하는 물질문명에 의한 토지개발은 생태계를 파괴하고 식물종

선조들의 생태적 지혜와 위 책에서 여러 학자들이 제기한 다양한 방법론은, 현 물질문명에 생태친화적 수정을 가하고 또 우리가 과거 '황금시대적 삶의 방식'을 현대적으로 응용해, 문명의 폐해를 스스로 치유하며 응집적 공동체를 부활해내기 위한 '고귀한 야만인'이 되는 지름길을 제시해준다.

문제는 후손인 우리들이 선조들의 생태적 지혜를 망각한 채 오히려 잘못된 산림행정으로 생태계를 교란하고, 단기적 난개발이나 반생태적 개발을 자행하고 있는 점이다. 구체적 예를 들며 이들 문제점을 하나하나 반성해보자.

숲은 많은 나무와 풀이 혼재해 있는 복합적 존재이기에 어느 한 가지만의 목적을 위해 산림을 조성하면 숲은 단순해지고 나머지 기능들을 상실한다. 예컨대 값이 싼 속성수라고 해서 우리가 산에 많이 심는 중국 단풍은 빠른 생장과 높은 발아율로 인해 우리의 고유목 등 기존 생태계를 교란한다. 또 느티나무는 소나무보다 생육속도가 빨라서 한곳에 두 나무를 같이 심으면 소나무가 죽는다(우종영, 2008). 숲과 자연의 속성을 잘못 인식한데서 이처럼 인재가 발생하고, 안목 없이 아무렇게나 나무를 심어 혈세가 낭비된다.

숲의 단순화는 병충해가 나타날 경우 삽시간에 숲의 전멸을 초래해 곤충과 조류의 다양성도 저해시킨다. 최근 딱따구리류, 올빼미류 등 삼림조류 개체수가 급감한 이유는 썩어들어 벌레가 든 고목을 산림보호 관리 차원에서 베어버렸기 때문이다. 그 고목은 새들의 보금자리였다. 농약에 노출된 산림 해충을 먹은 삼림성 조류도 죽는다. 삼림조류 개체수 감소의 또 다른 큰 원인은 숲의 고립화이다. 도로, 위락시설, 주거단지를 만들기 위해 숲을 파괴하거나 섬처럼 주위 숲과 단절시켰기 때문이다(유정칠, 2005).

우리는 새마을운동을 구실로 삼아 일부러 생울타리를 걷어낸 뒤 살벌한 시멘트 담을 쌓았고, 강가의 나무를 제거한 뒤 고수부지를 만드는 등 생태계 파괴를 자행해왔다. 그런데 이런 개발의 실패학은 지금도 마찬가지여서 개발이익을 좇아 골프장과 스키장이 난립하는 등 지형과 기후를 무시한 난개발이 지속되고 있다. 또 불난 지역의 관할 공무원은 상부의 문책을 받고 뭔가 가시적 행동을 해야 할 입장에서 불탄 나무를 마구 베어내 인공적으로 조림하는 꼴사나운 모습도 자행한다.

상기한 개발 실패학을 반복하지 않기 위해선 우리가 '생태적 중용'의 개념을 이해할 필요가 있다. 생태계에서 일어나는 모든 부정적 변화는 결국 인간의 잘못된 잣대로 평가된 자연의 지나친 쌓임 혹은 지나친 부족, 즉 생태적 불균형에서 시발한다. 따라서 사후에 되돌릴 수 없는 막대한 위험의 소지를 안고 있는 대규모 댐의 개발 및 도로 건설 등은 함부로 진행되어선 안 되며, 생태적 중용을 구현하기 위해

사전예방원칙(precautionary principle)이 환경위험 평가 및 관리의
핵심원칙으로 자리 잡아야 한다. 그래야 생태계의 내부순환이 잘 이
루어져 생태계가 내부에 포함된 자원만으로도 스스로 기능을 유지하
는 생태계 자치력(eco-system autonomy)과 복원력29)을 회복할 수
있다(이도원, 2004b: 172~174). 성숙한 생태계는 물질, 정보의 내
부순환을 통해 자신의 본질을 스스로 유지할 수 있다.

③ 서구의 생태적 합리성과 생태적 근대화 논의

최근 서구에선 종래의 기술-개발관료 패러다임을 생태관료 패러
다임으로 바꾸는 다양한 방법에 대한 논의가 진행되고 있는데, 그중
에서도 핵심이 되는 개념이 바로 생태적 합리성이다.

생태적 합리성은 체계가 생명을 유지하거나 증식시킬 수 있는 수
용력 등 생태계를 지속적으로 지탱해주는 능력으로서(Dryzek, 1987)
인간이 생태문제의 특징을 정확히 인지하고 사회 전체 차원에서의
자발적 문제해결 가능성을 만들어나가는 하나의 실천원칙으로 작용
한다(정규호, 2006). 특히 생태적 합리성은 인간을 포함한 우주 만물
의 존재론적 평등성과 통합성에 기초한 하나의 살아 있는 시스템으
로 생태계를 인식한다는 점에서, 지배-복종의 이원적 구조에 의거해
일체의 대상을 도구화하는 경제 합리성이나 행정 합리성과는 대조된

---

29) 복원력(resilience)은 오염물질을 자연 정화할 수 있는 능력으로서, 그 정도가 심하면 원래
　　대로 회복되지 않는 비가역적 변화가 일어난다(우석훈, 2011). 중금속에 의한 토양오염이
　　그 예이다.

다(최민자, 2007). 우리는 이런 생태적 합리성 개념에 의거해 기존의 기술-개발관료 패러다임을 생태관료 패러다임으로 전환시킬 수 있는 실마리를 다음과 같이 마련할 수 있다.

Paehlke & Togerson(1990)에 의하면 환경보전에 대한 관료들의 의지와 실제 영향력에 대해선 비관론과 낙관론이 대립된다. 먼저 비관적 포섭(cooption)론에 의하면 아무리 환경친화적 목표가 정책과정에 제기돼도 그것이 행정업무 단위로 세분화되는 과정에서 기술관료적 행정논리의 작용으로 인해 성장목표와 타협하게 된다. 따라서 환경영향평가가 개발목표에의 영합수단이 되는 등 성장논리에 종속된 채, 최소한의 점진적 정책조정에 그치게 된다는 것이다. 그러나 이런 해석에 반해 보다 낙관적인 견해도 많다. 즉, 활발한 환경 담론 조성을 통해 생태적 합리성이 행정국가의 의사결정과정을 체계적으로 파고드는 데 성공하면, 다음처럼 일련의 낙관적 변환(transformation)도 가능해진다는 것이다. 즉, 환경보전의 지속적 의지와 치밀한 계획이 경제 합리성을 생태적 합리성으로 대체시키면서 행정 마인드를 지배하게 되면, 행정의 일상업무에 의해 생태적 합리성이 사회, 정치과정의 심층에까지 파고든다. 그러면 기업들도 환경규제의 정당성과 사회의 압력에 밀려 환경영향평가 실시에 동의하게 되고, 그 과정에서 기업들의 사고패턴도 변한다. 이런 미미한 변화들의 지속적 축적위에서 생태적 합리성이 행정, 경제에 침투되어 개발의 파괴적 효과를 줄이고 환경친화적 성과를 달성할 수 있다는 것이다.

Dryzek(1987)도 환경보전에 대한 관료들의 영향력에 대해 비관론과 낙관론을 둘 다 인정하면서도 행정과정에 생태적 합리성이 일단 투입되면 관료제의 조직논리가 보다 진전된 형태의 정책을 내놓을 수 있다고 본다. 즉, 환경문제가 정책의제로 채택되어 법률로 강구되면, 관료제는 사회행위를 감시하는 방식을 통해 환경규제 업무를 시행하지 않을 수 없는데, 여기서 새로 정의된 사회목표인 환경보전이 행정성과와 양립될 수 있는 길이 열린다(도일, 맥케이컨, 2001).

Dryzek은 생태적 합리성 개념의 실천전략으로서 생태적 근대화(ecological modernization)를 주장한다. 생태적 근대화는 우리의 정치-경제 시스템을 환경 및 녹색의 가치에 보다 민감하도록 재구성하는 것이다.

생태적 근대화의 개념적 기반인 지속 가능성은 약한 차원과 강한 차원으로 나누어지는데, 이 중 약한 지속 가능성(weak sustainability)은 화폐적 이익이 생태적 손실을 대체할 수 있다는 생각에 입각해, 자연에 약간의 손실이 있어도 그것에서 더 많은 경제이익이 발생하면 지속 가능한 것으로 보는 것이다. 즉, 노는 땅을 개발해 생기는 경제편익이 땅의 생태적 기능보다 좋기 때문에 개발하자는 논리이다. 이런 약한 지속 가능성을 전제로 한 약한 생태적 근대화는 산업 패러다임을 환경친화적으로 바꿔 성장을 추구하는 점에서 환경관리주의에 가깝다.

반면 강한 지속 가능성(strong sustainability)은 대관령 농장입지가 백두대간의 일부이므로 산 정상을 보전(保全)해야 하는가 아니면 거기에 재생가능 에너지인 풍력발전단지를 설치할 것인가를 놓고 논쟁하는 것으로서, 둘 다 좋은데 더 근본적 해결책을 놓고 고민하는 것이다(우석훈, 2009b: 142~143).

결국 약한 생태적 근대화는 산업사회 모델을 전제로 기존의 정치와 경제를 과학기술적 처방으로 개선하는 것이고, 강한 생태적 근대화는 산업사회를 넘어선 위험사회에 대한 발본(拔本)적 성찰을 전제로 자본주의 정치-경제를 근본적으로 재구성하는 것이다. 강한 생태적 근대화는 신개발주의와 생태환경의 상품화 진척을 막기 위해 인간중심적, 경제적 합리성을 넘어 생태적 합리성으로 전환할 것을 전제로 해 탈(脫)근대화를 추구한다. 즉, 강한 생태적 근대화는 1차적으로는 환경 담론의 성찰적 재구성을, 2차적으론 인간-자연의 동태적 균형을 위한 사회적 재구성을 지향한다(조명래, 2009: 335).

4 생태관료의 인식체계와 구비요건들

생태적 합리성과 생태적 근대화가 인간 머릿속의 형이상학적 개념으로만 인식되어서는 그 추상성 때문에 실제로 사회 전체의 생태적 전환이나 생태적 근대화를 가져오는 데 크게 기여할 수 없다. 따라서 관료들이 생태문제를 자기 집 문제처럼 피부로 느끼고 그 해결책을 주도적으로 마련하게 하기 위한 자각적 인식과 역량을 구비하게 해야 한다.

특히 관료들이 선조들의 생태적 지혜를 본받아 초록자아(green self)나 환경 청지기 정신(environmental stewardship)에 좀 더 가깝게 다가가도록 하기 위해선, 먼저 인간중심적, 도구적 자연관에서 벗어나 우주 만물의 존재론적 평등성을 뜻하는 생태적 전일성을 먼저 자각하게 해야 한다. 아울러 생태적 존재성에 대한 인식도 필요하다. 그럴 때 자연과 인간이 공생해야만 생태친화적 삶이 가능해진다는 천지인(天地人) 합일의 공동체성에 기초한 '생태적 정책마인드'를 관료들이 구비할 수 있고, 자연이 자유재가 아니라 인간과 더불어 보존해야 할 연대(連帶)자본임을 알게 된다.

관료들은 이런 점에서 '생태적 리더십'도 구비해야 한다. 진정한 생태적 리더는 생태적 전일성과 생태적 존재성에 대한 깊은 인식을 토대로 해, 자연에 대한 무리한 인위적 통제 없이 자연의 섭리에 따라 생태적 지속성을 항상적으로 유지시키는 무위이무불위(無爲以無不爲)의 통치기술 함양에도 노력한다(최민자, 2007: 553~556, 589). 여기서 우리는 또 하나의 생태관료 구비요건으로서 '생태친화적 행정기술' 역량을 도출할 수 있다.[30]

생태관료는 결국 생태적 전일성과 생태적 존재성에 대한 뚜렷한 자각 아래, 인간-자연 간 공생과 연대적 협력성을 확보하기 위한 생태적 정책마인드와 자연친화적 정책감수성을 구비한 공무원이다. 또 생태적 합리성에 근거해 정부조직의 유기적 구성과 생태적 지속성의 유지에 유용한 행정기술의 함양 등 생태적 삶의 창출에 앞장서며 사회 전체의 생태적 전환을 리드한다.

---

30) 예컨대 태양, 바람 등 자연에너지 활용정책, 유기농, 자연농 등 자연에 가깝게 작물을 재배하려는 생태적 농업정책이 이에 해당한다. 제방을 허물어 갇혔던 강을 다시 흐르게 하는 '유연한 기술'도 이에 포함된다. 이에 대해선 이 책 PART 03의 01, 03에서 좀 더 상세히 살펴보자.

인식 체계	생태적 전일성	'만물은 하나'라는 존재론적 평등성과 생태계의 관계성 및 통합성에서 기인하는 인간-자연의 상호 연결성 자각
	생태적 존재성	인간의 생태적 토대와 생태조절적 역할자로서의 정부의 존재성 인식
구비 요건	생태친화적 가치 정향	인간-자연의 공생 정신, 연대적 협력의 필요성 자각
	생태적 정책 마인드	만물의 조화에 의해서만 생태적 삶이 가능하다는 생태적 전일성과 존재성 인식 아래 자연과의 공생, 협력을 진지하게 도모하는 정책감수성
	생태적 리더십	경제-사회-환경의 연관성 이해를 토대로 생태적 합리성에 기초한 조직의 유기적 구성 등 생태적 삶의 창출과 생태적 전환의 주도 능력
	생태친화적 행정기술	인위적 통제보다는 자연의 섭리에 따르는 무위이치의 통치기술 발휘

출처: 이도형(2008: 103)에서 참조

5 관료들의 생태주의 인식 및 학습단계

사회 전체의 생태적 전환을 위해 정책결정권을 쥔 관료들의 생태주의 인식확립이 긴요하다고 해서 단번에 그들이 생태주의철학을 인식하는 것은 아니다. 관료들이 생태주의 인식의 필요성을 체감하며 생태문제 해결자로서 자신의 존재론적 위상을 자발적으로 수용하고 생태주의를 스스로 체득하게 하는 체계적 학습과정이 필요하다.

Campos(2002)는 이를 위해 개인 차원에서의 체험→성찰→행동의 3단계를 제시한다. 즉, 관료들이 자연의 내재적 가치를 몸소 체험하면서 그간의 자연파괴를 성찰한 뒤, 자연을 보전하기 위한 책임 있는 행동 속에서 자연 속 자신의 위치를 확립해가는 단계를 강조한다. 이를 중심으로 관료들의 생태주의 인식 및 학습단계를 정리해보면 다음과 같다.

1. 다시 보기 체험 단계: 생태적 자각

우선 관료들의 일상업무에서 인간-자연관계의 회복이 전제되어야 한다. 이를 위해 자연 속으로 들어가 자연 속 만물의 존재를 다시 보기 하며 인간도 자연의 일부임을 철저히 인식해야 한다(양명수, 1997: 17~18).

자연주의자인 Thoreau에 의하면 세계관의 변화는 경이로움의 발견에서 온다. 우리가 자연세계를 체험해 그 속에 내재된 미적, 생태적 가치 등 자연의 본질적 가치를 자발적으로 수용할 때 자연과의 새로운 인지관계가 생성된다. 즉, 자연관찰을 통한 직관적 경이로움을 체험하게 될 때, 애벌레가 나비가 되듯이 고양된 자아(higher self)가 생성되는 것이다.

〈사진 3〉 자연관찰의 경이로움: 눈높이를 낮추면 또 하나의 세계가 보인다

생태철학자인 Leopold(1949)도 Thoreau를 따라 자연의 직접적 체험이 인간의 지각과 세계관 변화를 촉진시키는 가장 좋은 방법임을 강조한다. 그는 자연을 실제로 체험하기 위해 스스로 자연 속으로 파헤쳐 들어가(dig in) 그 안에 자신을 던지는 방식을 택해 자연이 주는 교훈을 얻고자 했다(Berthold-Bond, 2000: 23). 그는 이런 체험을 통해 인간-비인간, 자아-타자 간에 어떤 존재론적 구분도 없음을, 즉 자연과 내가 하나이며 내가 자연과의 상호연관을 통해 존재하게 됨을 인식하는 과정인 '자아실현' 개념과 만났다. 또 이런 과정을 통해 그 자신이 공리주의적 산림공무원에서 생태계 보전을 주창하는 생태철학자로 변신했다. 그는 이런 체험을 통해 경제를 포함한 모든 인간 활동이 생태적 전체맥락의 한 하부체계를 이룸을 알게 될 때, 인간은 자연의 정복자가 아닌 생태공동체의 평범한 시민이라는 새로운 인식을 하게 되고 그만큼 자연에 대해 더 겸손해진다고 보았다.

관료들의 생태적 자각(ecological conscience)은 이처럼 자연을 도구적 가치로 보는 관점으로부터 자연에 내재된 본질적 가치를 인정하는 관점으로의 변화를 상징한다. 또 인간이 자연의 정복자가 아니라 생태공동체의 일개 성원임을 알게 되는 것이다.

2. 성찰적 이해의 단계: 마음의 생태학의 내면화

다시 보기를 통해 인간-자연의 상호연관성을 직접 체험하면서 우리는 자연으로부터 인간 삶의 본질을 성찰하고 자연의 내재적 가치를 이해하려는 의식구조의 혁신, 즉 '마음의 생태학'을 요구받는다(공명수, 2010: 16~19). 관료들의 생태주의 인식은 이런 깨달음에서 오는 심오한 내면변화의 외부표현이다.

Leopold(1949)은 마음의 생태학에서 생태적 패러다임 전환의 대전제를 도출했는데, 그것은 바로 대지를 사랑하게 되고 그것을 진기하게 여기는 농부의 마음 같은 것이다. 농부는 농지가 건강할 때 자부심을 느끼지만 땅이 오용의 흔적을 드러낼 때 부끄러워하는 마음을 갖는다. 대지윤리(land ethics)의 구축은 땅에 정서적으로 연대(連帶)된 농부의 마음에서 발견된다. 농장의 경관(landscape)은 농장주 자신의 초상화인 것이다. 그렇기에 토양오염은 개인적 당황함과 공적 수치를 불러오고, 수치와 당황의 경험이 자기 속박의 자율적 내면화를 촉진한다(Quilley, 2009).

상기한 논의를 관료들의 생태주의 인식논의에 대입하면, 반생태적 결과를 초래할 수 있는 자신 및 동료들의 정책결정과 무책임한 정책집행 결과를 관료들이 진정으로 부끄러워할 줄 알아야 하고 그것의 재발을 막기 위해 혼신의 노력을 다해야 한다는 것이다. 따라서 미래세대를 위해 자연세계의 미적, 생태적 가치를 유지해주기 위한 기술적 헌신과 또 기꺼이 그 의무를 다하려는 농부의 마음과 같은 자세가 필요하다.

무책임한 정책집행에 부끄러워하고 그것의 재발을 막기 위한 노력에 몰입하기 위해선 관료들이 최소한 도덕적으로 고려할 만한 다른 존재들의 가치를 성찰적으로 이해함으로써 회피 가능한 잘못을 사전예방해야 한다.

성찰적 이해의 대표적 사례가 바로 생명에 대한 공자의 이해이다. 공자의 삶의 자세는 세계의 주인공이던 내가 주인공이 아니라 손님 혹은 배경이 되고, 풍경처럼 존재하던 자연이 주인공이 되는 뒤집어

보기를 하는 것이다. 일례로 물(水)은 인간을 '위하여'가 아니라 스스로 그러하게(self-so) 흘러간다. 계곡에서 인간은 손님에 불과한데, 우리는 계곡을 상수원, 강을 운하, 바다를 영해로 구획하고 하천관리, 강 정비 등의 용도로 대상화하며 자연을 도구로 소외시키고 시멘트로 처바른다. 뒤집어 보기를 통한 성찰적 이해는 나를 중심으로 세상 보기에 길들여졌던 눈을 뒤집어 거꾸로 세상을 보도록 가르쳐준다. 이를 통해 사람이 자연의 한 부분임을 알며, 단독자로서의 나를 이겨내고 자연과 함께하는 순간이 인(仁)이다. 반면 인간중심적 '위하여' 논리의 무서움은 인간-자연을 지배복종의 권력세계로 끌고 가 끝내 자연과 인간 모두를 파괴시키는 것이다. 결국 '더불어'를 강조함으로써 산, 강, 동식물이 세계의 또 다른 주인공으로 인식되는 것이 성찰적 이해의 과정이다(배병삼, 2009).

3. 책임 있는 행동 단계: 인간-자연관계의 회복 및 유지

생태적 자각과 성찰적 이해를 통해 우리는 인간-자연이 서로 연관되어 있고 절대로 분리될 수 없는 존재들임을 알게 된다(Campos, 2002: 70). 여기서 모든 생명체가 상호 연관된 전체의 평등한 구성원이며 따라서 만물이 동등한 본질적 가치를 지닌다는 사실을 인정하는 '생명중심적 평등' 개념이 대두한다(데자르뎅, 1999: 353). 우리는 이에 의거해 자연에 대한 도덕적 고려와 윤리적 확장을 도모할 수 있다. 현대 생태윤리는 이런 윤리적 확장에 터해 자연 생태계에까지 인간의 도덕적 고려를 확대하는 윤리적 진화 가능성에 관심을 갖는다(Alroe & Kristensen, 2003: 63~64). 생태윤리는 인간이 종래의 만인에 대한 만인의 경쟁에서 벗어나 자연과의 상생을 도모하려는 공동체적 행위규범을 찾고 그것을 실천하는 것이다.

그런 점에서 보면 생태적 자각과 성찰적 이해에서 그쳐선 안 되고 생명중심적 평등의 구현과 인간-자연 간 공생과 조화를 도모하기 위한 좀 더 책임감이 있는 행동이 꼭 필요하다. 이를 위해선 관료들이 인간-자연 간 공생과 조화의 길을 찾기 위한 자연과의 관계회복 및 확장방법을 정책적으로 강구하는 것이 요구된다(양명수, 1997).

그 첫째 전략은 자연을 협력의 파트너로 대하며 자연과의 빈번한 소통 등 관계회복에 진력하는 것이다. Leopold(1949)는 인간은 생명공동체 속에서 집과 같은 평온감을 느끼는데, 그런 평온감을 계속 느끼기 위해선 자연에 대한 책임 있는 행위를 다해야 한다고 보았다. 즉, 우리는 생명공동체를 번성, 조화시키는 데 참여해야만 자연의 진정한 가치를 인식할 수 있기에 화석에너지 저감 및 대체에너지 개발 등 자연과 책임감 있게 거래해야 한다. 자연의 공익적, 환경적 가치(예: 기후조절, 토양침식 방지, 인간의 휴양 등)를 향유할 줄 아는 능력도 키우고, 생태적 지혜 등 자연이 주는 교훈도 실천해야 한다(Campos, 2002: 72~73).

두 번째 전략은 환경파괴를 기술로 제어하는 환경(관리) 윤리에 그치지 않고 인간-자연 간의 바람직한 관계를 항상적으로 유지하는 것이다. 즉, 사회적 우선순위의 재설정에 의거해 정책가치가 물질획득 및 소비주의에서 벗어나 생태계 보전 및 지역사회 삶의 질을 내재하도록 정당한 정책선택이 이루어지게 해야 한다(롱펠로, 2008: 37). 자연에 영향을 주는 인간의 모든 정책결과에 대해 관료들이 책임 있는 자세를 취하는 것도 필요하다.

6 관료의 마음변화를 위한 조직적 전략 및 정부 내 생태 친화적 행정담론의 형성

1. 마음변화를 위한 조직적 전략

생태관료로서의 인식이 행정현장에서 빨리 자리 잡으려면 관료들의 마음변화(changing minds)가 필요하다. 사람은 유아기를 지나면 마음이 쉽게 변하진 않지만, 그것이 완전 불가능한 것은 아니다. 신속한 마음변화를 위한 다음의 조직적 노력이 가미되면 관료들의 마음변화가 촉진될 수 있다.

마음변화의 조건을 오랫동안 연구한 가드너(2005)에 의하면, 이성적 진술, 연구조사, 동조, 보상, 실제사건, 표상의 재구성 등 6가지 요소가 조화롭게 상호작용할 때 사람의 마음은 가장 잘 변화한다.

관료들의 마음변화를 위해선 먼저 변화를 제안하는 분명하고도 이성적인 진술이 필요하다. 이성(reason)적 진술은 관련된 많은 요소들을 확인하고 일일이 따져본 다음 전체적 평가를 내리는 방법으로서, 관료들이 현 시점에서 필히 생태주의철학을 인식해야만 하는 빈틈없는 논리체계의 개발이 이에 해당된다.

이성적 진술엔 과거의 개발행정구조가 왜 무용한지를 보여주는 자기주장의 보완을 위해 관련자료를 수집하는 충실한 연구조사(research)가 담겨져야 한다. 예컨대 생태계 위협의 실태와 환경지표31) 등 각종 통계자료를 통해 기존 경제공학적 발전경로의 문제점

---

31) 이와 관련해 3개의 대안적 지표개발이 중요하다(Cahill, 1999). 첫째, 생태계 지속성 지표(sustainability indicator)로서 환경악화, 자원고갈, 장기적 환경변화를 지표화한다. 둘째,

을 구체적으로 지적하고 그것을 대체할 수 있는 건설적 대안논리를 개발해내는 것이 필요하다.

그 과정에서 내적 보상책(resources)이 전제되면 긍정적 변화를 쉽게 유도할 수 있다. 따라서 관료들의 환경친화적 노력에 대한 지지도 형성을 위해 상징적 보상과 의례적인 인정기회를 제도화할 필요가 있다. 즉, 이 달의 생태관료(eco-crat) 표창, 올해의 환경실천 우수기관 선정 등 생태윤리 실천에 기여한 조직과 개인에게 내적으로 보상해주는 제도가 확충되어야 한다.

주변의 동조(resonance)도 필요하다. 관료의 마음변화를 위한 시민운동과 녹색 거버넌스 등 민간의 동조와 지지가 강할 때 최대의 변화효과를 가져온다. 생태계 파괴가 우리에게 주는 영향 등 변화에 직접적 영향을 미치는 실제 사건들(real world events), 예컨대 세계적 난개발, 막개발의 폐해 실상도 관료들의 생태주의 자각에 활용해야 한다.

가장 중요한 것은 시민의 바람을 다양한 형식으로 전달하는 표상의 재구성(representational re-description)이다. 마음변화는 결국 정신적 표상을 바꾸는 것이기 때문이다. 지금 녹색성장을 국정지표로 내세우지만 4대강 사업이 한반도 대운하 공식을 완전히 철회하지 않는 한 그것은 사이비 녹색뉴딜에 그치기 쉽다. 따라서 좀 더 명확한 정신적 표상을 만들어야 하는데, 우리는 '녹색국가'라는 새로운 국가이념과 '생태관료'라는 공무원상을 새로운 정신의 표상으로 내세우고 강하게 실천해내야 한다.

환경공간(environmental space)으로서 자본당 자원사용량을 항상 낮게 유지하려 노력할 때 요구되는 지표이다. 셋째, 생태발자국(ecological footprint)으로서 우리가 생존을 위해 파괴한 지구의 아픈 흔적을 정기적으로 체크해 생태계 파괴에 대한 경각심을 조성한다.

생태관료를 정신적 표상으로 강화하기 위해선 생태친화적 조직운영을 위한 '조직구성원 녹색화 점검표'를 다음과 같이 참고, 응용할 필요가 있다.

첫째, 조직의 녹색 미션을 진술해 환경정책을 조직구성원의 채용, 훈련, 작업풍토의 개선, 직장문화, 고용계약, 인사상 이득 등 인적자원관리에 적극 연계시켜, 환경친화 프로그램에 조직구성원들의 참여를 최대한 유도한다.

둘째, 자원 재활용, 에너지 보존, 오물 줄이기 등 작은 노력에서부터 환경계획에 대한 조직원들의 뜻이 모아지도록 열린 의사소통 과정을 만들어준다.

셋째, 조직원에게 자기업무와 환경문제 간 관계를 인식하도록 훈련시킨다.

넷째, 부서장이 아니더라도 환경운동에 헌신적인 하위자를 환경친화 프로그램의 주도자로 인정한다(슈리배스터버, 1998: 209).

결국 관료들의 생태적 전일성과 존재성에 대한 주체적 인식과 학습단계에서 상기한 조직적 전략들이 매개변수로 적극 가미될 때, 생태관료로의 인식전환은 보다 촉진될 것이다.

2. 정부 조직 내 생태친화적 행정담론의 형성

사회의 생태적 전환을 정부행정에 연계시키는 일은 기존의 산업사회 친화적 행정담론을 버리고 새로운 담론을 창출해내는 사고의 전환을 요구한다. 즉, 인간의 복리에서 자연보전으로 행정의 정당성 논리가 옮겨가야 하는데, 그 실현은 관료들이 인간욕구 및 열망을 제한

하며 자연의 보호자 역할을 채택할 것을 요구한다(Cawley, 2001: 83
~93). 따라서 관료들이 담론과정 분석을 통해 종래의 인간중심 담론
에서 완전히 벗어나 자연에 대한 새로운 태도를 형성하도록 생태적
자의식(eco-critical awareness)을 함양해주는 새로운 행정담론이
형성될 필요가 있다(Turner, 2009: 195~201). 언어는 자연에 대한
인간의 지각을 형성하기 때문이다.

첫째, 보다 생태적으로 자각된 세계관을 반영하는 용어를 의도적
으로 선택, 사용해본다. 즉, animal that 대신 animal who로 변화
시켜 동물을 객체화시키는 기존 담론에 저항하는 등 언어의 녹색화
(greening)를 시도한다. 정부 안에서 생물종 다양성, 지속 가능성
(sustainability), 리사이클링, 생태발자국, 기후변화, 그린 빌딩 등
생태친화적 어휘를 많이 채택할 필요가 있다.

둘째, 인간세계 그 이상의 것과의 관계에 대한 사고양식을 채택해
우리의 이해를 의도적으로 재구성해본다. 즉, 전체성, 유기체적 사
유, 상호연계 등 자연-인간 간의 상호친밀성을 제고해주는 사고양식
을 교육해야 한다. '어머니 지구' 등 인간 이상의 세계를 추구하는 사
고에 의도적으로 관여하면 우리의 자연 인식에 큰 변화가 온다.

셋째, 우리는 타자와의 관계 속에서 가장 잘 이해되므로 비인간적
타자에로의 감정이입 능력을 배워야 한다. 이를 위해 자연세계의 작
동과 생활형태를 묘사한 자연 소재 저작물들(nature writing)을 활용
해 생태중심주의적 감수성(eco-centric sensibility)을 늘려 나가야
한다.

정부의 생태친화적 존재가치론

제3장에서는 신자유주의 추세 아래 그 시대적 적실성을 점차 상실해가는 기존 행정가치들을 성찰하고, 이를 대체할 수 있는 정부의 향후 존재가치들을 발견하기 위해 자연 생태계의 대표격인 숲의 존재방식이 주는 교훈들을 정부의 존재가치로 응용해보는 논리적 근거를 마련해보고자 한다.

1 신자유주의 시대에 노정된 기존 행정가치들의 적실성 한계

1. 자본 세계화의 방식

1970년대의 2차에 걸친 오일쇼크 이후 서구는 장기간에 걸쳐 경기 침체와 구조 조정기를 맞게 된다. 따라서 자본이 생산적인 부문에 투자되지 못하면서 고용기회가 축소되고 이에 따라 소비와 생산 모든 분야가 하락했다. 따라서 다시 투자가 줄고 자본이윤도 하락했다.

이후 서구의 대자본은 국경을 넘어 최소한의 생산비용을 좇는 글로벌 소싱(global sourcing), 즉 생산기지의 해외이전을 추진했다. 자본은 돈이 되는 곳이라면 어디든지 벌떼처럼 맹렬히 달려들었는데, 우리는 서구자본의 이런 막강한 추동력을 '터보 자본주의'라고 부른다. 한편 해외자본 유치를 희망하는 국가들은 토지제공, 세금면제 등 각종혜택을 내세우며 해외자본 유치에 혈안이다. 여기서 지구사회는 국민국가의 정통성을 해체시키고 새로운 사회성의 지배계기를 만든다(벡, 2000: 128~129). 초국적 기업들이 지구화하는 과정에서 국민국가들을 서로 경쟁시켜[32] 어부지리를 얻는 상황으로 몰아가고 있는 것이다.

투자처를 찾지 못해 과잉 축적된 서구자본은 고위험-고수익 금융정책과 결합해 국제 투기금융자본으로 변질되기도 한다. 이른바 '카지노 자본주의'가 맹위를 떨치고 있다.

한 나라의 유동성 위기를 초래하기 쉬운 카지노 자본주의는 필연적으로 그 나라의 경제를 무장 해제시키며 IMF(국제통화기금) 관리체제하에 들어가게 했다. 그런데 IMF는 외환이 부족한 나라에 돈을 빌려주는 조건으로 강한 경제 구조조정을 요구했다. 이때 마치 카우보이가 방목(放牧)을 위해 소떼를 울타리에서 내몰듯이, 한 나라의

---

32) 초국적 기업들은 가장 값싼 조세 서비스와 가장 유리한 하부구조 서비스를 얻기 위해서 자신을 유치하기 위해 혈안인 국민국가나 개별 생산지들을 서로 경쟁시킬 수 있다. 어떤 국민국가가 과다한 비용을 요구하거나 투자에 적대적일 경우 이들은 그 국가를 경계한다. 그러나 약한 개별국가들은 경쟁에서 살아남기 위해 해외자본을 유인해야 하는 모순을 드러낸다. 이로써 가장 부유한 자들이 특정국가의 자본, 조세, 일자리를 고갈시키는 교묘한 방법으로 가상의 납세자가 되고 있다(벡, 2000: 15~20).

노동자들을 끝없이 고용불안에 노출시켜 생산성을 획책하는 아메리카 '카우보이 자본주의'가 구조조정 바람을 타고 경제구조가 허술한 나라에 상륙해 대량 정리해고와 실업자를 양산했다.

2. IMF 관리체제하의 구조조정과 그 정치, 경제, 사회적 비용

무한한 성장과 과도한 무역 그리고 소비수준의 무한상승에 의존하는 단선(單線)적 세계화 경제는 환경적으로 지속 가능하지 못할 뿐 아니라 사회적으로도 안정적이지도 못하고 경제적으로도 건강하지 못하다(호지/ISEC, 2003: 40~47). 더욱이 경제구조가 튼실하지 못한 나라들에겐 IMF의 혹독한 구조조정을 강요하는데, IMF는 채무국들에게 구제 금융을 주며 다음의 까다로운 조건들을 붙였다(유엔 사회개발연구소, 1995).

첫째, 외환위기의 직접적, 단기적 요인에 대한 대책으로서 경제 안정화 프로그램을 제기했다. 예산적자 축소, 통화긴축, 무역수지 개선, 수입과 물가상승 억제, 환율변동 시 평가절하(devaluation) 조치 등의 긴축정책이 그 주류를 이룬다.

둘째, 외환위기의 구조적, 장기적 요인에 대한 대책으로서 구조조정 프로그램을 제시했다. 이는 ⅰ) 무역장벽을 낮춰 진입경쟁을 용이하게 하거나, ⅱ) 상품, 서비스의 국내 시장가격 왜곡을 막기 위해 정부보조금 및 가격통제 조치의 완화·철폐, ⅲ) 자본거래 통제를 해제하는 방식으로의 금융제도 개선, ⅳ) 국영기업의 민영화 추진, ⅴ) 국가개입 최소화, ⅵ) 규제를 해제해 외국인 투자를 장려하는 등의 자유화 정책이 그것이다.

불행히도 IMF의 구조조정 조치는 대상국에게 많은 폐해를 주었는데 이를 살펴보면 다음과 같다(마르틴, 슈만, 1998: 14~17; 이도형, 김정렬, 2007: 370~381).

(1) 실업자를 양산하고 새로운 고용기회를 억제했다. 장기불황에 따른 노동과정의 유연화와 생산의 국제화로 인해 실업률이 급상승했다. 우리의 경우도 IMF 직후 교육정도로는 중졸 이하에서, 직업별로는 기능공과 단순 노무직에서, 또 전(前) 직업 종사상 지위별로는 일용직과 무급가족 종사자 등과 같은 한계계층 근로자에게서 실업률이 가장 큰 폭으로 증가했다. 생애 주기상 지출이 가장 많은 45~49세의 연령대에서 전년 대비 3배 이상으로 실업이 발생했고, 더욱이 가족의 생계를 책임져야 할 가구주의 실업률 증가(43.6%)는 많은 사람의 생계 곤란을 상징했다(문진영, 1998: 183~184).

(2) 영양, 보건, 교육 등 공공서비스를 크게 축소시켰다. 복지(welfare)보다 근로(workfare)를 앞세우며 복지국가의 해체 혹은 재구조화도 강조되었다(유엔 사회개발연구소, 1995). 일례로 아시아 외환위기에 대한 IMF의 잘못된 정책으로 인해, 2억 명의 신빈곤층이 양산되었다. 이를 두고 Folbre는 시장의 보이지 않는 손이 타인 돕기, 호혜주의 가치, 가족과 공동체를 결속시키는 의무감 등 인간의 '보이지 않는 마음'마저 훼손시킬 우려가 있다고 지적한다(가와치, 케네디, 2004: 236~242).

(3) 부의 집중과 사회 양극화로 인해 20 대 80의 사회(one state, two nations)가 전개되었다. 자본세계화와 경제 구조조정의 여파로 인해 사회의 한쪽에는 풍요로운 삶을 한껏 향유하는 '이대로족'이 있는가 하면, 다른 쪽에선 가족 동반자살, 주부 가출 등 가정파괴가 성

행하고 있다. Schrecker(1994)는 이를 "국경 없는 세계, 벽이 쳐져 있는 도시"(the borderless world and the walled city)라고 표현한다. 세계에서 가장 소득이 높은 나라에 사는 20%의 인구가 세계 GDP의 86%, 세계 수출시장의 82%, 해외 직접투자액의 68%, 세계 전화회선의 74%를 소유하고 있다. 그러나 가장 빈곤한 나라의 인구 20%는 이 모든 분야에서 약 1%씩만 소유하고 있을 뿐이다(프리드먼, 2002: 555). 부자와 빈자 간의 사회적 소통통로가 해체되고(Beck, 1998) 더욱이 지식, 정보, 아이디어가 없으면 돈벌이가 어려운 디지털 경제시대로 진입하면서 계층 간, 세대 간 소득격차(digital devide)가 확대된다.

(4) 소득불평등은 부의 소유 정도에 따라 주거지역마저 구분했다. 고소득층과 상징분석직 종사자들은 준(準)교외33)에 호화저택을 짓고 살면서 사설경비원을 고용하고 그들만의 사교클럽과 취미서클을 조직, 운영한다(성경륭, 1998: 34). 부자들은 집 근처에 접근 금지구역을 설정하고 외부와의 차단벽을 높이기만 한다. 일례로 4백만 명이 거주하는 미국의 빗장 공동체(gated community)는 지방정부가 재정부족으로 포기한 각종 서비스(예: 분리수거, 제설작업, 가로등, 도서관)를 손수 제공하고 편의시설을 자비로 부담한다. 입주자 모임은 그들의 사적 정부(private government)를 대표하고 재산세 회수를 지역의회에 로비한다(가와치, 케네디, 2004: 192). 부자들이 빈자들과의 거리적 분리를 요구하는 것이다. 차별하진 않지만 구별해 살겠다는 것이다.

(5) 불평등이 국민건강을 악화시켰다. 실업과 사회경제적 불평등 속에 매일 4만 명이 넘는 아이가 기아 등 건강상 문제로 죽어갔다.

---

33) 준교외(exurb)는 교외(suburb)보다 더 도심에서 떨어진 반(半)전원지대이다.

그런데 세계 기아의 문제는 절대적 식량부족보다는 식량분배의 불평
등에서 발생한다. 국제 구호단체인 Oxfam에 의하면 최빈국 가운데
다수는 식량 순수출국이다. 예컨대 인도는 매일 3억 명이 기근에 시
달리지만 제3세계 최고의 식량 수출국이다. 브라질도 세계 2위의 식
량 수출국이지만 8,600만 명이 기아상태에 처해 있다(Kloby, 1997).
Wilkinson(1994)은 "일단 한 사회가 절대적 빈곤의 문턱을 넘고 나
면, 건강 수준의 향상을 위해 중요한 것은 파이 크기의 확대가 아니
라 파이 조각의 분배방법이다"라고 말한다. 즉, 소득분포가 불평등할
수록 그 사회의 평균수명은 더 짧아진다. 소득 불평등은 의료서비스
접근에의 불평등을 조장해 국민건강을 악화시킨다. 소득이 1만 5천
달러 미만인 사람은 7만 달러가 넘는 사람보다 사망률이 3배 높다.
좋지 못한 건강상태는 다시 소득감소 원인이 되는 등 악순환이 거듭
된다(가와치, 케네디, 2004: 68~84).

(6) 민주주의를 후퇴시켰다. 쉐보르스키, 체이법, 리몽기(2001:
70~73)에 의하면 경제적으로 부유한 상태에서 민주주의 사회가 지
속될 확률은 더 높아진다. 즉, 1인당 국민소득이 6,000달러 이상인
사회에서 민주주의는 영원히 지속된다. 민주주의 사회가 지속될 확
률은 어떤 한 정치세력도 완전히 정치체제를 지배하지 못할 때 높아
진다. 그러나 가난한 나라에는 민주주의를 파괴할 세력이 정부 안밖
에 존재한다. 따라서 민주주의를 지속하게 하는 것은 문화가 아니라
경제적 부(富)이다. 그래서 경제가 어려워지면 민주주의가 후퇴하고,
이런 사회 전반의 민주화 후퇴는 조직 내 민주화, 인간화도 후퇴시키
며, 많은 것을 국민의 잘못으로 돌리는 관행이 나타난다. 따라서 사
회적으로 순응적 인간이 요구되고, 사회기강, 절약, 근면 가치가 강

조된다. 특히 시장화와 민영화를 슬로건으로 하는 새로운 세계질서
가 개도국의 지배 엘리트(예: 대자본가, 대지주, 정권)에게 권한을
집중시켜줄 우려가 있다(Farazmand, 1994: 81). IMF 관리체제와
같은 경제 비상사태는 권력집중과 신속한 행동능력을 요구하기 때문
이다. 여기서 민주주의는 크게 후퇴한다. 결국 IMF의 시장 지향적
개혁은 실업자 양산, 빈곤 심화, 중산층 붕괴 등 실질적 민주화의 후
퇴를 장기화시킨다. 나아가 이는 절차적 민주주의에 대한 냉소주의
와 무기력을 초래하고, 권위적 민중주의의 유혹을 가져와 형식적 민
주주의마저 위협하는 등 한 나라의 민주주의 공고화에 큰 위협요소
로 작용한다(임경훈, 1999: 9~11).

(7) 생태계 파괴 등 삶의 질을 후퇴시켰다. 경제 세계화 이후 우리
는 삶의 질 향상을 위해 일하는 것이 아니라 경쟁력 있게 일하기 위
해 불가피하게 삶의 질을 희생시킨다. 특히 기업의 경쟁력과 이윤증
대를 위해 자연을 포함한 전 사회와 전 생태계가 건강을 잃고 일그러
진다. 복지는 후퇴하고, 환경은 파괴되며, 생태계 의식의 범지구화는
큰 곤란에 빠진다.

3. 기존 행정가치들의 시대적 한계

산업주의 시대를 주도한 현대 정부의 대표적 행정가치는 민주주
의, 공익, 합법성, 형평성, 효율성 등이다. 그러나 효율성을 앞세운
신자유주의 자본 세계화 앞에서 민주주의, 공익, 형평성, 평등, 합법
성 등 기존의 행정가치들은 현실적으로 그 적실성을 상실해간다.
특히 IMF식 구조조정 과정에서 기존 행정가치들이 제도적으로 후

퇴했는데, 앞에서 언급한 IMF식 구조조정의 폐해 중 (1)·(2)는 공익 가치의 퇴보를, (3)·(4)·(5)는 형평성, 평등 가치의 실종을, (6)은 민주주의의 후퇴와 인권보호를 위한 최소한의 법규범인 합법성 가치의 좌초를, 그리고 (7)은 삶의 질 파괴를 잘 보여준다.

자본 세계화의 파고 속에 민주주의, 형평성, 공익, 합법성 등 기존 행정가치들은 효율성을 빼곤 점차 시대적 적실성을 상실하고 있는 것이다. 그렇다면 현대 정부는 기존 행정가치의 후퇴 속에 그 존재가치마저 퇴색되고 말 것인가?

② 정부의 대안적 존재가치를 논해야 하는 이유

물론 현대 정부에는 많은 문제가 내재해 있다. 그러나 정부는 우리가 너무나 당연한 것으로 여겨 왔지만 공중의 욕구충족에 매우 핵심적인 서비스들(예: 우정, 오물수거, 도로수선, 아동교육)을 꾸준히 제공해왔다. 또 어떤 서비스들(예: 공공안전, 보건, 고속도로, 군대, 경찰, 소방 서비스)은 정부만이 제공한다.

정부는 다수 국민의 이익을 지키기 위한 규제자로서 은행의 재정 상태와 식품안전 및 식당음식의 질을 감시하고, 또 엔지니어로서 상하수도 시스템의 안전을 유지해왔다. 정부는 식량 증산자로서 농업 생산성 제고에도 기여하고, 환경 기술자로서 대기 및 수질오염을 정화시킨다. 그리고 어떤 공공서비스는 비용-효과분석 면에서 민간서비스보다 월등하게 경쟁력이 있다. 예컨대 가난한 대학생들을 위한 공공 고등교육(예: 미국 주립대학 시스템)은 가장 성공적인 공공서비스의 하나이고, 대중교통도 여타 사적인 교통수단보다 저렴하고 광범위하게 이용할 수 있다.

현대 정부는 이처럼 국민 공동자산의 보호자(예: 물, 공기의 보호)이자, 권리의 보장자(예: 장애인 적극고용조치, 인권보호)로서, 또 사기업이 이윤이 없다고 포기한 복잡한 사회문제들의 해결자로서 그 존재 이유를 갖는다. 한마디로 말해 우리 국민에겐 여전히 필수품(as necessary) 같은 것이 정부인 것이다(Holzer & Callahan, 1998: 7~9; 이도형, 2006: 79~80).

그렇기에 우리는 현대 정부의 존재 이유들을 좀 더 구현시켜 줄 수 있는 대안적 행정가치들을 새로 찾아내야 하고 또 그런 대안적 가치들이 어떻게 구성되고 새롭게 표현될 때 좀 더 설득력을 가질 수 있는지를 고민해야 한다.

여기서는 다음과 같은 이론적 논의의 연장선상에서 정부의 존재이유와 존재가치를 발견해본다. 먼저 가치 혹은 존재가치라는 철학적 기본개념부터 설명하고, 자연독법을 통한 숲의 존재방식 읽기가 정부의 미래 존재가치 발굴에 어떤 이론적 시사점을 주는지를 알아보는 식으로 논의를 전개한다.

1. 가치의 개념

가치(value)는 무엇인가? 가치는 세계와의 관계에서 인식주체에 의해 체험되는 어떤 것, 즉 그의 체험을 통해 인식되는 그 무엇이다. 일례로 인식주체의 체험내용에 속하는 것이 가치 관념인데, 인간의 존엄성(善), 경치의 아름다움(美), 성스러운 곳에서의 거룩함(聖) 등을 그 예로 들 수 있다. 일반적으로 가치는 가치 보유자의 마음속에 존재하는데, 그것은 바람직한 것에 대한 어떤 관념이나 일의 선호상태 혹은 당위(當爲)의 한 조건을 지칭한다.

규범(norm)이 특정상황에서의 구체적 행동준칙이나 표준이라면, 가치는 무엇이 옳고 공정하며 정당하고 바람직한지에 대한 개인의 선호와 결정도이다(MacFarland, 1964). 따라서 가치는 우리의 양심에 하나의 정언명령(categorical imperatives)으로 주어진다. 가치의 명제는 정언적(定言的)인 것으로서, 이는 우리가 그 이유를 따지지 말고 무조건 지키고 행해야 하는 지상명령인 것이다(진교훈, 1997: 35~38). 그러므로 우리가 이를 거역할 때 양심의 가책을 받고 남이 이를 거역할 때도 우리는 엄청난 분노를 느낀다.

2. 가치와 존재의 관계: 가치는 존재의 태도이자 존재의 지향

가치는 존재와는 어떤 관계에 있는가? 근대 가치철학의 실질적 창시자인 Lotz(1933)는 일단 가치와 존재를 구분하며 존재의 영역에 가치의 영역을 대립시킨다. 존재는 인간의 오성(悟性)으로만 파악할 수 있지만, 가치는 정신적 느낌으로 파악할 수 있다는 것이다. 그러나 그는 존재의 실재성이 형이상학적 가치의 내용과 일치할 수도 있다는 개연성(蓋然性) 위에서, 존재와 가치가 그 본질상 공속(共屬)의 관계에 있을 수 있음을 조심스럽게 타진한다. 결국 Lotz는 존재와 가치의 통일을 모색한다. 즉, 내적 규정성으로서의 가치는 존재로부터 결과한다는 것이다. 바뀌고 있는 현상들 배후에는 그 사물의 핵심,

즉 그 현상들을 항존(恒存)하게 하는 법칙으로서의 본질형상과 그것들의 절대적 규범이 있기 때문이다. Przywara(1923)는 모든 존재의 본질은 그 특수한 성질로서 가치를 드러낸다고 말한다. 가치는 '존재의 본질의 내면적 상태'라는 것이다. 그러므로 가치는 존재의 태도이며 바로 여기에 존재와 가치의 내면적 통일 근거가 있다.

물론 가치는 독립적 존재, 즉 실체로서 존재하는 것이 아니라 비독립적인 존재, 즉 가치 질(價値質: Wertqualitat)로서 존재한다. 따라서 실제와 가치는 존재적인 것과 존재당위(存在當爲)적인 것으로 서로 대립된다. 그러나 가치는 자체 안에 실제를 향한 충동을 지니고 실제에 향하려 한다. 가치는 존재로 환원될 수 없지만 존재는 가치를 위해 정초(定礎)되며 가치를 받아들일 수 있다. 가치의 성질을 뜻하는 가치 질(價値質)은 그것의 운반자인 가치 담지자와 그의 결정에 의해 명백히 나타난다. 이런 점에서 가치와 실제는 분명히 관계되어 있다.

결국 가치의 본질은 존재당위(存在當爲), 즉 마땅히 있어야 하는 그 어떤 것이다. 가치는 존재당위의 내용, 즉 어떤 것에 대한 지향인 것이다(헤센, 1992: 34~77). 따라서 가치는 인간 정신생활의 중추로서 인간활동의 근본원리이자 인간행동의 기본원리로 작용하며(이수윤, 1996: 215), 가치추구적 존재인 인간으로 하여금 보다 나은 것, 보다 더 좋은 것을 지향하게 한다(이도형, 2004: 114~115).

3. 정부라는 존재의 존재가치 논의

상기한 것처럼 가치는 존재의 태도, 즉 존재의 본질의 내면적 상태이다. 또 가치의 본질은 어떤 것에 대한 지향으로서 존재당위의 내용이다. 결국 가치는 인간이라는 존재의 바람직한 지향과 관련되는 개념이다. 바로 여기에 가치와 존재의 내면적 통일근거가 있다. 그만큼 가치는 존재와 불가분의 공속관계에 있으며, 이런 점에서 우리는 가치를 존재가치(values of existence)라고 부를 수 있는 근거를 마련할 수 있다.

가치론에서 일반적으로 말하는 존재가치는 특정존재와의 경험에서 생긴 반복적 만족스러움이 주는 존재에의 긍정과 신뢰 또 그 존재가 계속 활동하고 보존되기를 바라는 기대감 같은 것을 의미한다(베르크마이스터, 1999).

그렇다면 정부라는 존재의 존재가치 역시 정부활동이 주는 이익에 국민이 항상 만족해 정부라는 존재에게 지속적 신뢰와 긍정을 보이며, 향후에도 정부가 계속 존재하면서 국민의 이익과 조화를 이루며 활동하길 바라는 정부에 대한 국민의 역할기대, 다시 말해 국민의 입장에서 본 '정부의 존재 이유' 같은 것을 의미하게 된다. 따라서 정부라는 존재의 존재가치에 대한 심층적 논의는 앞서 살펴본 현대 정부의 존재 이유들을 좀 더 구현시키기 위한 대안적 행정가치 발굴의 논리적 기반으로 작용할 수 있다.

3 정부의 존재가치 구현에 응용할 만한 숲의 존재방식들[34]

1. 정부의 존재가치 논의에 자연독법을 적용하는 이유

그렇다면 현대 정부는 그 존재 이유를 다하기 위해 어떤 존재가치를 지향해야 하며 그것을 구현하기 위해 어떻게 변해야 하는가?

여기선 "현대 정부가 자연 생태계의 대표 격인 숲[35]의 존재방식, 즉 선의의 경쟁 혹은 지나친 경쟁을 회피하기 위한 틈새 개척전략, 공생, 협력의 지혜, 환경적응력, 그리고 자율적 구조조정 및 소통 원리[36] 등을 학습하고 그것을 자신의 새로운 행정 패러다임 속에 체화(體化)시킬 때, 기존의 부정적 속성(예: 권력성, 규제성, 난개발)에서 벗어나 환경변화에 더 잘 적응, 발전할 수 있다"라는 연구가설을 세워본다. 그리고 자연세계의 순기능적 작동방식에 대한 체계적 관찰

---

34) **3**, **4**는 이도형(2007a)을 부분 요약한 뒤, 일부 내용을 보완한 것임.

35) 자연은 수십억 년을 이어오며 완성된 복잡한 시스템이다. 숲은 이런 자연 생태계의 대표 격으로서 많은 생명체가 공존하며 사는 곳이다. 원래 수풀의 준말인 숲은 나무와 풀이 우거진 곳으로서 생태학적으로 수목(樹木)이 다수를 점하는 식물의 자연적 집합체이다(최소영, 2006: 17). 숲은 식물의 도시이자 곤충의 도시이기도 하다. 숲은 500만 종의 곤충이 서식하는 곳이다(박해철, 2005: 114～115). 결국 숲은 나무, 꽃, 풀, 곤충, 새, 동물, 물, 흙, 공기 등 온갖 생명들의 집합체로서, '지구 생태계'의 또 다른 이름이다(김재일, 2005: 132).

36) 뒤에서 자세히 논의되겠지만 자연을 상징하는 숲 속의 나무와 풀들은 광합성에 도움이 되는 햇빛을 놓고 선의의 경쟁을 벌이지만, 때로는 지나친 경쟁을 피하고 서로 생장조건의 틈새를 찾아 불리한 환경을 개척해나가는 모습을 보인다. 그리고 각자의 공간을 지키며 자신의 생장(生長)을 위해 인근의 나무들과 협력, 공생하는 자세를 취한다. 나무와 풀은 혹독한 환경에서 살아남기 위한 뛰어난 환경적응력을 드러낸다. 그리고 꽃들은 꽃가루 번식을 위한 충매(蟲媒)작용에서 새, 벌레 등과 경이로운 정보소통(疏通) 능력을 보여주기도 한다.

을 통해 그것이 인간사회에 대한 이해와 처방에 어떤 규범적 방향을 제시해줄 수 있는지를 읽어내는 자연독법(讀法)에 의거해 위의 가설을 입증해본다.

언뜻 보면 난개발 논리, 규제 논리, 권력 논리에 사로잡힌 현대 정부는 생태계인 숲과는 전혀 다른 이질적 속성을 지닌 필요악적 존재로 평가 절하되기 쉽다. 정부의 권력성과 난개발에 대해선 일찍이 무정부주의자들의 날카로운 비판이 제기되어 왔다.

아나키스트들은 정부를 "무기를 가진 자가 무기 없는 자를 배제시키며 사회적 자산을 마구 통제하게 도와주는 조직"이라고 매우 부정적으로 본다. 그리고 모든 형태의 정부는 필요 이상의 과도한 정치권력을 갖는데, 권력의 이런 초과분은 행정(administration)과 통치(governing) 사이의 차이에서 기인한다고 비판한다.

따라서 대표적 무정부주의자인 Proudhon은 "정부에 의해 통치된다는 것은 공공선이라는 미명하에 국민이 희생, 강요당하고 정부가 시키는 대로 해도 국민이 착취, 협박, 강탈당하기만 하며 또 국민이 이에 대한 저항과 불평의 기미를 보이면 정부로부터 즉각적 진압, 벌금, 괴롭힘과 무장해제, 투옥, 재판, 교수형까지 받게 되고 큰 망신을 당하게 된다"라고 비판하며 무정부이론(non management theory)을 지향했다(워드, 2004).

그러나 정부가 자연독법에 의거해 숲의 존재방식들을 정확히 읽어내 이를 학습하고 적극 실천할 수 있다면, 숲 속의 나무와 꽃, 풀들의 존재방식은 현대 정부들이 자신의 부정적 속성인 권력성과 난개발성을 스스로 치유해내면서 새로운 환경변화에 슬기롭게 적응해 자신의 존재가치를 다하게 할 구체적 구현전략을 설계하는 데 있어 유용한 벤치마킹 포인트로 자리 잡을 수 있다.

왜냐하면 새로운 행정환경 변화맥락인 세계화, 정보화, 지방화, 녹색화는 현대 정부들로 하여금 선의의 경쟁 혹은 지나친 경쟁회피를 위한 차별화, 환경 개척력, 환경적응력과 더불어 공생, 협력의 정신, 환경과의 소통능력, 자율적 구조조정능력 등을 조속히 갖출 것을 강하게 요구하기 때문이다. 여기서 자연독법의 한 실례를 들어보자.

〈내용 보태기 2〉 자연독법의 경영 응용사례

도키와 후미카스는 일본의 한 중소기업 경영자이다. 그는 노년에 들어『자연을 벤치마킹하라』(예문, 2002)는 제목의 책을 썼다. 책의 주 내용은 자연의 지혜를 기업경영 및 인생살이에 접목시킬 때, 우리의 삶이 더 가치 있고 의미 있어지며 또 슬기로운 기업경영 및 생태친화적 생산활동도 가능하게 된다는 것이다.

그는 먼저 자연을 형이하학적 자연, 즉 우리의 눈으로 관찰 가능한 물질적, 구상적 자연과 형이상학적 자연, 즉 우리가 자연과 혼연일체가 되었을 때 암묵적으로 전해오는 초월적, 추상적 자연으로 나눈다. 그는 우리가 이런 형이상학적 눈으로 대자연을 보면, 대지가 기른 식물을 초식동물이 먹고 다시 이 초식동물을 육식동물이 먹고 성장해 이윽고 다시 대지로 돌아간다는 자연계의 사슬이 큰 의미의 상부상조 관계임을 알 수 있다고 말한다. 그는 이 책에서 대자연 속 동식물들의 생존비법을 의인화해, 우리의 삶과 기업경영에 유용한 지혜를 자연계라는 우물 속에서 두레박으로 하나하나 길어 올리고 있다.

먼저 모든 생물은 자기 방식대로 생존하는데, 아무리 작은 생물도 그 생존방식이 생태계 내에서 인정을 받으면 멋지게 살아남을 수 있음을 발견해낸다. 즉, 자연 속에선 약육강식이 지배하는 살벌한 생존의 논리가 아니라 특정의 생명체가 이질적 개성만 있으면 끝까지 살아남을 수 있음을 보여준다.

그의 책을 읽다가 재미있다고 생각한 것은 인간이 사용하는 기계나 도구의 모양과 기능이 적지 않은 경우 생물들에게서 힌트를 얻은 것이라는 저자의 통찰력이다. 즉, 비행기는 새, 고속열차는 공기저항을 완화하기 위해 오리너구리의 주둥이 모양을 연구한 결과물이란 것이다. 그리고 나이를 먹은 벌은 먹이를 찾고 젊은 벌은 이를 운반하는 등 벌들의 군(群) 지능과 분업체계는 조직의 최적화 및 제어에 응용될 수도 있다.

그는 상기한 점에서 자연은 고갈되지 않은 무한한 지혜의 샘이며, 풀 한 포기, 나무 한 그루, 새 한 마리 등 모든 생명이 인간의 스승이므로, 인간은 자연을 떠나선 살 수 없다고 강조한다. 자연과 더불어 자연 일치적 삶을 산 사례가 바로 인디언, 원주민이다. 예컨대 눈과 얼음세계에 사는 이뉴이트 족은 흰색을 표현하는데 20개 이상의 단어를 활용한다. 그래서 그들은 개썰매를 타고 멀리 나갔다가도 사방이 온통 하얀 눈뿐인 곳에서도 집을 잘 찾아 돌아올 수 있다.

그는 인간도 원래는 자연의 일부라고 본다. 인간과 자연 모두 같은 원소로 구성되어 있으며 같은 법칙을 적용받는다. 즉, 인간의 몸엔 자연을 움직이는 법칙이 마찬가지로 적용되는데, 예컨대 허브의 고유한 파장이 인체의 파장 및 진동과 일체할 경우 인체는 본래의 리듬을 회복할 수 있어, 우리는 병의 치유에 자연을 이용할 수 있다는 것이다.

그럼에도 불구하고 서양 특히 기독교 세계에선 모든 것을 초월하는 조물주가 존재한다는 전제 아래 자연을 제압의 대상으로 보고 인간-자연 간에 지배-피지배 관계를 설정한다. 다행히도 동양에선 존재로서의 자연이 아니라 글자 그대로 스스로 그런(self-so) 상태로 자연을 보며 주-객 구분의 발상 없이 양자의 일체화를 도모해, 그래도 동양사회가 생태계의 이해 및 보전에서 서양보다는 정신적 측면의 강점을 갖고 있음을 밝혀낸다.
그는 요소환원적 접근에 의해 분화되어진 과학을 소(小)과학으로 보고 이젠 이런 소과학들을 통합해 대(大)과학으로 환원할 것을 주창한다. 즉, 자연과학에만 머무르지 말고 사회과학과 인문학을 융합한 멀티 사이언스를 구축할 필요성을 강조한다.
마지막으로 저자는 일선에서 활동하는 경영자답게 자원 및 환경문제를 푸는 21세기 생산모델로서 반(反)생산을 강조한다. 생산의 반대는 소비가 아니라 반생산이며, 이는 소비한 제품을 원래의 자연으로 환원시키는 것이다. 그는 반생산을 위해 단기간에 흙으로 돌아가는 생분해성이 높은 플라스틱 수지나 섬유개발, 식물 셀룰로스 등을 주원료로 한 용기와 포장재 사용을 적극 강조한다.

행정학에서 자연독법의 함의를 도출한 연구는 사회생물학의 행정학 적용의 유용성을 지적한 Caldwell(1980)의 연구와, 사회생물학과 진화론, 진화심리학 지식 등을 토대로 기존 정책들의 문제점을 지적하고 대안을 모색한 박흥식(2007)의 연구 등 소수에 불과하다. 그러나 행정학에서의 자연독법의 응용 여지는 적지 않다. 그 이유는 정부에 내재된 생태조절적 역할자(eco-regulatory role) 혹은 생태지속성 관리자로서(조명래, 2001; 2002)의 생태적 존재성 때문이다. 우리가 정부의 이런 생태적 존재성을 이해할 때 우리는 자연독법으로 읽어낸 자연 생태계의 지혜를 정부의 존재가치를 구현하기 위한 통치철학과 그 실천전략으로 전환시킬 수 있다.[37]

---

37) 정부가 인위적 유기체인 점에서 생태계의 존재방식을 정부의 운영에 그대로 접목시킬 수 없다는 비판이 가능하다. 생태경제학에서도 이런 유사한 고민이 있었는데, 즉 연구대상인 사회경제 시스템이 스스로 인식하고 이를 근거로 의도적 행위나 능동적 대응을 할 수 있다는 것이다. 그러나 진화적 사회이론이 시사하듯이, 인간이 목적 지향적 행위를 한다고 해서 사회경제를 자기 의도대로 항상 완벽하게 조절, 통제할 수 있는 것은 아니다. '복잡계'인 사회경제 시스템은 어디까지나 '더 큰 복잡계'인 생태계를 토대로 유지된다고 보는 것이 생태경제학의 기본관점이다. 특히 생태계는 사회경제 시스템이 필요로 하는 자원제공 및 오염정화 기능, 그리고 인간 등 제 생명의 생명기반체제란 점에서 사회경제 시스템의 자기갱신 및 진화에 매우 중요한 존재임을 부정할 수 없다(조영탁, 2004). 그렇다면

여기선 사회생물학의 환원론적 오류를 피하되 자연독법의 이론적 함의를 최대한 살리기 위해[38] 자연 생태계 중 우리가 가장 쉽게 접할 수 있는 숲의 나무와 풀, 꽃의 존재방식을 체계적으로 살펴본다. 그리고 거기서 향후 정부의 존재가치 구현에 큰 도움을 줄 수 있는 벤치마킹 포인트들을 찾아본다.

정부의 존재가치 논의에 자연독법을 적용하는 또 하나의 이유는 현대 정부의 지나친 제도화로 인한 역기능(예: 권력성, 규제성, 난개발 등)을 막기 위해 탈(脫)제도화를 추구하는 아나키즘의 일부 요소를 도입할 필요성 때문이다. 물론 우리는 정부 권위의 부재를 주장하는 아나키즘을 무비판적으로 수용해선 안 된다. 그러나 현대 정부의 지나친 제도화가 낳은 권력성, 규제성, 난개발 등의 문제해결 과정에서 탈제도화를 추구하는 아나키즘의 생물학적 요소를 재구성해 정부의 퇴화를 막고 정부의 진화에 응용할 여지는 적지 않다.

아나키즘은 사람들이 상호이익을 위해 자발적으로 결집하는 성향이 있음을 토대로, 보통의 인간이 자기 운명을 결정하고 자기 미래를 개척할 수 있는 탈제도화의 정치철학을 모색한다. 특히 자연계의 자발적 질서와 수평적 연대를 모델로 한 아나키즘의 '생물학적 요소'들은 탈제도화의 가치와 일치해 정부 문제의 치유에 시사점을 줄 수 있다.

무정부주의자들은 탈제도화를 위해 아나키즘 조직이론의 기본원칙으로서 ⅰ) 자발적 질서, ⅱ) 복잡성을 통한 조화, ⅲ) 우두머리 없는 동맹(topless federations)을 제시하는데(워드, 2004)[39] 생물학

정부 역시 유기체이자 복잡계인 한, 그것보다 더 큰 복잡계인 자연 생태계와의 상호작용에서 자유롭지 못하며 그런 점에서 자연 생태계는 정부라는 하위 시스템의 갱신과 진화에 큰 영향을 미칠 수 있다.

38) 이에 대한 자세한 논의는 이 책의 제2편 1장 2절 부분을 다시 참조하기 바람.

적 기초를 응용해 구성된 아나키즘 조직이론과 그것에 담겨진 탈제도화의 가치(예: 공생, 자발성, 자치, 조화, 상호부조, 공존)는 다음에서 살펴보듯이 우리가 자연독법에 의거해 발견할 수 있는 자연계 숲의 보편적 존재방식들과 일맥상통한다.

이제부터는 자연독법을 통해 읽어낼 수 있는 숲의 존재방식들을 몇 가지 범주로 나누어 체계적으로 살펴본다. 그리고 자연독법으로 도출된 숲의 존재방식을 행정환경의 새로운 변화 맥락과 연계시켜 향후 정부의 존재가치 구현전략들에 대입한 뒤, 그 정책적 함의와 실천지침을 구체적으로 도출해보고자 한다.

2. 자연독법으로 읽어낸 숲의 존재방식과 정부의 벤치마킹 포인트

1) 자연독법을 통해 살펴볼 숲의 존재방식 선정근거

현대 정부가 권력성, 규제성, 난개발이라는 종래의 부정적 속성을 치유하고, 또 새로운 환경에 적응해 자신의 바람직한 존재가치들을 다하기 위한 벤치마킹 포인트로 삼도록 하기 위해서 우리는 숲의 어

---

39) 일반적으로 정부는 질서와 안정을 구실로 모든 강압적 권력방법을 동원해 통제 및 규제제도를 만들지만 그에 따른 강압적 문제가 많아 중앙집권적 조직엔 인위적 조직개편이 끊이지 않는다. 반면 아나키즘의 '자발적 질서' 이론에 따르면 자율적 조직엔 개편이 적고 분위기도 활기차다. 사람들이 공동의 필요가 있을 경우 실험을 통해 상황에 맞는 자기만의 질서를 구축하기 때문이다. 둘째 이론인 '복잡성을 통한 조화'의 가장 좋은 방법은 무수한 힘과 영향력 사이의 평형을 계속 유지해나가는 것이다. 중앙통치 모델은 통합, 합병을 통해 문제를 해결하지만, 이는 소통통로가 막혀 문제를 악화시킨다. 반면 아나키즘의 대안은 통일성이 아닌 다양성, 하나로 뭉침이 아닌 다름의 공존이다. 즉, 복잡성을 통한 조화는 중앙을 통한 연결이 아니라 네트워크를 통해 상호 연결하는 것이다. 이는 자연히 셋째 이론인 '우두머리 없는 동맹' 원리를 가능하게 한다. 이는 중앙이 조종하는 컨베이어 벨트에 갇히는 것이 아니라 수많은 사람이 격의 없이 네트워크에 접촉하며 자기 필요에 따라 자치(自治)하고 공생하는 것이다(워드, 2004).

떤 존재방식들을 자연독법을 통해 선별해내고 응용해야 하는가? 여기서는 자연선택론자들의 논지와 실제 진화의 역사 속에서 그 선별 근거를 도출해본다.

대표적 자연선택론자인 Darwin은 "생존경쟁에서 살아남는 개체는 환경에 가장 잘 적응하는 종이다" 또 "가장 적응을 잘한 종은 육체적으로 강하거나 제일 교활한 종이 아니라 공동체의 이익을 위해 동등하게 서로 도움을 주며 합칠 줄 아는 종이다"라고 말했다. Kesler 역시 "생물종이 계속 진화하기 위해선 상호부조 법칙이 투쟁법칙보다 더 중요하다"라고 보았다. 아나키즘의 생물학적 기초를 마련한 Kropotkin도 "상호부조가 가장 번성한 종(種)들의 철칙이며, 진화에서 가장 중요한 역할을 한다"라고 말한다(크로포트킨, 2005). 여기서 우리는 생물종의 진화적 결과물로서 '환경적응력'과 '공생, 협력의 지혜'를 도출해낼 수 있다.

장기간 생물 다양성을 연구해온 Beattie & Ehrlich(2005)에 의하면 생물종들은 숱한 시행착오를 겪으며 먹이 찾기와 서식지 발견에서 가장 좋은 가능성을 발견해 왔는데, 여기서 우리는 생장 자원의 쟁탈을 둘러싼 생물종 간의 치열한 '선의의 경쟁'을 발견한다. 그러나 식물들이 항상 경쟁만 하는 것은 아니다. 러시아의 생물학자 Gaus에 의하면 동일한 생태적 지위(ecological niche)[40]를 갖는 식물종은 각기 요구되는 환경조건과 생장자원이 다양해 같은 장소에서 공존하기가 쉽진 않다. 따라서 식물은 모두가 살아남기 위해 경쟁을 피하고 공존하는 쪽으로 조금씩 변하는 '차별화' 전략을 택한다.

---

40) 생물은 일정 서식처 안에서 나름대로의 위치와 역할이 정해져 있는데, 우리는 이를 생태적 지위 혹은 생태적 적소라고 부른다.

실제 진화의 역사를 보면 생물종의 멸종과 번성을 갈라놓은 것은 그들이 선택한 생존전략에 달려 있었는데, 가장 번성을 누리는 종은 과당경쟁이 없는 황무지를 찾아 '환경을 개척해나간' 종이었다(윤석철, 2005). 특히 식물은 서식지의 환경조건에 따라 겉모양과 생활방식을 달리하는데, 그 차이는 지역의 기온, 광선, 일조량, 바람, 수분 등 다양한 환경조건이 자신의 삶에 어떤 영향을 미치는지에 대해 숱한 시행착오를 겪으며 축적해온 자체 기록이자 '환경적응'의 결과물로 볼 수 있다(이성규, 2003). 또 지구 역사를 볼 때 고사리 등 식물종은 생존을 위한 '자율적 구조조정' 차원에서 자기 몸을 줄이는 방향으로 진화해왔다. 그러나 몸체를 줄이지 못한 공룡은 멸종했다(차윤정, 2004: 127~130). 지금도 북극곰은 혹독한 자연조건에 적응하기 위해 자기 몸무게를 줄이고 있다.

진화의 역사를 보면 생명체들은 수십억 년에 걸쳐 복잡 다양한 환경에 대한 통제력을 늘려 왔는데, 그런 진화적 진보에서 가장 두드러지고 결정적인 특질의 하나가 정보처리 능력의 향상이다(복거일, 2007: 166). 예컨대 식물 중 75%가 곤충에 의해 꽃가루받이를 해야 결실을 맺을 수 있다. 따라서 충매화 식물은 수분(受粉)에 유리한 방향으로 동물을 이용하기 위해 꽃 모양과 꽃 색깔의 변화를 거듭해왔고 강한 향을 내뿜는 등 새와 곤충을 유혹하기 위한 '소통 및 정보처리 능력'을 진화시켜 왔다.

숲은 이외에도 느린 속도지만 항상 변하고 있는데 이를 천이(遷移)라고 한다. 그러나 생태학자 임주훈(2005: 86)은 방치된 맨땅에서 출발해 장기간에 걸쳐 숲 모양이 바뀌는 천이는 숲의 직접적 변화보다는 땅을 덮고 있는 식피(植被)의 변화[41]로 보는 것이 더 정확하다고 말한다. 천이는 시간이 흐름에 따라 한 장소에서 식물상이 전체적으로 어떻게 변하는가를 지칭하기 때문이다. 천이는 동시에 그곳에 사는 동물 군집도 변화시킨다. 이런 점들에서 천이 현상은 숲의 보편적 존재방식으로 보긴 어렵고, 또 앞에서 도출한 숲 속 식물들의 가시적 존재양태(예: 공생, 경쟁, 소통 등)와도 쉽게 연결점을 찾기 어려워 숲의 존재방식 논의에선 제외한다.

숲은 화산, 지진, 산불, 폭풍 등 자연현상에 의해 다른 형태로 바뀌기도 하는데, 이는 교란(攪亂)이라 불린다. 교란으로 인해 식물군락은 파괴되지만 잔존 식물과 새 식물이 새로운 공간을 확보하며 생육공간으로 뻗어 나간다. 물론 생육공간이 채워질 때까지 가장 빨리 크는 식물이 유리한 공간을 확보하는 경쟁력을 갖지만, 대개는 다른 식물들과 공존하는 형태를 취하고, 또 최적의 환경조건이 식물들마다 달라 서식지의 확보를 위한 경쟁은 곧 완화된다. 즉, 생태적 지위에 따라 서로 변화하며 특정구역 안에서 생태적 안정을 꾀한다는 점에서(임주훈, 2005: 87), 교란의 결과는 결국 경쟁회피를 위한 식물들의 차별화 전략이나 궁극적으로는 공생의 양상과 겹친다. 숲은 대기의 이산화탄소를 흡수하고 오염된 물을 정화하는 자정능력도 갖는다. 그러나 이는 인간의 입장에서 바라본 숲의 공익적 가치의 성격이 강하므로, 숲의 존재방식 논의에선 제외한다.

여기서는 진화의 역사에서 가장 보편적인 숲의 존재방식으로 검증되어 자연선택된 진화물로서, 특히 난개발, 권력성 등 현대 정부의 부정적 속성을 치유하기 위한 탈제도화 가치로서 아나키즘에 의해

---

41) 따라서 지구환경 변화에 따른 종(種)의 진화를 포함해 오랜 세월에 걸쳐 이루어진 식생(植生)의 변화를 '지질학적 천이'라고도 부른다(http://naver.com/popup/php?dir-id).

강조된 바도 있고 또 정부의 새로운 환경적응에 교훈적 함의를 준다고 생각되는 것들, 즉 선의의 경쟁력 혹은 차별화 전략, 공생, 협력의 지혜, 환경개척 및 적응력, 자율적 구조조정력, 소통능력을 중심으로 숲의 존재방식을 살펴보고, 거기서 정부의 존재가치 구현을 위한 벤치마킹 포인트들도 찾아보고자 한다.

2) 자연독법으로 읽어낸 숲의 존재방식 사례

(1) 선의의 경쟁 혹은 지나친 경쟁을 회피하기 위한 차별화 전략

숲 속 식물이 살아가기 위해선 기온, 광선, 일조량, 바람, 수분, 토양 등이 골고루 필요한데, 식물은 이것들을 얻기 위해 상호경쟁에서 자유롭지 못하다. 따라서 보편적인 숲에서 나무와 풀들은 생장공간과 햇빛 등의 광합성 자원을 놓고 서로 경쟁한다(최소영, 2006: 25~29).

〈사진 4〉 선의의 경쟁: 생장공간 확보를 위한 어린 나무들의 어깨싸움

　　그러나 식물들은 생존을 위한 지나친 경쟁보다는 경쟁회피를 위해 틈새를 마련하는 차별화 전략을 더 많이 택하기도 한다. 숲 속의 모든 질서는 빛에 의해 조절된다. 햇빛의 양, 낮 동안 빛의 길이와 빛의 질은 씨앗을 싹트게 하고 식물들이 자라나게 하는 데 있어 매우 중요한 생장조건이다. 따라서 빛에 절대적으로 의존하는 식물들은 서로의 생활사(生活史)를 비껴가게 조절해 빛에 대한 각자의 욕구를 분산시킨다. 예컨대 숲의 아래쪽에서 자라는 하층 식물들은 빛이 부족한 환경에 적응하기 위해 잎이 넓고 옅은 녹색을 띤다. 상층의 나무들이 다 자라기 전에 최대한 빛을 이용하기 위해 일찍 잎을 틔우며 광합성 작용을 서두르기도 한다(차윤정, 2004: 24~27).

〈사진 5〉 식물들의 차별화 전략: 서로 키를 달리 하니 다 살아남는다

고산(高山) 식물들은 눈 속에서 개화(開花)를 준비한다. 이는 자신의 짧은 생장기간 때문이기도 하지만, 주변 식물에 대항해 광선, 수분, 양분을 얻기 위한 무리한 경쟁은 피하고 여름이 오기 전에 일생을 마무리해 고온의 위험을 피하려는 나름대로의 차별화 전략이다. 즉, 지나친 경쟁을 피하고 자신의 생명과 안전을 유지하기 위해 성장 시기나 생장공간을 달리하는 차별화 전략을 활용한 것이다.

자연 상태에서의 식물은 복잡다단해 서로 요구하는 환경조건과 자원이 매우 다양하지만, 상호 공존이 가능한 쪽으로 모두 조금씩 변해가는 생태적 지위의 분화를 촉진시킨다(이성규, 2003: 42, 165~167). 결국 생태적 지위는 자연선택에 의해 특수하게 분화되어 상호경쟁을 감소시킨 방향으로 일어난 숲 속 진화의 결과물로 볼 수 있다.

(2) 공생, 협력의 지혜

숲 속 사회의 최고 덕목은 공생,[42] 협력의 지혜이다. 예컨대 노간주나무는 나무가 자라기 어려운 바위나 돌 틈에 뿌리를 내리는데, 그러면 진달래 꽃씨가 그곳에 날아들어 꽃을 피운다. 젓나무들은 바람이 세게 불어도 절대 부러지지 않는데 그 이유는 서로 적당한 간격으로 무리를 이룸으로써 모진 풍상을 같이 이겨내기 때문이다. 나무의사 우종영(2008)은 나무들의 이런 간격 유지를 그리움의 간격이라고 말한다. 너무 가까우면 나무뿌리들이 자양분과 수분을 놓고 서로 쟁

---

42) 공생(共生)은 생물학에서 종(種)이 다른 생물들이 서로 이익을 주고받으면서 의존하며 사는 것, 즉 상호 이질성을 존중하며 함께 사는 것을 의미해, 단순히 상호 간섭하지 않는 공존(共存)과는 구별되는 개념이다(오제키 슈지 외, 2007: 29).

탈전을 벌이고, 줄기는 햇빛을 놓고 키 경쟁을 해야 한다. 반면 너무 멀어 외로우면 서로 의지처가 없어 비바람에 쓰러진다. 즉, 적당한 간격 속의 공생과 조화 그것이 그리움의 간격이라는 것이다.

나무는 자기 주변에서 일어나는 모든 생물활동의 배경역할도 한다. 죽어가거나 혹은 죽은 나무는 숱한 생명의 보금자리이자 피난처이다. 나무의 잎들은 태양에너지를 받아들이며 엄청난 수증기를 지상의 모든 생물을 위해 계속 뿜어낸다. 또 나무의 가지와 줄기는 동물과 다른 식물에게 피할 곳과 먹을 것, 살 곳을 제공해준다.

어느 나무도 혼자 서 있는 것이 아니라 다른 종들과 뿌리로 한데 얽혀 있다. 서로 위안이 되고 서로 보호받기 위해서인지 나무들은 무리지어 함께 자란다. 나무는 인간보다 훨씬 사회적 존재로서 공동사회적, 공산주의적 삶을 산다(스즈키, 그레이디, 2005).

고사리 과의 관중(Dryopteris crassirhizoma)은 가을에 몸을 눕혀 낙엽을 모으고 그것으로 벌레를 유혹한다. 관중이 낙엽으로 벌레를 유혹하는 것은 벌레로 하여금 낙엽을 먹고 배설해 낙엽의 영양소를 녹이게 한 뒤, 봄에 땅이 풀리면 그 영양소를 기반으로 자신의 식물활동을 재개하기 위한 것이다.

지구 상에 존재하는 90% 이상의 식물이 자신의 뿌리에 버섯 균을 가지고 있는 것을 보면, 엽록소를 가진 식물과 버섯 간의 관계 역시 공생의 관계임을 알 수 있다(차윤정, 2004: 117~119). 예컨대 소나무와 공생체인 송이버섯은 송이버섯 균의 번식체이다. 소나무는 송이버섯 균에게 탄수화물을 제공하고, 버섯 균은 소나무 뿌리의 단단한 외투가 되어 가뭄과 병원균으로부터 소나무 뿌리를 보호해준다. 항생물질을 분비해 다른 유해균의 침입도 막아준다.

꽃과 곤충도 수백만 년에 걸쳐 관계를 지속하며 서로 이용하기에 편리한 방향으로 변화를 거듭해왔다. 그 변화의 축적은 공진화라는 맞춤형 계약관계로 나타나는데, 예컨대 낮에 피는 꽃은 주행성 곤충을, 밤에 피는 꽃은 야행성 곤충을 이용해 꽃가루받이를 한다. 특히 밤에 피는 꽃은 나방의 눈에 잘 띄도록 흰 꽃이나 얇은 노란색 꽃을 피우고 강한 향기를 유발한다(이성규, 2003: 125~127).

〈사진 6〉 공생, 협력의 지혜: 꽃은 곤충들 식당, 곤충은 꽃씨의 전령사

반면 곤충은 먹이를 주는 현화(顯花)식물을 위해 꽃가루받이라는 서비스를 함으로써 자신의 생존기반을 만들고 그 결과 곤충과 현화식물 모두가 공진화한다(윤석철, 2005: 36~37).

(3) 자생력, 환경적응력

숲 속의 나무들은 대개 한곳에 뿌리를 내리면 그곳을 숙명으로 받아들이며 자신의 삶을 적응해간다. 예컨대 곡지(曲支)는 나뭇가지나 줄기의 휨 현상을 말하는데 이는 햇빛을 조금이라도 더 받기 위해 나무가 남긴 투쟁의 흔적이다(우종영, 2006: 231). 우리는 숲 속 풀들의 삶에서도 환경적응의 지혜를 배울 수 있다. 풀들은 발아하기 적당하다고 한꺼번에 싹을 틔우면 홍수 등 천연재해가 발생할 경우 집단적으로 몰(沒)할 수 있으므로, 이를 피하기 위해 발아시기를 늘리며 위험분산을 도모한다. 그래서 냉이는 여름과 가을에도 발아한다. 계속 땅속에 씨앗을 남기고 영양분을 뿌리에 저장해 봄에 대비한다(이나가키 히데히로, 2006: 30).

식물들은 열악한 환경에 적응하기 위해 특이한 외모를 갖추기도 한다. 난쟁이 버들은 지표면에 밀착해 옆으로 기어가는 줄기를 만든다. 노랑만병초, 담자리참꽃나무처럼 얼기설기 엉겨 있는 가지와 빽빽이 붙어 있는 작은 잎들이 어우러져 만들어진 카펫 모양의 소관목 군락도 있다. 나도개미자리, 난장이패랭이꽃, 괭이눈 등 키 작은 식물들은 한데 뭉쳐 쿠션처럼 생긴 둥근 돔을 만드는데, 이는 모두 열악한 환경조건에 공동 대응해 바람의 피해를 최소화하고, 자체 밀집(密集)으로 인한 보온효과를 통해 냉해를 극복하려는 식물들의 자생적 생존전략들이라고 볼 수 있다.

식물은 서식지의 환경조건에 따라 이처럼 겉모양과 생활방식을 서로 달리한다. 이런 차이는 그 지역의 기온, 광선, 일조량, 바람, 수분 등 환경조건이 자신의 삶에 어떤 영향을 미치는지에 대해 오랜 세월에 걸쳐 축적된 자체 기록이자 열악한 환경조건에의 적응방법으로서 식물들이 숱한 시행착오를 겪으며 자기 변신, 즉 진화한 결과물로 볼 수 있다(이성규, 2003: 11~21).

〈사진 7〉 나무들의 자율적 구조조정: 지금은 군살을 빼고 훗날을 기약할 때다

(4) 자율적 구조조정 능력과 환경 개척력

나무는 영양분이 부족하면 스스로 잎이나 아래가지를 떨어뜨린다. 계속 매달고 있어 보았자 긴 겨울 나기 위해 중요한 에너지만 낭비할 뿐이다.

우리는 나무의 자율적 구조조정의 또 다른 예로서 연리지(連理枝) 현상을 들 수 있다. 연리지는 서로 가까이 있는 두 나무가 자라면서 하나로 합쳐지는 현상인데(우종영, 2006: 172~173), 두 나무가 다 병충해를 이겨내지 못할 것 같으면 한쪽이 병들어 죽기 전에 서로 달라붙어 한몸이 된 뒤, 혼자일 때보다 더 거대한 나무로 성장하는 것이다. 하나로 합쳐져 몸집이 커지니 가짓수도 늘고 병충해 등 외부의 재해로부터도 강해질 수 있기 때문이다.

고산식물들은 표고(標高)가 높아질수록 강풍과 추위에서 살아남기 위해 '키 낮추기'라는 자율적 구조조정 방법을 찾아냈다. 재미있는 것은 고산식물의 키는 작아지지만 오히려 뿌리는 길어진다는 사실이다. 예컨대 고산식물의 지상부(地上部)인 줄기와 지하부인 뿌리의 길이 비율은 1:3이다. 특히 표토가 얇고 암반으로 된 땅은 수분이 매우 부족해 식물들은 뿌리를 멀리 뻗어서 물 있는 곳을 찾기 위한 에너지를 보존하기 위해 줄기를 줄여서 키는 작아지게 한 대신 뿌리는 멀리까지 뻗게 하는 자율적 구조조정 방법을 발견해냈다(이성규, 2003: 80~90).

식물의 환경 개척력도 뛰어나다. 예컨대 달맞이꽃은 다른 식물이 포기한 척박한 땅에서도 잘 자란다. 이 꽃은 경쟁이 치열한 숲에서 밀려나와 황무지나 길가에 뿌리를 내린다. 그리고 낮엔 강한 햇볕이 부담되어 기온이 낮은 밤에 꽃을 피운 뒤, 밤에 활동하는 나방을 꽃가루 운반자로 선택한다.

작고 보잘 것 없는 질경이 역시 숲을 탈출해 길가로 나와 햇빛을 충분히 차지하면서 잎과 줄기를 최대한 납작하게 바닥에 편 채 질기고 유연한 몸으로 새로운 환경을 개척해나간다(최소영, 2006: 86~89). 뿌리를 내릴 수 있는 약간의 흙만 있으면 식물은 바위틈이나 높은 수직 벽 위에서도 그 흙에 의지해 뿌리를 내린다. 그리고 엄청난 압력으로 땅이나 인공구조물의 틈새를 뚫고 나오며 자기만의 삶의 터전을 다지려고 최선을 다한다. 이처럼 주어진 조건에 안주하지 않고 다른 세상을 찾아 나와 강인하게 살아가는 모습을 우리는 식물들에서 흔히 발견할 수 있다.

진화 역사를 보면 멸종과 번성을 갈라놓은 것은 생물종이 선택한 구조조정 및 환경개척 전략의 여부이다. 번성을 누렸던 종은 모두 과당경쟁이 없는 황무지를 찾아내 새로운 환경개척 전략을 구사했던 것이다(윤석철, 2005: 29).

<사진 8> 풀들의 환경 개척력: 수직 벽 위의 집 한 채

(5) 소통능력

자연은 절대강자를 허용하지 않는 곳으로서 자연 속에서 모든 정보는 공개되고 공유된다. 특히 숲은 정보공개가 가장 빠른 곳으로서, 예컨대 쓰러진 나무에서 발아한 어린 식물은 곧 동물의 먹이가 된다(차윤정, 2007: 172). 그러나 식물들이 동물의 먹이만 되는 것은 아니다. 식물도 꽃가루받이에 도움이 되는 곤충을 유혹하기 위해 뛰어난 정보처리 능력을 갖고 있다. 일례로 난초과의 한 식물은 수 파리를 꾀기 위해 암 파리 모양의 꽃잎을 피우고, 달맞이꽃은 밤 나방을 유혹하기 위해 하얗게 피어나 황혼 무렵엔 더욱 강한 향기를 풍기기도 한다(톰킨스, 버드, 2004: 9).

고산식물의 꽃들이 더 선명하고 짙은 이유도 곤충을 유혹하기 위해서이다. 괭이눈처럼 잎을 꽃잎처럼 만들어 꽃의 크기를 크게 보이게 하거나 삼백초, 개다래처럼 잎 색깔을 흰색으로 변색해 꽃처럼 보이게 함으로써(이성규, 2003: 100) 그들의 위치를 알리는 정보 게시

판으로 삼기도 한다.

봄 논을 아름답게 만드는 자운영의 불쑥 쏟은 위 꽃잎은 꿀의 소재를 알리는 표지 역할을 한다. 또 잎 아래 검은 반점인 꿀을 내는 밀선(蜜腺)에 개미가 달려들어 해충으로부터 자신을 보호하게 하는 등 꽃은 곤충들과 완벽한 상호 서비스 체계를 이룬다(이나가키 히데히로, 2006). 나무들도 타가(他家)수분 등 서로 관계를 맺으며 다른 나무와 소통하고 제휴한다.

이처럼 오랜 시간에 걸쳐 숲의 각 부분이 지속적으로 연결되어 네트워크를 만들어낸 결과, 숲 속 식물들은 자족성이 높고 숲 전체의 생장, 유지, 회복, 방어를 조절하기 위해서 복잡한 자체 계통을 진화시켜 나갈 수 있었다(스즈키, 그레이디, 2005).

3) 숲의 존재방식에서 도출할 수 있는 정부의 벤치마킹 포인트

상기한 자연의 문제해결 비법들은 생물들이 자연 속에서 만난 숱한 고난을 이겨내며 스스로 이루어낸 다양한 종류의 생존법(wild solution)이자 생물학적 발명품이다(Beattie & Ehrlich, 2005). 자연독법 논자들은 인간 역시 생물세계의 한 부분이므로 인간이 안고 있는 많은 문제들의 해답을 수십억 년 진화의 산물인 자연 속에서 찾을 수 있다고 본다.

그렇다면 상기한 자연의 문제해결 비법 논의는 현대 정부가 권력성, 규제성, 난개발성이라는 종래의 부정적 속성에서 벗어나 자신의 바람직한 존재가치를 다하기 위해 새로운 행정 패러다임을 준비하는 데도 유용한 힌트를 줄 수 있을까? 지금부터 자연이 인간사회에 줄 수 있는 교훈적 함의와 처방책을 정부가 벤치마킹해야 할 숲의 존재 방식을 중심으로 종합해보자.

먼저 '선의의 경쟁력'은 수많은 생물의 생존 경쟁터인 숲의 존재방식에서도 무시할 수 없는 기본속성이다. 경쟁은 식물, 동물과 마찬가지로 사람들도 환경의 열악함을 극복하고 특정 서식지에서 생존해낼 수 있는 이유를 설명해주는 가장 굳건한 기반이다.

그러나 우리가 숲의 생명활동을 경쟁에만 기반을 둔 과정으로 이해할 수는 없다. 실제로 식물은 지나친 경쟁보다는 생활사를 달리하며 슬기롭게 경쟁을 회피하는 '차별화 혹은 틈새 개척전략'을 강구한다.

따라서 균형된 시각에서 숲의 다른 존재방식들도 모색해야 하는데 자연에서 우리가 배울 수 있는 가장 중요한 교훈의 하나는 상호부조하며 서로 공생, 협력하는 생물들의 생존전략이다. 앞서 살펴본 식물들의 협력은 물론 동물들 사이에서도 경쟁은 예외적 시기로 제한되고, 상호부조를 최고로 발전시킨 동물종이 늘 수적으로 우세하고 번성하며 발전 가능성도 가장 높았다. 인간의 경우도 상호부조 제도가 전성기(예: 그리스, 중세 길드)에 있을 때 예술, 산업, 과학이 전성기를 누렸다. 반면 국가권력의 대두 시엔 이것들도 함께 쇠퇴했다(크로포트킨, 2005). 상호관계를 무시하기로 결정한 생물이나 탐욕스럽고 약탈적 방식으로 행동하는 생물은 소멸할 뿐이다. 진화의 기록을 보면 시간이 지날수록 증가하는 것은 협동이었다(드러커 외, 2001).

숲을 비롯한 자연이 우리에게 주는 교훈은 이외에도 많다. 2년에 걸쳐 만들어진 숲은 자가(自家)거름, 자가 수분공급, 자가 멀칭,[43] 자화수분

---

43) 다년생 채소가 나무와 덤불 사이의 지표면을 덮어 영구 멀치를 만들어 토양침식을 방지해 준다.

(self-pollinating) 등 뛰어난 '자생능력'을 선보인다(엘버리 외, 2003).

숲 생태계 내 동식물 간의 '소통 및 정보처리 능력'도 우리가 현실세계에 응용할 점이 많다. 이동이 불가능한 대신 자기 모습을 적극적으로 변화시켜 가혹한 환경에서 살아남는 식물들의 '환경적응력'도 상상을 초월한다. 그리고 식물의 진화는 자연이 자신의 존재 적합성을 확보하기 위해 꾸준히 환경에 적응하고 '스스로 구조조정' 한 결과물이다.

상기한 논의를 이 글의 주제에 반영하면 결국 정부조직도 자연계의 유기체처럼 탄생, 성장, 성숙 그리고 노쇠기를 거쳐 사멸[44]에 이를 수 있지만(윤석철, 2005), 정부가 환경의 도전에 대응해 스스로 구조조정하며 군살을 빼고 새로운 틈새환경을 개척하며 자생력을 키운다면, 특히 자신을 둘러싼 환경과 활발히 소통하며 공생, 협력의 지혜를 전략화한다면, 정부조직도 진화, 발전할 수 있다는 진리를 발견할 수 있다. 결국 정부의 발전도 진화적 휴머니즘의 문제이며 따라서 우리는 정부의 존재가치 구현 및 진화 전략에 대한 힌트를 자연 속 숲의 존재방식들에서 얻어낼 수 있다.

4 숲의 존재방식에서 도출한 정부의 존재가치 구현전략들

1. 행정환경 변화가 요구하는 정부의 새로운 존재가치들

정부를 둘러싼 오늘의 행정환경은 세계화, 지방화, 정보화, 녹색화

---

44) 국민이 빵 한 조각 사려고 가게 앞에 장사진을 친 공산주의 국가는 무너질 수밖에 없었다.

로의 새로운 행정수요를 폭발적으로 제기한다.

세계화 시대는 국가경쟁력과 더불어 국제사회의 협력자로서의 공생, 협력의 지혜를 정부에 요구한다. 한편 지방자치의 제도화에 따른 자치행정 패러다임 구축은 지방정부들의 선의의 경쟁과 중앙정부로부터의 자생력 확보를 보다 강하게 요구할 것이다.

정보화가 촉진될수록 국민들의 행정수요 마인드를 읽어내는 정부의 소통능력이 중요해진다. 특히 지금은 생태위기 속에 녹색의 가치가 새삼 강조되고 있다. 따라서 인간생활 정주공간을 자연 가까이에 조성해 삶의 질을 높이고 에너지절약 등 자율적 구조조정의 지혜를 발휘해야 할 필요성 또한 커지고 있다. 이런 점에서 종래 권력행정, 규제행정, 난개발 행정의 폐해를 줄이고 새로운 행정수요에 대응하기 위한 정부행정 패러다임의 재구축이 요구된다.

그렇다면 정부는 숲으로부터 배울 것이 참으로 많다. 정부가 숲의 존재방식인 선의의 경쟁 혹은 틈새 개척력, 공생 및 협력의 정신, 환경적응 및 자생력, 소통능력을 배우고 실천한다면 현대 정부가 국민의 사회계약물로서의 자기 본분을 다하며 미래에 사회문제 해결자(social doctor) 혹은 이상사회 설계가(social designer)로서의 존재가치를 도모하는 데서 큰 발견적(heuristic) 지혜를 구할 수 있다. 자연독법에 의거해 읽어낸 숲의 존재방식들을 정부의 새로운 존재가치 구현전략에 각각 대입해보자.

〈표 5〉 환경변화가 요구하는 정부의 존재가치와 숲의 존재방식 간 연관성

숲의 존재방식들	행정환경 변화	환경변화에 대응하기 위해 요구되는 정부의 존재가치들
- 선의의 경쟁 혹은 지나친 경쟁회피를 위한 차별화, 틈새 개척력	세계화	국가 간 선의의 경쟁 혹은 경쟁회피를 위한 차별화 전략, 환경 개척력, 공생과 협력의 정신
- 공생, 협력의 지혜	지방화	지방정부 간 선의의 경쟁, 주민과의 소통능력, 중앙으로부터의 자생력, 자치단체 간 연합(협력) 능력
- 자생력, 환경개척력	녹색화	자율적 구조조정력, 인간-자연 간 소통능력
- 자율적 구조조정력		
- 소통능력	정보화	관-민 간 및 인간-자연 간 소통능력, 협력의 이치

2. 정부의 존재가치 구현전략에 숲의 존재방식 대입하기

1) 세계화: 국가경쟁력 혹은 경쟁회피를 위한 차별화 전략, 환경 개척력, 국제사회에서의 협력자적 역할

새포아풀은 세계 어디에서나 쉽게 찾아볼 수 있는 풀로서, 이 풀은 아무리 생장조건을 같이해 키워줘도 자신이 이전에 자라던 곳이 어디냐에 따라 이삭을 돋는 높이가 다르다고 한다. 예컨대 그린보다 조금 높게 잔디를 깎은 티에서 캐어온 새포아풀은 딱 그만큼의 높이에서 이삭을 맺고, 더 높은 페어웨이, 가장 높은 러프에서 자라던 것은 각기 자라던 곳에서 형성된 풀 깎기 높이를 유지한다고 한다. 이처럼 어떤 상황에서나 그것에 맞춘 머리 높이의 유지가 국제파 잡초로서 새포아풀의 성공비결이라고 한다(이나가키 히데히로, 2006: 64). 세계화 시대엔 새포아풀처럼 정부가 국민을 대표해 새로운 국제환경을 슬기롭게 헤쳐 나가는 등 자원외교 및 통상정책상의 환경 개척력을 갖춰야 한다.

숲의 환경조건이 복잡할수록 나무들은 다양한 생태적 지위를 형성하며, 생장조건상 자신이 경쟁우위를 보일 수 있는 곳을 찾아 그곳에서 성장한다. 일례로 나무들의 생태적 지위를 보면 신갈나무는 건조한 산 능선이 주요 터전인데 비해 물푸레나무, 버드나무, 오리나무는 계곡에서 자라는 수종이다. 무한경쟁이 요구되는 세계화 시대에선 상기한 나무들처럼 각국이 비교우위나 경쟁우위를 확보할 수 있는 세계시장의 틈새를 적극 파고드는 교역상의 차별화 전략과 그것을 뒷받침해주는 섬세한 정부 경쟁력이 필요하다.

세계화 시대라고 해서 반드시 무한의 경쟁력만 요구되는 것은 아니다. 오히려 타국으로부터 국가다운 국가로 인정받기 위해선 국제사회의 협력자로서의 모습을 갖추는 것이 중요하다. 즉, 국제사회 및 타국들과 공생해야 한다는 것이다. 식물세계의 이런 공생 및 심리적 동조현상을 좀 더 묘사해보자.

소련 과학자들의 발표에 의하면 식물들은 갈증에 시달리는 이웃 식물과 서로 물도 나누어 마신다고 한다. 한 실험에 의하면 유리 상자 속에 담아둔 옥수수 한 그루가 몇 주 간이나 물을 안 주었는데도 싱싱했는데, 이는 어떤 경로인가를 통해 건강한 옆 식물로부터 유리 상자 속 포로식물에게로 수분이 옮겨졌음을 뜻한다(톰킨스, 버드, 2004: 99).

지구촌 세계화는 우리에게 국가 간 경쟁과 아울러 협력, 공생의 필요성을 동시에 요구한다. 따라서 21세기의 발전이념은 경쟁 속의 전략적 협력, 즉 코오피티션(coopetition)이어야 한다. 지정학적 특성과 무역 및 자원의 해외의존도, 핵과 군사조건 등을 감안할 경우 가장 '세계 의존적 국가'인 우리의 입장에서는 전 지구적 차원의 문제인식과 행동규범을 창조하고 실천해야 할 불가피한 위치에 있다(김진현, 1996: 47). 그러기 위해 우리는 세계발전에 무임승차하지 말고 국제사회에서의 협력자적 역할, 특히 경제력에 상응하는 수준에서 국제개발 원조금의 지불에 흔쾌히 참여해야 할 것이다. 또 가치형성 국가로서 범지구적 가치(global values)를 수립, 실행할 뿐만 아니라 지구촌의 주요문제 해결을 위해서도 세계적 규범을 만들어가는 나라가 되도록 타국과 공진화(共進化)하려는 자세가 필요하다.

2) 지방화: 지방정부 간 선의의 경쟁, 중앙으로부터의 자생력 확보, 타 지자체와의 소통, 협력

인공림은 10년 정도는 잘 자라지만 나무가 굵어지면서 생장이 좋은 나무와 나쁜 나무로 나뉜다. 생장이 나쁜 나무는 지속적으로 방치되면 회초리처럼 가늘어져 건강한 나무가 되지 못한다. 이런 나무는 밑동의 굵기에 비해 줄기 꼭대기의 굵기 변화가 심해 체형이 매우 불균형적이 된다. 반면 주변과 간격을 두고 서로 경쟁하며 자란 나무는 나중에 키도 더 커진다(최소영, 2006: 43). 여기서 우리는 나무가 잘 자라기 위해선 적당한 경쟁이 필요함을 알게 된다.

자연이 보여주는 선의의 경쟁은 지방자치 시대를 맞은 지방정부의 벤치마킹 포인트로도 적합하다. 자치단체장과 일선관료가 자치시대에 걸맞게 시민의 목소리에 귀 기울이는 활발한 소통능력을 전제로, 공공서비스 생산에 있어 지방정부 간 선의의 경쟁을 도모한다면 효율적이고 신속한 서비스 공급이 가능해질 것이다. 선의의 경쟁이 있는 곳에 보다 좋은 결과와 더 높은 비용절감 의식 및 양질의 서비스가 있다(Osborne & Gaebler, 1992: 76~107). 선의의 경쟁은 지방공무원의 사기를 높이고 창의능력도 고취시킨다.

지방자치가 성공하기 위해선 몇 가지 전제조건이 더 추가되어야 한다. 먼저 중앙으로부터의 자생력이 필요하다. 나무들은 토양이 건조해지면 뿌리를 통해 땅속의 수맥을 스스로 찾아낸다. 일례로 무려 12미터까지 뿌리를 뻗을 수 있는 알팔파는 기후가 매우 건조해지면 물줄기를 찾아 콘크리트 땅까지 뚫는다(톰킨스, 버드, 2004: 7). 향후엔 지방정부들도 주민세금을 화수분으로만 보지 말고 가능한 범위 내에서 자주적으로 재원을 확보하려는 적극적 자세를 가질 필요가 있다. 매번 중앙과 주민에게 손만 벌릴 것이 아니라 버리는 폐기물에서 난방연료를 배출해내는 등 합리적 경영수익 기법을 활용해 경상비를 벌어들이거나 사용료 등 세외수입 원천을 다각도로 강구함으로써 자주적 재원확보에 진력해야 한다.

지방자치가 제도화되기 위해선 중앙타치의 전횡에 맞서 지방자치단체들이 서로 협력하며 자치단체연합을 만들 필요도 있다. 숲은 이 경우에도 우리에게 중요한 힌트를 준다. 예컨대 가을에 피는 꽃은 집단 개화한다(최소영, 2006: 81). 작은 꽃이 모여 방석, 우산 모양의 꽃송이를 연출한다. 이는 가을엔 곤충의 움직임이 적으므로 거대한 꽃송이를 이루는 집단개화 방식을 통해 한 마리의 벌이 날아오더라도 많은 꽃들이 동시에 수분(受粉)이 될 확률을 높이려는 전략이다. 꽃들의 이런 집단개화의 지방자치적 응용이 바로 중앙정부에 의한 지방의 부당한 피해에 공동 대응하고 지방 공동의 이익을 관철하기 위한 지방자치단체들 간의 연합전략이다.

3) 녹색화: 에너지 과잉소비를 줄이기 위한 자율적 구조조정과 자연과의 소통능력

낙엽은 나무가 살아가기 위해 취한 알뜰전략의 결과물이다. 나무의 입장에서 볼 때 광합성이 어려운 가을과 겨울 동안에는 나뭇잎을 그대로 매달고 있어보았자 영양분만 낭비시킬 뿐이다. 따라서 나무는 자체 유지비용을 줄이기 위해 잎을 떨어뜨린다. 낙엽이 노폐물 제거의 배설구 역할을 하는 것이다.

지구 역사를 통틀어 볼 때 생명체들은 생존을 위한 구조조정 차원에서 자기 몸을 줄이는 방향으로 진화(進化)해 왔다(차윤정, 2004: 127~130). 그러나 오늘의 환경문제는 인간으로부터 자연에 이르는 복잡하고도 긴 경로의 어딘가에 인간의 끝없는 욕망이 누적되고 그로 인해 자연 생태계가 고장이 나고 오작동한 데서 발원한다. 이를 치유하기 위한 녹색사회 논리는 인간-인간관계, 인간-사회관계를 인간-자연의 관계로 확장하되 그 방점을 자연 쪽으로 옮기는 새로운 실천관계를 모색한다. 즉, 인간중심 원리를 버리고 자연의 원리인 생명, 공생, 평등, 순환의 요소를 인간계에 복원해 인간의 삶이 자연의 흐름에 연동되는 사회를 만들자는 것이다(조명래, 2001: 3).

최근 에너지절약 노력이 범세계적으로 확산되고 있다. 영국에선 에너지절약을 제5의 연료로 부르고, 독일에선 에너지절약 개념이 새로운 에너지원(源)으로 도입되고 있다. 고도 기술사회에서의 행복을 추구하는 '축소치료 전략'으로서 새로운 복지모델도 강조된다(바이

츠제커, 1999). 이는 자연수탈을 초래할 수밖에 없는 양적 개념으로
복지를 보지 말고 질(質) 중심, 특히 정신적 가치에 초점을 맞추어봄
으로써 현재처럼 소비성이 강한 복지가 아니라 자연과 사람 간의 만
남을 즐기고 문화를 만끽하는 바탕을 마련해주는 질적 복지방식으로
의 전환을 꿈꾼다.

녹색화를 위해선 순환형 사회45)를 통한 자율 구조조정 장치가 마
련돼야 한다. 즉, 지방정부 환경정책의 사회-환경순환 기조에 따라
자연→개발→생산→소비→재순환→처리의 단계화와 단계별 구체적
인 과제발굴이 긴요하다.

녹색화를 위해 무엇보다 중요한 것은 지방정부 종사자들의 생태계 자
치, 생태계 중용에 대한 우선적 이해이다. 지방정부들은 지역경제 활성
화를 위해 개발사업에 혈안이 되어 있는데,46) Costanza et al.(1997)에
의하면 개발론자들에게 있어 자연의 가치는 항상 0이다.

지방이 더 이상 난개발의 몸살을 앓지 않고 우리가 향후 생태계 자치와
생태적 중용을 피부로 느끼며 이를 녹색화를 위한 자율적 구조조정
좌표로 삼기 위해선 장기적 환경변화를 지표화한 지속가능지표
(sustainability indicator), 자본당 자원사용 비율을 뜻하는 환경
공간(environmental space), 지구의 오염정도를 뜻하는 생태발자
국(ecological footprint) 개념들(Cahill, 1999: 102~103)에 대한

---

45) 순환형 사회는 생산, 소비 후에 나오는 배출물을 단순 폐기물로 처분해 버리는 것이 아니
라 그것을 자원으로 철저히 재활용하는 순환경제 시스템이 확립된 사회이다. 이를 위해선
대량생산, 소비에 입각한 과잉소비를 바로잡고 사회 전체가 적정하게 생산, 소비하고 최소
로 폐기하는 새로운 생활양식이 요구된다(요제키 슈지 외, 2007: 85~87).
46) 지방선거 출마 입후보자들은 선거공약의 90% 이상을 환경을 담보로 한 지역개발로 제시
한다. 따라서 선거철만 되면 그린벨트 불법이용 빈도가 높아져 그린벨트 불법행위의 단속
건수가 4배나 폭증한다(조명래, 2001: 237).

지방정부 종사자의 올바른 이해와 생태계 보전을 위한 실천적 행동이 요구된다.

지역생활체계의 녹색화를 위해선 인간-자연 간, 인간-인간 간의 소통능력 확대도 필요하다. 즉, 지역의 언어와 가치에 우위를 둔 지역 고유지식의 증진, 천연자원 보호, 지역 약초를 이용한 대체의학 개발, 자연에서 먹을거리를 생산하는 1차 생산자의 지위 향상, 지역 재생에너지의 기반 시설화 등이 그 전략으로 자리 잡아야 한다. 보다 구체적으론 지역통화 운영, 도시 내의 농민시장, 생태마을 건설, 지역의 기후, 자원, 수요에 걸맞은 생태교육 등 인간-자연을 잇는 소통 전술도 필요하다(노르베리-호지, 2001).

4) 정보화 시대의 소통능력, 관-민 간 협력의 이치

식물은 꽃가루받이를 도와주는 곤충의 특징에 맞게 자란다. 예컨대 바람만으론 복잡한 식물세계에서 자신의 짝 찾기가 곤란해지자, 백악기의 목련꽃은 화려한 색깔의 꽃과 달콤한 향기, 교묘히 배치된 꽃잎을 무기로 완벽한 시각적 구도를 완성해 벌레를 유혹하고 꿀을 선사한다(차윤정, 2004: 45).

자연 생태계의 이런 소통능력과 신호처리 능력이 정보화 시대의 지방정부와 주민 간, 그리고 생태위기에 처한 인간-자연 간에도 필히 요구됨은 재론의 여지가 없다. 특히 생태위기를 막기 위한 인간-자연 간 소통의 제도화를 위해 우리는 생물지역주의의 함의를 자주 살펴보아야 한다.

인간은 자연히 생물지역에 대한 특정한 장소감각을 갖게 되는데,

우리는 토지에 다시 정주하기 위해 이런 고유의 장소감각을 되찾아
야 한다. 그러기 위해선 주위의 땅에 대한 정보를 알아야 하며 또 땅
에 거스르지 않고 생물지역 내의 모든 것과 함께 소통하면서 그 리듬
에 맞춰 함께 살아가는 방법을 배워야 한다(돕슨, 1993). 땅과 더불
어 산다는 것은 자연지역 안에서 영토가 제공하는 것과 더불어 살며
소통하는 것이기 때문이다. 그러나 도면과 항공사진으로 판단하는
지표현상은 우리의 정보 감별력을 흐리게 하고 현실에서 멀어져 잘
못 정보 처리된 의사결정은 우리의 생태공간을 위협한다. 따라서 향
후엔 생물지역주의에 의거해 지역-주민 간에 고유의 소통구조가 마
련되어야 하고, 지역자치 쪽으로 환경정책의 방향이 잡혀야 한다.

자연-인간 및 인간-인간 간의 소통을 강화하기 위해선 생태민주
주의의 각도에서 시민이 새로운 개발계획을 통보받을 권리, 정책과
기준의 설정에 참여할 권리, 법에 근거해 의무를 수행하지 못한 기관
을 반대할 권리 등 국가정책의 절차적 권리체계와 결합된 환경법규
가 마련되어야 한다(에커슬리, 2005). 특히 환경정책 절차권의 제도
화를 위해선 녹색 거버넌스가 제도화될 필요도 있다. 이는 자본주의
정치경제를 녹색으로 재구성해 정책결정 과정의 개방성, 투명성을
높이기 위해 정부-기업-생태주의자가 협력하는 파트너십 소통체제
이다(최민자, 2007: 598).

지금까지 우리는 "세계화, 지방화, 정보화, 녹색화라는 새로운 행
정환경의 변화에 직면한 현대 정부가 숲의 존재방식인 선의의 경쟁
혹은 지나친 경쟁회피를 위한 차별화 전략, 공생, 협력의 지혜, 자생
및 환경적응력, 자율적 구조조정과 소통원리를 벤치마킹하고 그것을
새로운 행정 패러다임 속에 체화(體化)할 때, 권력성, 규제성, 난개

발 등 종래의 부정적 속성에서 벗어나 새로운 환경의 변화에 더 잘 대응할 수 있다”라는 연구가설을 세운 뒤 자연독법에 의거해 위의 가설을 입증해보았다.

위에서 논의한 것처럼 숲의 존재방식은 현 정부들이 새로운 환경 변화에 슬기롭게 적응해 향후 정부의 존재가치 구현전략을 설계, 운용하는 데 있어 유용한 벤치마킹 포인트로 자리 잡을 수 있다. 새로운 행정환경 변화맥락인 세계화, 정보화, 지방화, 녹색화는 정부로 하여금 선의의 경쟁력, 자생적 생존력, 환경 개척력과 더불어 공생, 협력, 소통 및 자율적 구조조정 능력 등 새로운 존재가치들을 조속히 갖출 것을 강하게 요구하기 때문이다.

정부 종사자들이 숲의 존재방식을 벤치마킹하고 이를 적극적으로 학습, 실천한다면 현대 정부가 사회문제 해결자로서 자신의 존재가치를 도모하는 데 있어 큰 발견적 지혜를 구할 수 있을 것이다.

〈표 6〉 개발관료와 생태관료의 가치정향 차이

관료유형	개발관료	생태관료
존재론	규제자, 개발자	생태조절적 역할자 혹은 생태지속성 관리자로서의 정부 종사자, 초록자아로서의 환경 청지기
인식론	신개발주의, 하늘에서 내려다보며 효율성의 잣대를 들이대는 천상(天上)의 지리학	생태적 전일성과 생물지역주의에 의거한 생태적 존재성 인식, 치유(治癒)의 지리학
합리적 정향과 가치체계	경제·행정 합리성 추구, 경쟁, 효율성 등의 가치	생태적 합리성 추구, 공생, 협력, 소통, 자율적 구조조정, 틈새 개척력 등의 가치

PART 03

생태주의 행정철학 Ⅱ
(개혁 및 행동의 철학)

01

생태친화적 정책철학의 방향

앞의 PART 02 '성찰 및 가치 재구성의 철학'에서 이론적 논의에 치중했다면, PART 03에선 '개혁과 행동의 철학', 즉 좀 더 실천철학적인 논의를 해보자.

먼저 01에선 현 정부의 녹색뉴딜 사업에 담긴 사이비 녹색뉴딜의 정책철학적 허구성을 비판적으로 성찰한 뒤, 생태적 근대화 개념을 중심으로 생태친화적 정책철학의 방향을 구체적 정책분야들에서 응용해본다. 마지막으로 한국형 녹색뉴딜의 문제점을 치유할 수 있는 정책철학적 보완방향을 탐구해본다.[47]

---

47) PART 03의 01은 이도형(2009)을 요약한 뒤, 새 내용을 대폭 추가한 것임.

1 사이비 녹색뉴딜의 정책철학적 허구성 성찰

1. 섣부른 녹색성장론의 실제적 한계

현재 정부는 환경보호와 일자리 창출을 동시에 추구하는 녹색뉴딜을 추진하고 있다. 녹색뉴딜[48]의 모(母) 개념인 녹색성장은 환경과 경제를 아우르는 대안적 성장 개념으로서, 그간의 성장정책이 경제 중심적이고 환경비용을 많이 수반해온 점을 반성하며 경제-환경 간의 상호조화를 꾀한다. 이에 의거해 UN은 녹색성장 개념을 "경제성장을 추구하면서도 생태적 효율성을 동시에 제고해 환경에 주는 부담을 최소화하는 성장방식"으로 정의한다.

녹색성장은 작게는 오염통제를 위한 환경관리에서부터 자원 효율성을 높이는 생태 효율화와 오염물질 배출이 없는 생산단계, 그리고 크게는 지속가능 경제에 이르기까지 그 적용범위가 매우 넓다. 즉, 환경문제 해결의 사후처리 단계부터 지속가능 경제에 이르는 모든 발전단계가 녹색성장의 대상이다. 따라서 녹색성장은 이론상으로는[49] 종래의 무분별한 개발편향주의를 치유할 수 있는 한 가지 대안이 될 수 있다(임성진, 2008). 그러나 경제-환경의 상호조화라는 녹색성장의 전제는 현실적으로는 그리 쉽게 성립되거나 작동되지 못한다.

어디까지나 성장은 궁극적으로 경제중심이기 때문에 녹색성장도 결국은 경제적 가치창출의 정당화 도구 및 명분을 만들기 위한 수단

---

48) 녹색성장의 비전을 고용창출 면에서 구체화한 방법론이 녹색뉴딜이다.
49) 녹색성장은 기술발전으로 환경을 개선하고 그런 환경개선기술을 신동력화해 성장을 도모하는 점에서(미래기획위원회 엮음, 2009: 40), 일단 이론상으로는 경제-환경의 선순환을 지향하는 것으로 이해될 수 있다.

으로 전락하기 쉽다는 것이다(조명래, 2009). 특히 기초적인 환경 인프라가 잘 갖춰져 있지 않은 나라에서 성급하게 이루어지는 녹색성장은 성장위주의 또 하나의 개발정책으로 전락해 오히려 환경수용능력을 급격히 떨어뜨리며 환경오염을 방치하기 힘든 지경에까지 이르게 한다(황태일, 2008).

이런 점에서 녹색성장 개념의 이론적 바탕으로 많이 언급되며 범지구적 담론으로 대두했던 지속 가능한 개발론(ESSD)에 대한 비판도 만만치 않다. 지속 가능한 개발은 1972년 스톡홀름에서 열린 UN 인간환경회의에서 형성된 개념인데, 기존 소비패턴을 유지하며 기술적으로 환경보존을 관리할 수 있다고 보는 발전론이다. 이런 점에서 이는 자연자원에 대한 현명한 사용과 이에 기반한 지속적 경제성장이 그 핵심이다. 따라서 지속 가능한 개발은 궁극적으로 자연보호가 아닌 개발[50]의 보호를 의미한다는 지적이 있다. 소박한 환경(관리) 윤리에 기반해 개발 안에서의 대안을 환영하는 이 개념은 자칫 환경보호주의가 관리주의에 종속되게 할 우려를 낳는다(볼프강 작스, 2001). 환경주의는 관리주의적 입장에서 환경문제에 접근해 현 생산, 소비의 가치와 양식의 근본적 변화 없이도 환경문제 해결이 가능하다고 낙관하기 쉽다.

물론 지속 가능한 개발론이 환경-경제의 상호조화를 강조하지만, 제3세계의 지역사회 내발적(內發的), 상향적, 노동 중심적 중간기술에 근거한 생태발전론의 문제의식을 배제한 채 기술과 경제중심의 논의에 경도되고 있어 선진국이 주도한 제1세계 중심의 발전 담론으

---

50) 그래서인지 최근엔 ESSD에서 ES(environmentally sound)는 빼고 SD(sustainable development)로만 불리기도 한다. 이런 점에서 여기서의 development는 발전보다는 개발로 번역하는 것이 옳다.

로 그칠 소지가 크고, 국가경쟁력 강화논리로 오용될 우려마저 보인다(정규호, 2005: 19~20).

지속 가능한 개발론이 이런 근본적 한계를 갖고 있다면, 그것으로 가기 위한 하나의 실천전략인 녹색성장도 자칫 성장논리를 앞세워 생태계 파괴의 한계에서 벗어나기 어렵다. 특히 녹색성장의 비전을 고용창출 면에서 구체화하는 방법론이자 핵심플랜인 녹색뉴딜은 더욱더 단기적 경기부양과 한시적 일자리 창출에 치중한 개발전략에 그치기 쉽다.

2. 녹색으로 포장된 녹색세탁, 녹색자본주의의 반녹색적 한계

최근 들어서는 녹색세탁, 녹색자본주의라는 새로운 이론적 시각들이 대두하면서 우리로 하여금 '녹색 포장'의 본질적 허상을 재조명하게 한다.

Rogers(2005)에 의하면 녹색세탁은 환경파괴의 실상을 은폐하기 위해 겉으로만 환경보호를 내세우는 시장기반의 기업전략이다. 즉, 녹색세탁은 기업이 일단 녹색브랜드를 창출해 법적통제를 어렵게 만든 뒤, 재활용 등을 강조해 환경문제를 소비자 개개인에게 책임 전가시키는 방식이다. 예컨대 알루미늄 캔의 제조업체나 포장재 회사들이 상품의 겉면에 재활용 메시지를 강조해 그것을 함부로 버리는 소비자들에게 죄책감을 갖게 함으로써 환경문제의 책임을 소비자 개인에게 전가시키는 방식이다.

녹색세탁의 다음 단계가 녹색자본주의인데 이는 친환경 농산물의 판매 및 기업의 환경 책임적 이미지를 홍보하는 것으로서 녹색상업주의라고도 불린다. 최근 상업자본이 환경위기를 역 이용해 인간이 마시는 물 등 자연영역의 상품화를 통해 녹색 상거래를 도모한다는 지적이 끊이지 않는다. 그런데 이런 생태비즈니스는 환경비용의 일부를 내부화해 가격상승을 초래하므로, 생태위기 해법이 되지 못한다. 또 틈새시장을 겨냥한 고급상품을 제조해 구매력이 큰 고객들만 녹색상품을 구입하게 한다.

Smith(1996)는 녹색자본주의가 자본주의적 자연착취의 환경적 영향을 완화하는 방법으론 일부 칭찬받을 수 있지만, 지속적 자연착취를 위한 환경적 겉치장이라는 근본적 비판도 받을 수 있다고 보면서 '생태의 상품화'를 경계한다. 실제로도 환경 파생상품 시장이 급속히 성장하고 생태적 거래권이 판매되는 환경금융이 대두하는 등 자연이 전 방위적으로 상품 자본화되고 있다. 또 탄소배출권 구매를 통해 자연의 살육이 환경친화적인 것으로 둔갑해 주기적으로 광고되고, 심지어 관련 사업이 보조금 혜택을 누리며 마피아에 의해 운영되기도 한다. 생태상품의 시장화가 새로운 자본주의 활동영역을 창출하고 그것의 안정화에 기여하고 있는 것이다(패니치, 페이스, 2007).

경제인류학자 Polanyi(1944)는 "시장주의가 악마의 맷돌로 인간, 자연, 사회, 공공성 및 생명을 짓이겨 상품화시키는 등 좋은 하인이어야 할 시장이 오히려 나쁜 주인행세를 하는" 현실을 지적한 바 있는데, 이처럼 자본주의는 환경의 재앙에 적응해 다시금 돈벌이의 새로운 기회를 맞이하고 있다. 환경위기가 청정에너지 산업의 발전계기가 되어 이른바 '카본 러시'가 이루어지고 있는 것이다. 따라서 장성익(2009: 72)은 녹색포장을 규제, 통제하기 위한 '국가의 귀환'이 필요하다고 역설한다.

우리는 여기서 녹색으로의 포장과 생태의 상품화가 모든 거짓 상행위의 면죄부는 아니며, 녹색 뒤에 감춰진 자본의 이윤추구 망동을 경계해야 할 튼실한 논리를 만들어야 할 필요성을 절감한다.

3. 사이비 녹색뉴딜과 진정한 녹색뉴딜

우리는 상기한 논의들을 토대로 하여 녹색뉴딜을 다음과 같이 2차원으로 나누어 정리할 수 있겠다.

1) 녹색분칠에 불과한 사이비 녹색뉴딜

첫 번째 차원은 녹색자본주의처럼 생태의 상품화, 즉 환경을 새로운 성장동력으로 삼는 경제성장 위주의 방식으로 녹색성장을 보는 것이다. 그렇다면 녹색성장의 고용창출 방법론인 녹색뉴딜도 결국은 환경산업에의 대규모 공공투자를 통해 경기부양을 하고 단기적으로 일자리를 창출하는 것을 일차적 목표로 삼기 쉽다. 그렇게 되면 환경보존이 경제성장의 또 하나의 수단이 되기 쉽다. 이는 앞서 말한 녹색자본주의로 명확히 드러난다. 그래서 생태의 상품화 등 경제성장을 염두에 둔 녹색뉴딜은 진정한 녹색뉴딜보다는 녹색을 가장한 사이비 녹색뉴딜의 성격이 강하다.

사이비 녹색뉴딜은 이런 본질적 한계 때문에 정책일관성 없이 기존 개발사업의 내용을 녹색으로 포장한 것에 불과한 경우가 많다. 즉, 현안에 단순히 대응하는 표피적 자세에서 반생태적 토목개발사업과 한시적 고용창출이 정책의 대부분을 차지하는데 뉴딜 추진자들은 이를 녹색이라고 강변한다.

사이비 녹색뉴딜의 이런 한계적 인식에선 아무래도 진정한 의미의 녹색성장을 위한 핵심요소들, 즉 건실한 성장을 하되 에너지 및 자원 사용량을 최소화하거나, 동일한 에너지와 자원을 사용하되 CO_2 배출 등 환경부하를 최소화하려는 진지하고도 장기적인 정책노력이 관철되기가 극히 어렵다.

2) 생태적 근대화를 목적으로 하는 진정한 녹색뉴딜

두 번째 차원은 생태적 근대화를 지향하는 녹색뉴딜이다. 생태적 근대화는 제도개선 및 기술혁신을 통해 생태문제를 해결하고, 생태-경제 간의 균형을 이룰 수 있다는 신념 아래 정책의 일관성을 갖고 생산단계부터 경제구조의 상당한 변화를 추진해 산업의 녹색화를 추구한다(구준모, 2009). 비록 자본주의 경제시스템 운영의 기본원리까지는 변화시키지 못하지만, 녹색사회의 구현을 위해 기업경영, 산업구조, 공공정책, 권력구조 전반을 친환경적으로 재편하기 위해 노력하는 것이다(조명래, 2009).

진정한 녹색뉴딜은 정부의 단기적 업적추구와 대기업 위주의 녹색 자본주의적 이윤창출을 경계하며, 한시적 고용창출보다는 생태적 근대화의 제도화에 긴요한 그린 컬러(green color) 노동자들의 체계적 육성을 지향한다. 또 진정한 녹색성장 동력을 마련하기 위한 신재생 에너지 및 녹색기술의 장기적 투자를 도모하고, 정책적 지혜와 협력적 파트너십을 만들어내기 위해 중앙-지방 간 및 관-민 합동의 녹색 거버넌스를 구성해 생태문제를 민주적으로 해결해나가려고 노력한다.

〈표 7〉 녹색뉴딜의 2차원

유형	사이비 녹색뉴딜(녹색 분칠)	진정한 녹색뉴딜(생태적 근대화)
정책 철학	경제성장 우선, 환경산업에의 대규모 공공투자를 통한 단기적 경기부양 추구	생태계 보전과 경제성장의 균형 추구, 경제-정치-사회 전반의 생태친화적 재편
사업 내용	기존 정책의 녹색 포장, **SOC**에의 우선적 투자, 한시적 일자리들의 표피적 창출	재생에너지의 맞춤형 육성, 녹색기술의 장기적, 지속적 투자, 그린 컬러 노동자들의 체계적 육성
주체	정부와 건설 관련 몇몇 대기업	중앙-지방 간 및 관-민 합동의 녹색 거버넌스 추진

현재 경제위기와 생태위기가 모두 극심하다 보니 각국의 정부와 국제노총(ILO)까지도 녹색뉴딜 사업을 만병통치약[51]으로 보는 경향이 있다. 그러나 어설프게 추진되는 녹색뉴딜의 가장 큰 문제점은 위기의 성격을 잘못 파악하고 임기응변의 해법을 제시하는 것이며, 정책조정으로 두 위기 모두를 극복할 수 있다는 환상에 쉽게 빠지게 해(구준모, 2009) 결국 극심한 생태계 파괴의 결과를 자초한다는 점이다.

단순히 환경을 배려하거나 환경을 경제적으로 활용하는 정도를 넘어 산업구조, 공공정책, 권력구조 전반이 친환경적으로 재편되어야만 진정한 녹색성장을 이룰 수 있다(조명래, 2009; 황태일, 2008). 대기업만 이롭게 하고 환경파괴를 일삼는 SOC 건설투자 중심의 사이비 녹색뉴딜이 아니라, 이산화탄소 발생량을 실질적으로 줄이고 에너지 효율성을 높이며 보다 많은 노동자들에게 좋은 녹색일자리(green color)를 제공하는 등, 특히 노동자, 서민, 중소기업, 지방 등

---

51) 2008년 영국의 신경제재단(NEF)이 「A Green New Deal」이란 보고서에서 현 경제위기의 해결책으로서 녹색뉴딜을 제시한 이후, 녹색뉴딜은 UN 및 각국에서 널리 쓰이는 단어가 되었고, 지속 가능한 새로운 방식을 활용해 경기를 부양하는 개념으로 급속히 자리 잡고 있다.

모두를 위한 진정한 녹색뉴딜(green new deal for all)을 실시해야
만(김형기, 2009) 단기적으로는 경제위기를 극복하고 장기적으로는
지속 가능한 성장이 실현될 수 있다.

② 생태친화적 정책철학의 기본방향: 생태문제에의 전체론적 접근과 강한 생태적 근대화

녹색자본주의 등 사이비 녹색뉴딜의 폐해를 극복하고 진정한 녹색
뉴딜을 구현하기 위한 생태친화적 정책철학의 기본방향은 무엇인가?

생태경제학자이자 월드워치 연구소 소장인 레스터 브라운(2008:
25~33)에 의하면 자연계에 대한 세계의 요구는 자연계의 지속 가능
한 생산능력을 25%나 초과하고 있다. 따라서 그는 "환경학자처럼 생
각하는 경제학자가 필요하다"라고 말한다. 즉, 경제가 지구 생태계에
속한다면 성공적인 경제정책을 수행하는 유일한 방법은 생태주의 원
칙이 모든 경제정책의 토대가 되게 하고, 자연의 한계를 걱정하는 생
태주의 원리가 삶의 현장에서 존중되도록 생태친화적 접근이 필요하
다는 것이다.

생태문제에의 전체론적(holistic) 접근을 강조한 스즈키와 드레슬
(2006: 113~121)은 우리의 행동이 결국 우리에게 화살이 되어 돌아
옴을 인식해야 하므로, 우리가 모든 사물들 간의 눈에 보이지 않는
관계를 정확히 인지해야 한다고 주장한다.

즉, 생태계 전체를 고려하며 자기 방법의 영향력을 늘 감시하는 등

자연에 대해 항상 겸손하고 유연한 자세를 유지해야 하며, 자신의 행동이 환경을 파괴할 조짐을 보이면 바로 멈추고 원점에서 다시 고려할 것을 강조한다. 그래야 우리가 지구에 남기는 생태발자국을 최소화할 수 있다는 것이다. 자연 흉내 내기 등 생태친화적 정책철학의 수용에 큰 시사점을 주는 그들의 책 내용을 조금 더 소개해보자.

<내용 보태기 3> 생태문제에의 전체론적 접근

국제환경재단 설립자이자 생태적 삶의 디자이너인 데이비드 스즈키는 생태주의에 대한 열정이 넘치는 사람이다. 그는 홀리 드레슬과 함께 『나쁜 뉴스에 절망한 사람들을 위한 굿 뉴스』(샨티, 2006)라는 엄청난 볼륨의 책을 발간해, 생태적 삶을 다각도로 실천하는 사람들의 진솔한 이야기와 많은 창의적 아이디어를 담은 성공 실례들을 폭넓게 소개하고 있다. 이 책은 먼저 굿 뉴스의 주인공들이 대규모 조직의 인위적, 일률적 룰을 추종하지 않고 자연 시스템의 존중, 천연자원의 절약, 지역경제의 지혜로운 관리, 생산물의 공평분배 등 자연 생태계를 닮은 삶을 살아가는 공통점이 있음을 전제하면서, 생태계를 지속 가능하게 관리하기 위해 고안된 전체론적 경영법의 함의를 강조한다.

저자들은 우리가 즐거운 불편을 감수하면 우리 스스로가 굿 뉴스의 발상지가 될 수 있다고 강조하며, 이 책에서 전체론적 접근의 실례들을 다음과 같이 숱하게 보여주고 있다.

미국에서 가장 건강한 산업림을 소유한 오리건 주 소속의 한 벌목회사인 Collins Pine은 나무의 자연재생 원칙에 입각해 삼림을 성숙시킨 뒤 벌목하고 있다. 따라서 나무에서 나오는 순익은 경쟁사에 25%나 모자라지만, 지속 가능성과 재생 가능성이 보장된 임산물 생산방식을 고집해, 산불 번짐 막기 등 지역에 사회경제적 혜택을 주고 직원들의 회사생활도 만족스러운 편이다. 한 직원이 말하길, "매출이 작아도 새로운 생산방식으로 임업 전체에 변화를 준다는 점에서 매순간 배움의 즐거움이 있고, 외부기관의 인증절차는 까다롭지만 인증이 회사의 지속가능형 시장성을 향상시키고 도전의식을 부여한다"면서, 회사 경영철학에 긍정적 태도를 보인다.

독일 프랑크푸르트 시의 환경국은 일을 둘러싸고 갈등을 빚기 쉬운 여러 환경시민단체들과 같은 환경친화적 건물을 쓴다. 이 시정부의 실질적 도구는 환경책임보험법인데 자사제품이 소비자의 건강, 토양, 물, 대기에 피해를 주지 않음을 제조사가 증명하게 하는 이 제도가 시행되고 6년이 지나자, 이 법은 독일을 세계 최고의 사업하기 좋고 살기 좋은 나라로 만들었다. 이는 정부가 기업을 생태적으로 책임 있는 방식으로 유도하는 것이 얼마든지 가능하며 그 결과도 좋다는 것을 보여준다.

독일의 프라이부르크 시는 도시를 세운 사람들이 처음부터 막개발을 금지해서인지 난개발의 흔적이 전혀 없다. 라인 강 운송로 상 항만시설 설치의 입지가 좋고 지역출신 기업가의 항만시설 투자약속도 있었지만, 시정부는 고향(Heim) 보존에 대한 강한 본능 아래 '섣불리 개발하지 말아야 할 이유'만을 정중히 언급하며 항만시설 개발을 금지하고 있다.

이 책에 나오는 젊은 독일 부부의 생태적 삶의 실천도 자연스럽다. 그들은 절수형 변기를 설치해 세금감면을 받고 눈에 잘 띄는 곳에 가스계량기를 설치해 난방을 절제하며 수시로

가스 전기량을 체크한다. 절전 조명과 고효율의 세탁기 사용도 자연스럽게 실천한다.
상기한 다차원에서의 전체론적 생태적 삶에는 자연 흉내 내기, 즉 생체모방의 지혜 따라
하기가 깔려 있다. 즉, 작지만 다양한 규모와 복합적 방식으로 작동하는 자연 생태계와 마
찬가지로 인간세상도 자율, 순환, 유연, 겸손, 장기적 안목과 더불어, 실패하면 되돌아가
신중, 겸손하게 다른 방식을 고려하는 철학적 변화를 겪을 때, 생태적으로 책임 있는 방식
으로 생산된 상품과 농임산물, 수산물을 맛볼 수 있다는 것이다. 그 대신 이 책에선 더티
더즌이라 불리는 인공화학 물질, 유전자 변형작물 등 유해물질(bads)에 대해 중과세할 것
을 촉구한다.
상기한 전체론적 경영법은 우리가 기존의 한 번 쓰고 버리는 손쉬운 생활방식에서 벗어나
다소 불편하지만 장기적으로 바람직한 생활방식으로 옮아가게 한다. 또 정부의 환경책임
보험법을 통해 우리는 기업이 마음만 먹으면 고연비 자동차 제조, 환경친화적 건설사업,
유독물질의 대체 및 재활용, 에너지절약에 실질적으로 동참하게 할 수 있다.
다행히 이런 생태적 전환을 위해 미국의 쇼어 뱅크 퍼시픽, 독일의 GLS 등 은행들의 도움
장치도 현실화되고 있다. 이들 은행은 환경지속 가능성 프로젝트, 지역사회 개발 프로젝트
에서 생태계를 파괴하지 않는 방식을 도입한 업체들에 적극적으로 재정 지원해 주고 있다.
결국 이 책은 지구가 내 집이고 우리가 지구의 선(先)주민임을 인식하면서, "성숙에 30%
더 걸리면 우리가 30% 더 기다리면 된다"라는 가치관의 변화를 겪는 것만이 상기한 모든
논의의 선행조건임을 명시하며 끝을 맺고 있다.

스즈키와 드레슬의 책은 결국 생태문제 해결에 생태주의 원칙과
전체론적 접근이 적극 반영되어야 하고, 또 그러기 위해선 사회경제
체제의 생태친화적 재편이 긴요함을 보여준다.

참고로 영국의 신경제재단(NEF)과 UN 환경계획의 녹색뉴딜은 경
제위기의 주범인 왜곡된 금융시스템과 자본규제의 재강화, 재생가능
에너지의 확대 및 에너지 수요저감을 통한 경제체제의 근본적 전환을
지향하면서, 사회적 약자를 위한 일자리 창출과 공공서비스 제공도 도
모한 바 있다(장성익, 2009: 63~66). 스웨덴, 네덜란드, 덴마크도
1970~1980년대에 사회복지를 넘어 환경복지를 추진하면서, 비시장
영역에서 통용되는 인간관계와 생활문화를 제도적으로 끌어들여 포괄
적 생태발전을 도모하면서 사이비 녹색뉴딜의 함정을 피해간 바 있다.

성장 중독증을 치유하고 생태철학을 지향하는 녹색혁신체제로 전

환하기 위해선, 경제-기술시스템뿐 아니라 정치-사회시스템의 변화까지 요구된다. 여기서 우리는 생태적 전환의 두 경로 중 생태적 근대화의 약한 모델보다는 차제에 생태적 근대화의 강한 모델을 염두에 두어야 한다.

강한 생태적 근대화는 산업사회를 넘어 위험사회(risk society)를 대비하기 위한 발본(拔本)적 성찰을 전제로 해, 자본주의 정치-경제를 생태적으로 재구성하는 것이다. 이는 신개발주의와 생태의 상품화를 막기 위해 인간중심적 경제 합리성을 넘어 생태적 합리성으로 전환할 것을 지향하며, 경제논리에 복속되기 쉬운 녹색성장 변수들을 비경제 영역인 국가와 시민사회의 장치로 마련하는 등 녹색의 진정성을 구현하는 길이다. 따라서 강한 생태적 근대화는 시장의 녹색화(예: 녹색교환의 활성화→녹색의 부 축적→녹색성장 구현)를 넘어, 국가의 녹색화(예: 녹색의 권력적 지지→녹색질서 구축→녹색성장의 규칙화), 시민사회의 녹색화(예: 녹색의 시민권화→녹색연대의 일상화→녹색성장의 재생산)를 지향한다(조명래, 2002; 2009).

결국 우리가 섣부른 녹색성장론과 녹색자본주의의 유혹에서 벗어나 강한 생태적 근대화 쪽으로 가려면, 종래의 산업적 근대화와 환경관리주의를 넘어서는 근본적 시각변화가 요구된다. 이를 위해선 녹색성장 조건을 경제구조의 근본적 변화는 물론 정치, 사회 영역에까지 확장 적용해야 한다. 그래야만 경제-정치-사회를 아우르는 사회 전반의 녹색성 확보가 가능해진다.

먼저 기존의 산업적 근대화를 넘어 생태 효율화, 생태주의적 실천 등 생태주의 원칙에 부응하도록 경제시스템의 변화를 유도해내는 것이 필요하다. 예컨대 오염을 덜 유발하는 기술(예: 연성에너지, 지역

유기농 촉진)로의 대체, 에너지와 자원절약, 거대기업의 생태친화적 구조변혁, 지역사회 기반의 녹색산업 기술개발, 녹색일자리 창출을 위한 경제정책 대안 마련, 녹색도시 프로젝트 추진 등이 필요하다(패니치, 페이스, 2007: 432). 그러나 진정한 녹색성장을 이루기 위해선 발전개념이 에너지와 기술의 생태적 효율성을 높이는 협의의 개념에서 벗어나 사회적 발전시스템의 지속성을 추구하는 광의의 개념으로 바뀌어야 한다. 즉, 강한 생태적 근대화 쪽으로 나가기 위해선 녹색기술 체계나 에너지 산업시스템의 효율성뿐 아니라 사회제도와 정치권력의 작용방식 변화까지도 어느 정도 이루어내야 한다(조명래, 2007).

③ 생태친화적 정책철학의 정책부문별 응용

월드워치 연구소 소장 레스터 브라운(2003: 43~46)은 경제의 장기적 미래를 위협하는 것은 생태적 적자(赤字)라고 본다. 경제적 적자는 현재를 사는 우리들이 서로 간에 빌리는 것이지만, 생태적 적자는 미래 세대로부터 가져오는 것이기 때문이다. 이런 점에서 ESSO사의 부사장인 오이슈타인 다힐은 "공산주의는 시장가격이 경제적 진실을 은폐해 붕괴한 것이라면, 자본주의는 시장가격이 생태적 진실을 은폐해 붕괴할지 모른다"고 전망한다.

따라서 생태적 적자를 줄이고 생태적 진실을 사회, 경제에 반영하기 위해선, 전체론적 접근과 강한 생태적 근대화 등의 생태친화적 정책철학을 현실화시키려는 다음과 같은 다양한 부문에서의 정책응용이 필요하다.

1. 환경부담의 최소화를 위한 생산방식 변화 및 녹색공정기술의 개발

먼저 경제부문에서는 생산방식의 변화가 긴요하다. 즉, 처음부터 분해하거나 재활용할 것을 감안해 상품을 설계해야 하고, 쓰레기 발생량을 줄이기 위해 생산과정을 개편해야 한다. 1회용 용기의 사용금지, 재활용상품의 시장확대를 위해 정부의 선도적인 재활용제품 구입, 물질을 덜 필요로 하는 기술의 개발 및 이용, 매립세 부과, 그리고 환경파괴적 생산활동에의 보조금 지급중단도 필요하다. 한 공정의 폐기물이 다른 공정의 원재료로 사용되게 하는 등 공장의 체계적 무리 짓기와 정부의 친환경적 조달정책도 생산방식의 변혁에서 의미 있는 부분들이다(브라운, 2003: 176~178).

우리나라의 초기 환경정책은 사후 규제적인 것으로서 유독가스와 폐기물을 사후처리기술(예: 집진기술, 폐수정화기술, 소각기술)로 제거하는 수준이어서 환경문제를 완화시킬 뿐 오염물질 총량을 축소시키진 못했다. 그러나 1990년대에 들어와 전 생산과정 및 투입자원의 순환과정을 고려해 최종 오염물질의 총량 감소를 목표로 하는 사전예방 원칙을 준수하고 있다. 또 폐기물을 생산과정에 재투입하는 리사이클링 기술을 사용하며, 산업간 재활용 네트워크를 추진하게 되었다. 이런 것들이 녹색공정(green engineering)기술로서(박진희, 2007: 338), 폐기물 절감, 오염방지, 자원의 효율적 관리 등 환경부담의 최소화를 가능하게 한다.

2. 연성에너지 경로로의 전환

생태친화적 정책철학의 응용에 있어 가장 중요한 과제 중의 하나는 에너지의 생산-수송-소비의 전 단계를 생태친화적으로 바꾸는 것이다. 예컨대 경성에너지(예: 석유, 석탄, 원자력) 경로로부터 연성에너지(예: 풍력, 태양열, 지열 등) 경로로의 전환이 필요하다.

경성에너지 경로(hard energy path)가 화석연료와 원자력을 바탕으로 해 거대자본 및 기술로 구성되는 공급 위주의 대규모 중앙집중식 에너지 이용방식이라면, 연성에너지 경로(soft energy path)는 에너지 소비를 통한 삶의 질적 향상을 중시해 에너지의 최종 용도에 관심을 두며, 에너지 수요에 맞는 기술개발과 수요 자체를 자율적으로 줄이는 방안을 모색한다. 즉, 연성에너지 경로는 에너지 자체의 공급을 목표로 하기보다는 효율적이면서도 민주적, 환경친화적 에너지의 제공을 모색하며 따라서 소규모의 지역 분산적 에너지 체제를 지향한다(한국환경사회학회, 2004: 146).

연성에너지는 태양열 집열판, 태양전지, 태양수소 같은 직접에너지와 바람, 물, 갈대에서 얻는 바이오매스 등의 간접에너지를 이용해 에너지 전환을 도입하는 정책으로서 세계 60억 인구가 필요로 하는 것보다 몇 배나 많은 에너지 공급을 가능하게 한다. 예컨대 태양빛은 현재 전 세계 에너지 소비량의 15,000배, 바람은 35배, 바이오매스는 10배를 커버할 수 있다. 따라서 연성에너지로 전환하면 우리가 화석연료에 지나치게 의존하지 않아도 되고, 원자력발전소 증설에 따른 안전성 여부에 대해 더 이상 고민할 필요가 없다.

화석연료를 고수하려는 에너지업계의 로비에 대항해 이를 관철시키려는 정치의지만 있으면 모든 것은 기술적으로 가능하다. 태양, 바람, 물은 우리에게 청구서를 보내지 않는 대신 기꺼이 일자리를 창출해준다(알트, 2004: 66~81). 월드워치 연구소에 의하면 재생가능에너지로 전환할 경우 생길 일자리는 기존 에너지원에서 벗어나 없어지는 일자리의 5배로 추정된다.

강한 생태적 근대화를 위해선 광산과 숲에서 화석연료를 생산해 생산과정에서 이용한 뒤 연료 쓰레기를 매립지로 보내는 기존의 직선모델에서 벗어나 에너지 재활용 모델로 적극 이행할 필요도 있다(브라운, 2003: 114). 기존 산업공간을 생태공단(eco industrial park)으로 바꿔 단지 내의 업체들이 에너지, 용수, 원료를 공유하게 해 에너지 사용을 최소화시켜 지속가능 경제를 추진하는 방법도 있을 수 있다(박진희, 2007: 342).

3. 건설 및 재개발 과정의 합리적 규제 조치

생태계 파괴에 직간접적으로 연결되는 건설 및 재개발에 대한 합리적 규제 조치도 필요하다. 예컨대 핀란드에선 주택건설 허가를 건설부가 아닌 환경부에서 내준다. 수도 헬싱키에는 270명이나 되는 도시계획 담당공무원들이 공공건물이나 주택을 건설할 경우 건물과 주변 환경 간의 조화 여부를 철저히 검토한다. 또 건설업자가 집을 짓지 않고 건축가가 개발한다(이병문, 2006: 203). 독일에선 주거용 토지 위에 지어진 집의 벽 색깔도 규제한다.

유럽식 토지제도는 이처럼 계획지향형 토지관에 가깝다. 토지는 개인이 마음대로 이용하지 못하는 물건으로 인식된다. 따라서 국가적 토지이용계획에 따라 발달된 중소도시들이 전국에 걸쳐 계획적으로 배치된다. 정부의 사전 계획에 의해 개인의 토지이용을 철저히 복속시키는 토지관이 서구 전역에서 전개되었다. 계획 우선의 원칙에 입각해 작은 영토를 생태적, 입체적으로 이용하려는 생활철학이 이에 반영되어 있는 것이다(이정전, 1999: 351).

4. 생태디자인의 도입과 건축제도의 그린화

인간은 지구의 탁월한 디자이너인 자연에게서 배울 것이 많다. 인간 기술은 많은 경우 자연을 모방한 것이다. 예컨대 그린 빌딩은 "우리 모두가 하나로 연결되어 있다"는 생태주의철학에서 기인한 것으로서, 우리가 원하기만 하면 자연의 언어해독을 통해 만들어진 생태디자인의 청사진은 건물설계, 도시풍경 관리에서 얼마든지 응용할 수 있다(오제카 슈지 외, 2007: 115~116).

지구의 모든 건물 신축과정에서 생태 디자인을 응용하고 화석연료보다 생태친화적 자연에너지가 더 많이 이용되도록 하기 위해선, 자

〈사진 9〉 건축의 그린화: 공원 되랴, 전기 만들랴 건물옥상이 바빠졌다

연채광, 옥상 녹화 및 태양열 전기시스템 구축, 자연 환기, 고성능 유리창, 환원수 이용 및 효율 좋은 조명기술들이 건물 신축과정에 반영될 필요가 있다(브라운, 2008: 335~356). 건물은 시설개선만으로도 20~50%의 에너지를 축소할 수 있다. 조명만 바꾸어도 전력사용을 전 세계적으로 12%나 축소할 수 있다.

미국의 경우를 예로 들면 건물이 전체에너지의 36%, 온실가스의 30%, 폐기물의 30%를 차지하는데, 이런 건물설비를 개선할 경우 연 1천만 달러의 에너지절약이 가능하다. 따라서 건물틈새 막기, 전구교체, 센서설치 등 조명정비, 누수차단, 세면기, 변기교체 등의 절수(節水)와 단열조치를 하고 지붕녹화도 실시해야 한다. 전체에너지의 공급을 디지털로 자동화하고 에너지의 인터넷 양방향 통신을 가능하게 해 에너지의 수요와 공급을 실시간으로 조율할 때 건물 폐기물이 크게 줄고 탄소와 비용절감도 가능해진다.

건물의 친환경적 개조, 고효율-고기능성 신축건물의 적극적 허가, 빌딩에너지 합리화 사업에의 보조금 지급, 탄소예산 설정을 통한 그린경제 조세지원, 온실가스량 감소, 재생에너지 의무비용 할당제 등 생태적 전환을 위한 각종 건축제도의 그린화 방법은 무궁무진하다(Van Jones, 2009: 171~173).

5. 생태친화적 조세 및 생태적 진실을 반영한 가격정책

경제를 탈물질화시키고 생태적 건전성을 확보하는 가장 효과적인 방법은 화석연료에 세금을 부과하고, 시장가격이 생태적 진실을 말하게 하는 것이다. 그러면 시장은 일회용품의 사용을 억제하고, 에너지 효율성 제고와 대체에너지의 개발에 적극 참여할 것이다.

따라서 생태적으로 바람직하지 못한 CO_2배출, 유독성 물질의 폐기, 수은 및 쓰레기의 배출, 벌목행위, 살충제 및 수자원의 남용 등에 조세를 부과해야 한다(브라운, 2003: 182). 생태스톡의 감소를 가져오는 사업 시공자에게는 생태세를 징수하는 등 생태적 조세개편도 필요하다(우석훈, 2011: 504). 가격이 생태적 진실을 말하게 하는 제도로는 배출가스 부과금, 이용자 수수료, 생산물 부과금, 매매 가능한 배출가스 면허, 환경친화 상품에 대한 세제특혜 등이 있다(바이츠제커, 1999: 197).

국가를 넘어 지구촌을 포괄하는 조세제도의 도입도 요구된다. 즉, 지구 생태세의 도입을 통해 삼림 파괴적 국제경제체제의 작동을 막고 국가를 초월하는 삼림보호정책을 추진해야 한다.

식품이동부하세(food miles tax)의 신설도 필요하다. 즉, 식품무게에 이동한 거리를 곱해 나온 지표의 크기가 클수록 에너지 낭비가 심해 지구온난화에 악영향을 미친 것으로 간주하고 이에 세금을 부과해 향후 지역의 식량자립도를 높이는 방향으로 유도해야 한다(오용선, 2009: 539~540).

6. 환경인증제(eco-labeling)와 여타 친환경제품 사용권장제도

환경인증제는 환경친화적으로 생산된 상품에 특정한 표시를 해 소비자가 그에 대한 지지로서 환경친화적 상품을 구입하게 하는 것이다. 에너지효율이 높은 가전제품, 생태적으로 지속 가능한 방식으로 관리된 숲과 어장에서 자란 임산물과 해산물, 환경친화적 재생가능

에너지를 이용해 만든 녹색전기 등이 그 인증대상이다(브라운, 2003: 301~303).

최대한 오래가는 제품, 수리나 유지가 가장 쉬운 제품, 수명이 다했을 때 금속을 수거할 수 있도록 최대한 쉽게 분해되는 제품, 동일한 서비스 제공을 가정할 경우 가능한 한 가장 적게 에너지를 소비하는 제품이 최상의 제품이라는 우리의 인식변화가 이런 제도시행의 기본전제가 되어야 할 것이다.

그 외에도 영구적 제품의 판매에 부가가치세 인하, 가격 옆에 제품 수명 병기(倂記), 가장 빈번하게 요구되는 수리방법·수리기간·수리비용을 적은 사용설명서 부착, 모든 기계제품에 에너지 소비효율 표기 등 친환경제품의 사용을 적극 권장하는 제도도 요구된다(고르, 2008: 108).

7. 생태적 복지방식

독일에선 새로운 복지방식이 대두하고 있다(바이츠제커, 1999). 이는 자연수탈과 환경파괴를 초래하는 종래의 소비적 복지 대신, 자연과의 만남을 즐기고 문화복지 서비스의 향유기회를 집 근처에 마련해주는 등 생태적, 질적인 복지방식으로의 전환을 뜻한다.

미국의 도시설계 및 도시풍경 치료사인 듀어니와 플레이터-지버크(2004)는 시사이드, 키웨스트, 사바나 등 미국의 남부에 소재한 고전적 옛 도시들의 가장 큰 장점으로서 시야가 탁 트인 전원에 독립된 구조로 자리 잡은 자연친화적 촌락, 생활필수품이 도시 한복판에 집합해 있는 점, 걸어서 출근하고 장을 보며 광장에서 사람들을 만나

금방 친교(親交)가 이루어지는 점 등을 들고 있다. 이처럼 공원, 녹지, 운동장, 학교, 도서관, 서점, 공연장 등 자연친화적이고 인간의 정이 담긴 곳들이 우리가 걸어서 도달할 수 있는 거리 내에 소재해 있어 우리가 자연환경과 일용필수품을 손쉽게 접할 수 있는 권리야 말로 '기본 시민권'이다.

서구의 대안적 주거문화 확보운동을 살펴보면 서구인들은 집 문을 열고 나가면 바로 공원, 녹지, 운동장, 도서관, 문화회관, 갤러리가 나오도록 주거생태 공간을 재구성 중이다. 그렇게 되면 훨씬 더 자연친화적, 문화지향적 일상생활이 가능하기 때문이다(이도형, 김정렬, 2007: 461).

향후 발전은 생존가치에서 자기표현의 가치, 즉 주관적 복지, 삶의 질, 인권, 환경가치로 전환된다. 따라서 주관적 복지 및 삶의 질에 대한 자기 보고 비율이 높을수록 국가는 번영한다(헌팅턴, 해리슨 편, 2001: 148). 따라서 향후 도시 재개발이나 신도시 건설에서 이런 생태적 복지방식의 공간(재)배치가 필히 응용, 실천되어야 할 것이다.

8. 생태적 교통정책의 확충

자전거 통근, 철도를 이용한 장거리 출장 등 철도나 자전거가 주된 교통수단이 되고 자동차가 그 보조수단이 되는 생태적 교통정책이 필요하다. 이런 점에서 독일 Karlsruhe 시의 전차정책이 시사하는 바가 큰데, 이 시에선 사람의 왕래가 많은 시간대엔 50초 간격으로 전차가 다니게 하는 등 교통수요가 많은 때 전차를 집중 배치해 많은 승객들을 도시 곳곳으로 실어 나른다. 스위스도 전 국토를 덮는 대중교통망을 확충해 모든 시민이 대중교통 시스템의 연결지점에서 2km 거리 내에 거주할 수 있게 한다. 자동차는 대중교통 시스템의 연결지점까지만 데려다주는 택시만 허용하고, 그 대신 장거리 구간은 기차를, 도심구간에선 저렴한 전차를 운영한다. 나머지는 태양자동차, 태양수소로 움직이는 연료전지 자동차가 처리한다(알트, 2004: 127~138). 차 같이 타기(car sharing)도 CO_2를 줄이는 생태적 교통정책의 하나이다.

9. 생태농업으로의 대전환

유기농, 자연농법 등 생태적 농업정책의 추진도 생태적 경제기적을 낳는 생태친화적 정책으로서 강조되어야 한다. 수확만 노리는 약탈농법은 지력 고갈에도 불구하고 생산력 유지를 위해 더 많은 농약과 비료를 쓴다. 반면 유기농법은 퇴비를 쓰고 주기적으로 휴경(休耕)해 땅의 기운을 살려 장기적으로 수확량과 품질을 회복시킨다(힉스, 2003). 한편 자연농법은 무경작, 무비료, 무제초 등 인위성을 완전 배제한 농법이다. 상기한 생태농업 방식들은 우리가 쉽게 실천할 수 있는 환경보전조치이자 건강보건정책이다.

생태계는 50억 년을 지속해온 반면 경제학은 지구 역사상 극히 최근인 지난 200년 남짓 지속되어 왔을 뿐이다. 따라서 경제적 효율성을 따지는 그간의 농업방식을 탈피해 화학비료 사용하지 않기, 돌려짓기, 땅기운을 돌보며 경작하기, 전문가에 의한 품질관리, 종(種)의 생리를 존중하며 가축 사육하기 등 생태적 농업지침을 존중하며 농사를 져야 한다(알트, 2004: 154~161). 생태농업만이 지구 사막화와 토양침식을 막고 땅의 비옥도를 제고해준다.

10. 생태스톡 등 정부보조금 제도의 개선과 생태지표의 개발

정부의 보조금도 환경표준, 유기농 전환, 농업 및 식품사업 장려를 위한 무담보 소액대출, 재생에너지 개발의 기본방향을 제시하는 지속 가능성 기준 마련 등 생태친화적 사업부문들에 더 많이 지원되어야 한다(Van Jones, 2009: 159~160).

지금까지는 개발만 했지만 향후엔 보전의 경제적 가치도 찾아내야 한다. 녹지율, 원시림 비율, 보호된 산 면적, 생물종수 및 법적 보호종 등의 기본변수와 유기농업 농지면적을 생태 인벤토리로 부를 수 있는데, 이를 통해 우리는 생태자산량, 즉 생태스톡 개념을 도출해낼 수 있다.

생태스톡의 연간 변동률은 해마다 파악할 수 있는데, 우리는 이런 데이터를 갖고 중앙에서 지방으로 지원하는 교부금 일부에 생태스톡 보조금을 지급할 수 있다. 물론 골프장을 지은 지역은 생태스톡이 줄어들었으므로 보조금을 덜 주어야 한다. 그렇게 해서 생태계 파괴를 일삼는 토목건설에 신중한 지자체와 그렇지 않은 지자체 간에 수백억 원의 교부금 차이가 나면, 지금의 난개발 위주의 지방 토건구조에 큰 변화가 올 수 있다(우석훈, 2011: 502).

새로운 생태지표의 개발과 운용도 정부의 할 일이다. 즉, 시장이 생태적 진실을 반영하도록 탄소배출-고정, 지하수 상실량-보충량, 벌목-식목량, 토양침식-형성, 출산율-사망률 등 다양한 균형 회복 지표를 개발하는 것이다.

변화의 시급성을 알려주는 지표관련 정보들을 수집하고 이를 정기적으로 대중에게 전달할 필요도 있다. 좀 더 구체적으로 이를 살펴보면 주택공급률, 취업률, 노동생산성, 국제무역수지 등의 월별 경제동향과 향후의 환경관련 탄소배출량, 식목량, 물의 생산성, 재활용 비율, 빙하의 해빙, 풍력발전소 건설 등 새로운 환경지표들을 개발한 뒤(브라운, 2003: 317), 정부의 정기 브리핑을 통해 생태경제로의 진전상황을 점검하면 국민과 기업의 환경문제 실상파악에 도움을 주고 환경파괴 행위의 방지에도 유용할 것이다.

상기한 생태친화적 정책부문들은 환경보전을 주장하지만 속으론 지역의 난개발을 부추겨온 최근의 신개발주의 정책과는 차별화되는 것들이다(이도형, 2008: 109). 관료들은 생태적 건전성을 확보해주는 이런 정책들을 주도적으로 학습하고 실제로 창안(reinventing)함으로써 생태관료로서의 정책마인드와 생태친화적 정책역량을 강화시킬 수 있겠다.

▨ 4 한국형 녹색뉴딜 성찰과 생태친화적 정책철학의 보완

1. 설익은 녹색성장과 녹색뉴딜 개념 뛰어넘기

미국발 금융위기가 촉발시킨 전 세계적 경제침체 속에서 녹색성장에 일자리 창출을 연결한 녹색뉴딜 사업이 범세계적 국가정책 트렌드로 자리 잡았다. 우리 정부도 저이산화탄소-친환경투자를 통해 신재생에너지 산업 및 그린 카, 그린 홈 육성 등 미래의 성장동력을 확보하기 위한 녹색뉴딜 정책을 2009년에 발표했다.

녹색뉴딜은 녹색 사회간접자본/저이산화탄소, 고효율 산업기술/친환경, 녹색생활 등 3개의 주력분야를 중심으로 9개 핵심사업(4대강과 주변정리, 녹색교통망 구축, 녹색국가 정보인프라, 대체 수자원, 중소 댐, 그린 카, 청정에너지, 자원재활용, 산림바이오에너지, 그린홈의 건설과 공급, 녹색생활 공간조성)과 27개의 연계사업으로 추진되었다.

그러나 정부가 발표한 녹색뉴딜 정책은 기존사업들의 명칭을 녹색으로 분장한 것에 불과하다는 비판을 받았다(정성희, 2009; 구준모, 2009). 예컨대 4대강 정비사업은 2008년 12월의 2단계 지역경제 활성화대책과 한국형 뉴딜 10대 프로젝트에서 이미 발표된 것이고, 신재생에너지 사업, 그린 카, 그린 홈 사업도 2008년 8~9월에 발표된 국가에너지 기본계획, 기후변화대응 종합계획 등과 중복된다. 그린 스쿨도 기존의 학교시설 지원사업을, 그린 홈도 애초 계획했던 보금자리주택의 명칭을 변경한 것이다. 눈길을 끈 신규사업은 자전거도로, 건물에너지 통합관리시스템 구축, 빗물유출 저감시설뿐이었다.

녹색뉴딜 관련 신재생에너지의 육성방향도 잘못되었다는 지적이 많았다. 예컨대 확대 투자하기로 한 태양광은 이 분야의 기술선진국인 일본과 독일이 이미 우리보다 10년이나 앞서 있어, 이들 나라의 기술수준을 따라잡기가 어려워 음식물 쓰레기에서 연료가스를 뽑아내는 등 상대적으로 우리가 앞선 기술에 투자가 보다 집중되어야 한다는 지적이 나왔다(중앙일보, 2009.1.7). 일자리 창출의 질적 측면에 대해서도 비판이 적지 않다.

무엇보다도 한국의 녹색뉴딜은 다음과 같은 정책철학상의 근본적 한계를 내재했다. 즉, 정부가 발표한 녹색뉴딜은 4대강 사업, 중소댐 건설, 매립지 재개발 등 환경파괴를 초래하는 신개발주의적 토건사업이 그 주류를 이루며, 친환경 녹색에너지의 육성엔 전체 투입예산의 8%만 배정한 채 대체에너지 개발, 산업구조 재편, 인력육성 등 지속 가능한 성장 잠재력 찾기에는 크게 관심을 보이지 않았다.

실제로 최근의 연구결과에 따르면 녹색뉴딜 사업의 총 재정지출 중에서 81%에 해당되는 자금이 건설업에 투입된 것으로 나타났다. 이처럼 녹색뉴딜 사업의 재정투입이 건설업에 집중된 것은 녹색뉴딜의 핵심사업 중 가장 큰 비중을 차지한 것이 주로 4대강 정비, 녹색 교통망 확충, 그린 홈과 그린 스쿨 사업 등이었기 때문이다.

정책철학상의 이러한 한계가 총론 차원에서 한국형 녹색뉴딜 사업의 성격을 부정적으로 규정짓기 때문에, 위에서 지적한 많은 문제점들이 각론 차원에서 동시에 제기되고 있다. 따라서 정부의 녹색뉴딜 정책 중 신개발주의 성향이 짙은 관련 토건사업들 및 녹색으로 분장한 단순 고용창출 프로그램의 정책철학상 한계를 차제에 분명히 지적하고 비판적으로 성찰해야 한다. 단, 진정한 녹색뉴딜의 핵심사업인 신재생에너지 육성철학과 그린컬러 고용철학 등은 외국의 성공사례들의 시사점을 참고해 적극 강구해볼 필요도 있다.

2. 생태친화적 정책철학의 빈곤과 신개발주의적 토건산업 요소들

녹색뉴딜의 핵심사업들은 친환경을 뜻하는 '녹색'으로 포장되긴 했지만 대부분 녹색과 무관한 토목건설 사업들이었다. 정부의 녹색뉴딜 사업의 재정 및 일자리 창출계획을 보면 9개 핵심사업 가운데

재정투입의 65%가 대규모 토목건설 공사에 몰렸다. 2009년부터 2012년까지 총 39조 3,790억 원이 들어가는 9개 핵심사업의 전체예산 가운데 64.9%인 25조 5,572억 원이 국토정비와 관련한 토건사업 예산이었다. 게다가 그린 홈, 그린 스쿨에도 20.5%의 예산이 투여되었다. 그러나 정작 녹색기술 개발과 관련된 그린 카, 청정에너지 보급엔 5.2%, 녹색 숲 가꾸기엔 6.1%, 폐기물 자원의 재활용엔 2.4%의 재원 투여만이 가능했다(한겨레, 2011.6.14).

실제로도 대표적 개발부처인 국토해양부가 녹색뉴딜의 9대 핵심사업 중에서 4대강 정비, 녹색교통망 구축, 녹색국가 정보인프라 구축, 수자원 확보, 그린 홈, 그린 빌딩, 녹색생활공간 조성(예: 하천복원, 친환경 도로조성, 건물옥상 및 벽면녹화) 등 6개 분야에 걸쳐 가장 큰 정책사업 주체로서의 비중을 차지했다. 그린 카, 청정에너지의 보급은 지식경제부가 최우선적 전담주체였고, 보전부처인 환경부는 고작 그린 카, 청정에너지 사업의 일부 및 자원재활용 확대업무를 전담하고 있을 뿐이다.

비록 정부는 녹색뉴딜이 저탄소, 친환경, 자원절약 등 녹색성장 전략에 고용창출 정책을 융합한 것으로서 과거의 성장 위주 전략과는 확연히 다르다고 주장하지만, 4대강 정비에만 22조 원이나 투입되는 등 사업의 핵심이 SOC 투자에 있음을 부정하기 어렵다.

특히 4대강 사업은 대운하의 전주곡이란 비판을 줄곧 받아왔다. 왜냐하면 하도정비 및 제방보강은 언제든지 대운하 수로확보사업으로, 또 농업용 저수지나 보(洑), 홍수 조절지의 건설은 운하용수 확보사업으로 둔갑할 수 있기 때문이다.[52] 더욱이 제방위주의 사업이

---

52) 수자원 확보와 홍수예방은 3m 정도의 수심이면 충분한데도 6m 높이의 수심확보를 목적

나 보 건설사업은 시멘트 위주의 공법으로서 자연 생태계를 파괴하기 쉬워, 하천정비 방법으로는 부적합한 것으로 이미 판명난 바 있다. 특히 엄청난 예산이 투여되는 대규모 프로젝트인데도 비용－편익분석 등 경제성 평가나 환경영향평가를 제대로 받지 않고 졸속으로 수립, 추진되었다는 의문점도 남긴다(구준모, 2009; 임석민, 2010).

정부의 정책이 과연 뉴딜인가라는 점도 크게 의심스럽다는 지적이 있었다. 미국 루즈벨트 대통령 시대의 뉴딜은 단순한 경제정책이 아니라 노조 인정, 사회보장법 실시, 시장실패 보완을 위한 정부개입 등 미국의 사회－경제－정치 개혁정책의 종합이었던 데 비해, 현 정부는 녹색뉴딜을 일자리 창출용 대규모 공공투자사업 정도로만 파악하는 인식적 한계를 드러내고 있다는 것이다(윤진호, 2009: 67~70).

상기한 문제점들에는 다음과 같이 단기적으로만 녹색성장을 보는 정부의 정책철학적 한계가 본질적으로 작용했다. 즉, 정부는 녹색성장을 '환경을 새로운 동력으로 삼는 경제성장' 정도로만 보고 있다(국무총리실, 2008). 이런 인식적 한계에선 아무래도 진정한 의미의 녹색성장을 위한 실천정신은 약해진다. 물론 정부는 녹색성장기본법을 제정해 녹색성장이라는 목표 아래 국가의 모든 계획, 특히 에너지 기본계획, 지속가능발전 기본계획, 국토종합계획, 도시계획 등을 통합, 조정해 추진한다고 발표했고, 2008년의 8·15 경축사에서 저탄소 녹색성장 이념을 발표한 후 모든 부처에서 일사천리로 모든 정책을 녹색성장으로 이미지화했다.

그러나 상기한 바와 같은 근본적인 정책철학적 한계로 인해 과거

으로 이루어진 대규모 준설의 이유가 불분명하고, 보의 높이도 너무 높고 그 수도 많다는 점(중앙일보, 2009.9.8) 등이, 정부가 거듭 부인해도 우리가 대운하 의구심을 아직도 버리지 못하게 한다. 보를 설치하고 거기에 갑문을 달면 바로 운하가 된다.

의 개발방식, 경제성장 우선주의를 쉽게 포기하지 못한 채, 역대정권보다 더 강하게 규제완화와 감세정책을 추진한 결과, 그린벨트 및 군사시설 보호구역 완화, 수도권 규제철폐, 국립공원 해제 등 전 국토를 난개발 광풍으로 몰고 가는 포크레인 성장을 일삼고 있다는 지적이 끊이지 않았다(http://welvoter.co.kr/news/bbs). 결국 정부의 녹색뉴딜 정책은 경제위기 대책을 시급히 내놓아야 할 필요성에서 허술한 기존정책들을 급포장해 내놓은 것으로 평가되었다(구준모, 2009). 그래서 '삽질 뉴딜'이란 혹평도 받았다(장성익, 2009: 65). 녹색뉴딜 중 가장 큰 예산을 투여한 4대강 정비사업이 특히 졸속으로 추진되어 왔다. 4대강 사업의 경우 지역경제 살리기 및 경기진작의 목표 아래 강의 물리적 구조, 수변 공간 활용 및 조성에 초점을 두었지만, 하천의 자연성과 수질문제는 주요 사업목록으로 중시되지 못했다. 사업 후 강의 이미지도 인공구조물이나 시설설치에 치중한 느낌이다. 보(洑)의 설치로 인한 수질 및 하천환경 악화에 대한 관심은 매우 부족했다(송미영, 2009).

4대강은 아직 죽지 않았다는 주장이 많았다. 4대강 중 영산강은 준설이 완료되었고 낙동강 수질도 상당히 개선되어 이제는 지천 관리로 넘어가야 하며, 이미 9조 원의 예산으로 제방이 97.5%가 정비되어 더는 공사할 물량이 없다는 객관적 분석도 있었다(우석훈, 2009c). 하천 본류에 보를 설치해 물을 저류시켜 확보한 사례는 전 세계에 그 유례가 없었다. 홍수예방과 수질개선을 위해선 지류(支流)에 주목해야 하고 지류투자가 우선인데, 본류구간에만 예산과 토건사업을 집중했다. 더욱이 친수구역 활용특별법을 통해 수자원공사와 지자체들 외에 대형건설사에게도 유역개발권을 부여해(임석민, 2010;

김진애, 2010) 강유역의 난개발조차 예상된다.

4대강 살리기는 하천 정비사업과는 달라야 한다는 의견도 많았다. 특히 강의 모양을 직강화하고 사람 왕래가 없는 곳에 체육시설, 놀이 공간, 자전거 길을 설치하는 것은 개발 시대로의 회귀이며, 전혀 녹색스럽지 않다는 평가도 있었다. 그런데도 보전부처인 환경부는 개발부처와의 갈등 없이 많은 규제완화와 규제해제를 실시해왔다. 환경부는 개발사업자의 부담경감, 산업계의 경제부담 완화, 토지이용 규제개선, 기업경영 환경개선, 국민생활 편의제고, 녹색성장 지원 및 기술개발 저해규제 정비 등 4대 분야 86건의 규제개혁 추진계획을 발표해 보전부처로서의 자신의 존재 이유를 궁금하게 했다. 4대강 사업에 대한 윤순진(2009)의 지적처럼 환경부는 녹색을 경제성장의 견인수단으로 인식할 뿐 환경보전 주무부처로서 진정한 녹색에 대한 철학적 성찰이 부족한 채 맥락을 제거한 자연 개조형 토목공사를 녹색인양 제시하며, 시대적 탄력성을 상실한 섣부른 녹색성장 전략의 반복을 부추겨 온 것이다.

국회 예산정책처의 분석자료에 따르면 녹색성장에 지자체들도 무분별하게 편승하고 있다. 이른바 사업승인을 쉽게 따낸 뒤 대규모 국비를 지원받기 위한 포석으로 녹색덧칠이 악용되고 있다. 일례로 16개 지자체의 녹색성장 5개년계획(2009~2013)에 따르면 녹색성장과 무관한 개발사업을 녹색사업으로 포장해 끼워 넣는 이른바 '업어가기 예산'이 전체예산의 29%인 66조 원이나 된다. 예컨대 한강변 정비사업인 강변살자 프로젝트를 기후변화 적응역량 강화사업으로 포장한 경기도(22조 9천억 원 투자), 부산신항 일대 개발사업을 부산신항 배후 국제산업 물류도시 그린화로 명명한 부산시(11조 원 투자),

경부고속철 대구 도심구간 정비사업을 녹색교통 인프라 확충으로 포장한 대구시(7조 투자), KTX 울산역 역세권 개발사업을 녹색도시 조성으로 추진한 울산시 등이 그 예이다. 이들 사업은 취지도 의심스럽지만 재원조달이 더 큰 문제이다. 다 합하면 중앙정부가 투자하기로 한 107조 4천억 원의 2배인 228조 9천억 원으로 국비조달부터 난항을 겪을 수 있고, 지자체들의 낮은 재정자립도를 감안할 경우 지방비 부담도 매우 커진다(중앙일보, 2011.2.9).

결국 현 정부의 정책은 겉으론 녹색성장을 내세우지만 실제로는 반(反)녹색 일변도로의 질주로서, 환경을 성장과 경제가치를 창출하기 위한 도구적 수단으로 삼는 등(장성익, 2009), 사이비 녹색뉴딜로 전락할 소지가 매우 크다. 특히 이종원(2009)에 의하면 4대강 정비사업은 그간 건설부문에의 과잉투자로 인해 부실화된 국내 건설회사들을 구제하기 위한 일환으로 공공 건설투자를 촉진한 것인데, 이런 건설을 통한 경기회복이 성장잠재력과 국제경쟁력으로 연결되지 않고, 국내 금융산업의 부실만 촉발시킬 위험성을 안고 있어 더 큰 문제이다. 총론 차원에서의 이런 정책철학적 빈곤은 각론 차원에서의 다양한 문제점들을 다음과 같이 노정하게 했다.

3. 고용창출의 정책철학적 허구성

세계 각국의 녹색뉴딜 경쟁에서 우리나라는 신재생에너지 등 녹색산업의 장기적 육성에 집중할 경우 신속한 경기부양과 단기적 일자리 창출 효과를 기대하기 어렵다고 보고 경기부양 및 일자리 창출 효과가 큰 SOC 투자를 사업핵심에 포함시켜 왔다(도건우, 2009). 그래서인지 96만 개의 일자리 창출계획 중 건설, 단순생산직이 96%이고 전문, 기술관리직은 3만 5천 개에 불과했다. 또 10만 개의 청년 일자리 중 90%가 건설, 단순생산직이어서 대졸 실업자에겐 큰 도움이 못된다. 산림청의 산불예방 진화대, 지자체들의 그린 홈 닥터 등 고용 최우선의 이색사업이 눈에 띄었지만, 후자는 실효성에 의문이 제기된다(중앙일보, 2009.1.7). 기껏해야 안 쓰는 플러그를 뽑고 고효율 제품으로 바꾸라는 컨설팅이 예상될 뿐이다.

실제로도 정부의 일자리 창출 계획은 지나치게 부풀려졌음이 곧 드러나고 있다. 정부는 2009년 녹색뉴딜 사업을 통해 2012년까지 모두 95만 6,420개의 일자리를 만들겠다고 약속했다. 4대강 정비(20만 명), 녹색 교통망 확충(13만 명), 녹색 숲 가꾸기(17만 명), 그린 홈, 그린 스쿨(13만 명) 등을 중심으로 일자리를 창출하겠다는 것이었다. 하지만 4대강 사업에서 새롭게 창출된 일자리는 많아야 8만 5,000개 정도이고, 그것도 95%가 일용직이나 비정규직이었다(한겨레, 2011.6.14). 국회예산정책처의 집계에 따르면, 녹색성장과 관련된 전체 일자리는 기획재정부가 주도한 녹색뉴딜 사업분야의 경우 2010년 7월까지 창출된 14만 개의 일자리가 전부인 것으로 나타났다. 통계청의 2010년 12월 고용동향 조사에서도 우리나라 전체 일자리는 32만 3천 명이 증가하는 데 그쳤다. 정부가 2010년까지 지출한 녹색사업 예산이 67조 3천억 원에 달하는데 이같이 저조한 실적을 올린 것은 애당초 고용창출 계획이 과대 포장되어 있었음을 입증한다. 실제로 건설투자에 의해 창출되는 일자리는 정부투자가 끝나면 없어지는 1년간의 한시적 일자리들이었다. 즉, 첫해에 연간 24만 개씩 일자리를 만들되 2년째부터는 이 일자리 수를 그대로 유지해 그

 생태주의 행정철학 –생태관료 육성의 철학적 기반을 찾아서–

것을 4년간 유지한다는 것이 그 핵심이었다.

다음의 〈표 8〉에서 보듯이 건설업보다도 취업유발 계수가 큰 산업들이 많이 존재한다. 따라서 고용유발 효과만 본다면 굳이 건설업에 집중 투자할 이유가 없었다. 특히 향후의 산업 및 인구구조 변화에 따라 교육, 보건사업이나 사회서비스는 고용을 대폭 확대해야 할 분야임을 감안할 경우, 건설업에의 집중투자는 더 이해가 가지 않는다. 더욱이 건설업의 고용유발 효과는 시간이 지날수록 뚜렷이 하향하는 경향을 보인다. 인력보다는 중장비를 많이 사용하는 등 점차 노동 절약산업 혹은 자본 집약산업으로 변화하기 때문이다.

〈표 8〉 산업별 취업유발 계수(2005년, 단위: 10억 원당 명)

산업별	취업유발 계수	고용유발 계수
농림어업	51.1	7.2
광업	10.4	8.3
제조업	10.1	7.2
전력, 가스, 수도	3.6	3.2
건설업	16.6	14.8
서비스	18.4	12.6
(도소매)	30.4	15.2
(음식숙박)	37.8	16.5
(사회기타서비스)	24.9	15.5
(교육보건)	20.2	17.4

출처: 한국은행(2005)에서 참조

고용의 질에도 문제가 있다. 왜냐하면 산림 바이오매스 사업의 경우 3조 원을 투자해 23만 명을 고용하려 하지만 이 돈을 모두 인건비로 써도 3조 원을 23만 명으로 나누면 연간 1,304만 원밖에 안 돼, 월 100만 원의 한시적 저임금 일자리만 만들어내어 과거의 단순 취로사업과 크게 다를 바 없는 등 고용구조를 왜곡시킬 개연성이 높았다(윤진호, 2009: 71~73). 실제로 창출된 녹색성장 관련 일자리의 95%가 건설, 토목 위주의 단순노무직에 불과했다는 점도 정부가 제시한 녹색뉴딜 사업이 콘크리트 중심의 토목과 건설사업으로서 당초 취지와는 거리가 멀며 일자리 창출에 대한 전시효과를 부각시키기 위해 단순노무직 중심으로 짜깁기된 사업이었다는 비판을 면하기 어렵다(헤럴드경제, 2011.9.19). 이런 식의 한시적 일자리 창출에만 집중한다면 생태친화적 일자리 창출, 즉 그린 컬러의 장기적, 체계적 육성의 길은 더욱 요원해짐을 지적하지 않을 수 없다.

4. 신재생에너지[53] 육성의 정책철학적 한계

우리나라의 재생에너지와 수소, 연료전지, 전력효율성 향상 등 주요 녹색에너지 시장의 세계시장 점유율은 2007년을 기준으로 볼 때 1.4%에 불과하다. 이는 단기간의 보급목표 달성을 위해 그간 우리가 원천기술 개발보다는 기술수입에만 치중해온 결과이다. 참고로 주요 기술의 수입 의존도는 태양광은 75%, 풍력은 99.6%나 된다.

21세기 미래의 준비와 녹색성장의 본격적 추진을 위해선 수익창출 모델도 그간의 쫓아가기(catch-up) 모델에서 선도형(trend-setter) 모델로 바꿔야 경쟁력을 유지할 수 있다(국가과학기술위원회, 2009). 이런 점에서 정부는 신성장 동력으로서 태양광, 풍력 등 신재생에너지 개발계획을 발표했다.

---

53) 신재생에너지는 수소, 연료전지, 석탄, 가스복합발전 등의 신에너지와, 태양열, 태양광, 풍력, 바이오, 해양, 수력, 지열, 폐기물 등 재생가능 에너지의 총칭이다.

그러나 정부가 확대 투자하기로 한 태양광은 기술 선진국인 일본과 독일이 이미 우리보다 10년 앞서 있어 따라잡기 어려워, 오히려 음식물 쓰레기에서 연료가스를 뽑아내는 등 우리가 앞선 기술에 투자가 집중되었어야 했다.

정부의 신재생에너지 확대정책은 지속 가능성 증대 쪽보다는 새로운 성장동력의 창출에 크게 경도되어 산업 정책화되는 문제점도 있다. 특히 태양광, 풍력, 수소연료 전지, 석탄가스화를 추진했지만 수소연료 전지는 에너지가 아닌 에너지 사용기기에 불과하며 석탄가스는 어디까지나 석탄을 기반으로 해 친환경적이지 못하고 재생 가능하지도 못하다.

신재생에너지 입지 관련 규제의 완화로 인해 자연산천을 파괴하게 할 우려도 크고, 재정 부담을 핑계로 발전차액제도[54]를 폐지해 재생 가능 에너지의 확대에도 어려움이 크다. 정부는 바이오에너지를 2030년까지 20배 증가시킬 계획이지만, 이로 인한 곡물재배 면적축소에 따른 식량난과 환경파괴 등의 부작용에 대한 진지한 성찰이 없는 등(장성익, 2009: 59~63), 기후변화 등의 생태위기마저 이윤창출과 성장기회로만 활용하는 녹색자본주의 사고에서 크게 못 벗어난 아쉬움을 남긴다.

---

54) 신재생에너지의 발전원가와 한전 구매금액의 차이를 정부가 보전해, 소규모 투자자들의 발전 사업자로의 변신을 유도하는 제도이다.

5. 한국형 녹색뉴딜의 한계를 치유하기 위한 정책철학적 보완방향

미국의 오바마 정부는 SOC의 대규모 투자 등 전통적 경기부양책이 에너지 고소비 구조를 조장하기 때문에 이를 후순위로 미루고 녹색기술에의 투자를 더 강조했다(구준모, 2009). 그런 점에서 오바마의 그린뉴딜은 이명박 정부의 토목공사 중심의 뉴딜보다는 훨씬 전향적, 구체적이다.

오바마 미국 대통령은 석유에 중독된 미국경제의 위기와 한계를 녹색산업투자로 극복하기 위해 2009년 2월 17일 신성장 동력의 핵심 수단으로서 청정에너지 산업의 집중육성을 위한 7,820억 달러 규모의 경기부양법에 서명하면서, 미국의 경제위기를 극복하기 위한 단기 처방은 물론 저탄소 녹색성장이라는 중장기적 발전의 기틀도 마련했다. 즉, 고효율 그린 카, 스마트 그리드 사업, 신재생에너지 산업 등 녹색뉴딜의 추진을 위한 정책인프라 구축에 집중투자를 하며 아울러 저소득층 에너지효율 증대지원 프로그램에 50억 달러를 투입하는 등 빈곤층의 배려도 시도했다.

반면 우리 정부의 녹색뉴딜은 토목공사를 통한 꿰맞추기식 일자리 창출에 초점을 두어(조길영, 2009) 진정한 녹색성장 철학을 결여했다. 따라서 우리가 저탄소 일등 녹색국가로 재탄생하기 위해선 종전의 단기적 녹색뉴딜을 지양하고 중장기 녹색뉴딜을 다시 디자인해야 한다.

맥더나우는 이런 점에서 다음과 같은 새로운 발전관을 소개한다. 그는 1차 산업혁명의 핵심이 자원의 채취와 돈이었다면, 2차 산업혁명은 자원의 보존과 가치가 핵심임을 강조한다. 그러면서 그는 새로

운 산업혁명은 '자연자본에 의한 생산적 방법의 축적'으로 번영을 측
정하고, '의미 있는 고용기회'로 생산성을 측정하며, '유해성 없는 건
축'으로 발전을 측정하고, 생물, 문화적 다양성 여부로 행복을 측정
하는데, 이는 인위적 기계화보다는 자연 흉내 내기 등 생태친화적 삶
의 지향을 요구한다고 강조한다(스즈키, 드레슬, 2006: 191).

여기서 자연자본에 의한 생산방법이 제대로 된 '신재생에너지 육
성'을, 의미 있는 고용기회가 '그린 컬러의 체계적 육성'을, 무유해
(無有害)한 건축설계가 '녹색기술의 효과적 개발 및 투자'를 각각 가
리킴은 너무나 당연한 얘기이다. 상기한 논의를 통해 우리는 다음과
같은 한국형 녹색뉴딜의 정책철학적 보완방향을 도출할 수 있다.

〈표 9〉 현 정부 녹색뉴딜의 한계를 치유하기 위한 정책철학적 보완방향

정책철학	사이비 녹색뉴딜보다 생태친화적인 진정한 녹색성장
사업내용	- 실현 가능성 높은 신재생에너지 개발에 선택과 집중 - 한시적, 환경파괴적 토건 일자리보다는 녹색기술 관련 그린 컬러 육성을 통한 장기적, 안정적 고용창출 - 녹색기술 연구개발 투자확대 및 재정확보책 마련

1) 4대강 사업의 정책철학적 한계 성찰과 철저한 감사

정부는 홍수재해 복구비 및 예방 투자비가 연간 5조 원에 이르기
때문에 단기간에 예산을 집중시켜 홍수문제를 해결해야 한다고 주장
해왔다. 그러면서 만일 4대강을 정비하면 본류 및 지천의 홍수위가
하강해 홍수에 대한 근원적인 대책을 세울 수 있다면서 4대강 정비
사업을 강행, 완료했다.

그런데 2011년 초 정부는 4대강 정비사업의 후속사업으로 막대한 예산이 소요되는 지류정비 사업을 새로 제안했다. 당초 4대강 사업에는 없던 국가하천 및 지류하천을 대상으로 하는 이 사업에는 특히 30곳 이상의 주요 지천에 30여 개 이상의 댐을 건설하는 내용이 포함되어 있다.

4대강 정비사업의 문제점이 심각하게 드러나기 시작한 것은 2010년 추석 무렵 남한강 여주 인근에 쏟아진 호우로 인한 지천의 피해였다. 본류 중심의 과도한 준설을 추진하니 지천에 내린 호우로 지천 합류부에 과도한 침식이 발생한 것이다. 결국 4대강 정비사업을 지천정비 사업으로 확장하지 않을 경우 현재 4대강 사업의 결과를 유지하기 어려울 뿐 아니라 홍수피해도 피할 수 없게 된 것이다. 하지만 정부가 내놓은 지류정비 사업마저도 유역 중심의 관리방식이 아닌 댐 중심의 정비방식이다. 이는 미래지향적이지 못할 뿐 아니라 고비용의 유지관리 시설만 남길 수 있어 문제이다. 새 지천정비 사업제안은 곧 4대강 사업이 문제가 있음을 정부가 스스로 인정하고 만 셈이다(박재현, 2011).

그렇다면 무엇이 올바른 대책인가? 우선은 공사로 인한 하천 생태계 파괴 및 수질악화의 소지를 적발해내기 위한 신속한 조치와 차후에 반생태적 대규모 토건사업이 재발되지 않게 하기 위해 4대강 사업에 대한 철저한 감사가 필요하다. 국가재정법 시행령에 따르면 재해예방 사업의 경우 예비타당성 조사를 면제받지만, 보의 설치는 오히려 홍수위험을 높일 수도 있으므로 재해예방 사업이 아니어서 필히 조사되어야 한다는 의견도 적지 않다.

약식으로 이루어졌던 수질예측과 환경영향 평가상의 문제점 등 너무 빠르게 추진된 사업일정상의 문제점도 정확히 짚고 넘어가야 한다. 기술적 대목도 촘촘히 따져 보 건설과 준설 깊이 등 안정성엔 문제가 없었는지, 향후 대운하로 변질될 여지는 전혀 없는지 등 여러 의구심을 해소해야 한다(중앙일보, 2009.9.8).

그렇다고 정부의 녹색뉴딜을 전면 거부하는 것은 아니다. 1930년대 미국 대공황기의 뉴딜사업은 토목사업과 산림사업으로 대분되는데, 당시 뉴딜사업의 정책효과가 지금까지 지속되어온 부분은 숲과 산이다. 즉, 당시에 나무를 심고 산림휴양지를 조성한 것이 지금 미국 숲과 산림의 근간을 형성한다(이천용, 2009). 따라서 녹색뉴딜 27개 과제 중 토목사업은 지양하되 숲 가꾸기, 산지재해 방지, 산림탄소 순환마을 조성 등 산림사업은 좀 더 강화해야 한다.

2) 신재생에너지의 맞춤식 육성철학과 에너지 효율성 및 절약의 제5에너지원화

국제비교 시각에서 보면 탄소 제거하기 실행국들이 경제적으로도 크게 성공한다. 예컨대 스웨덴은 정부가 탄소세를 신설하고 핵반응로 2곳을 폐쇄한 뒤, 온실가스 배출량을 1인당 5톤으로 줄이자 이에 발맞춰 기업들이 재생에너지를 개발했고 이에 힘입어 경제성장률이 미국의 3배 이상 늘어났다. 이런 점에서 스웨덴을 비롯한 유럽 정책사례는 우리에게 많은 시사점을 준다.

유럽은 재생에너지원으로 생산된 전력용량이 기존 화석에너지원으로 추가 생산된 전력을 추월해 새로운 에너지 시대로 들어선 최초의 대륙이다(브라운, 2008: 358). 일례로 스웨덴은 환경파괴 및 기후변화에 대비해 세계 최초로 2020년까지 석유로부터 완전 독립한다는 오일독립 선언을 2006년에 발표했다. 이를 위해 원전을 추가 건설하지 않고 바이오매스, 수력, 풍력 등 재생에너지의 개발에 총력을 기울여 재생에너지만으로도 에너지 부족분을 메울 수 있는 방침을 세우는 등 세계적으로 가장 앞선 에너지 정책을 실천한다.

〈내용 보태기 4〉 스웨덴의 오일독립 선언

스웨덴 오일독립 선언의 내용은 다음과 같다.
첫째, 에너지 효율화를 위한 전문기관이나 센터를 설치해 매년 주택난방, 차량연료, 산업계 에너지 효율화 내용을 정부, 국회에 정기적으로 보고하게 함
둘째, 2020년까지 에너지 효율화를 최소한 20% 이상 증진
셋째, 도로운송 차량의 가솔린, 디젤 사용량 40~50% 절감
넷째, 산업체의 오일 사용을 25~40% 감소
다섯째, 거주지 및 상업공간의 난방은 오일 프리 목표화
여섯째, 미래 오일 사용량 감소를 위한 부단한 연구 및 프로젝트 개발
이를 통해 이 나라의 석유의존도는 1970년의 77%에서 계속 떨어져 2008년 현재 32%에 불과하고, 지난 30년간 재생에너지 개발에 노력해온 결과, 그 사용률은 EU 평균의 4배에 달한다(박두영, 2008: 274~276).

아이슬란드도 1970년대까진 석유와 석탄의 80%를 수입하다가 지금은 에너지 대외의존도가 0이다. 오히려 90%의 가정이 지열발전을 이용하고 지열, 수력발전을 통해 세계 최대의 에너지 수출국이 되는 등, 한때 경제적 생존을 위해 외국인 투자를 호소하던 나라에서 지금은 저비용 청정에너지를 필요로 하는 외국기업들의 기술제휴가 밀려드는 나라로 바뀌었다(Van Jones, 2009: viii). 덴마크도 생태경제의 선두주자로서 전기의 15%를 풍력에서 얻고 도시 교통망을 개편해 통행량의 32%를 자전거 이용으로 만드는 등 탄소배출-탄소고정의 균형에 접근하고 있다. 특히 덴마크는 풍력터빈 제조에 앞장선 나라로

서 2000년에 전 세계에 설치된 풍력터빈의 60%가 덴마크 회사의 것이다. 영국도 2001년 에너지절약 설비투자 장려 세금제도를 도입했다(브라운, 2003: 141; 2008: 382). 환경 후진국인 중국조차도 2006년의 재생가능 에너지법을 통해 재생에너지를 집중 육성할 계획이다. 즉, 2020년까지 전체에너지의 15%를 대형 수력발전을 제외한 재생가능 에너지원으로 충당할 계획이다(환경부 국제협력관실, 2008: 7).

결국 환경보전에 선견지명이 있으면 생태경제에서 한 발짝 우위를 선점하는 나라가 된다(브라운, 2003: 151). 신재생에너지 공급을 늘리면 온실가스 배출량[55]을 줄이고 에너지 수입비용을 아낄 수 있으며, 녹색산업 경쟁력도 키울 수 있다. 이런 점에서 정부가 2030년까지 신재생에너지를 11.5%까지 확대할 계획을 갖고 있는 점은 다행스런 일이다(지식경제부 자료). 그러나 좀 더 효과적인 에너지 육성을 위해선 예산 대비 보급효과가 큰 바이오 연료, 음식물 쓰레기 및 폐기물의 연료화 지원을 더 강화할 필요가 있다. 물론 기술 선진국들에 비해 다소 기술력은 떨어지지만, 산업파급 효과가 큰 연료전지와 풍력의 국산화도 지원해야 한다. 반도체, 기계분야에서 축적된 기술을 갖고 신재생에너지 장비와 소재의 연구개발을 적극 지원해 핵심소재 및 부품의 국산화도 도모해야 한다(미래기획위원회 엮음, 2009: 88~91).

재생에너지가 반드시 만능이 아님도 명심해야 한다. 지금도 우리

---

55) 통계청(2011)의 '2011 녹색성장지표'에 의하면 우리나라의 신재생에너지 보급률은 2005년의 2.13%에서 2010년에 2.61%로 소폭 증대되었다. 그러나 동기간 온실가스 배출량은 6.5% 증가한 6억 760만 톤을 기록했다. 이상기후에 따른 지속적 전력사용 증가가 원인으로 지적된다. 우리나라의 GDP 단위당 온실가스 배출은 0.4kg/달러로 OECD 주요국가 중 6번째로 높다.

는 선진국보다 1인당 전기를 더 많이 사용하고 있는데, 태양열을 통해 지금보다도 저렴한 전기가 대량 공급되면 전기를 더 많이 사용할 수도 있다. 특히 신안 앞바다, 시화호, 새만금, 강화도에 태양광 설치판이나 조력발전소를 조성할 경우 지역생태계 환경을 크게 파괴할 우려도 있다. 재생에너지가 무조건 착한 에너지는 아닌 것이다.

생태친화적 정책철학의 구현을 위해선 신재생에너지 육성 쪽으로 단순히 에너지와 기술을 바꾸는 데 그치는 것이 아니라, 사회 전체를 근본적으로 생태적 전환시키는 것이 필요하다. 이를 위해선 신재생에너지와 함께 '에너지 효율향상과 절약' 개념이 새로운 에너지원(源)으로서 제시되어야 한다.

우리나라도 기존의 석탄에너지를 10%만 효율화해도 약 100억 달러의 에너지 절약효과를 보일 수 있다는 연구결과가 발표된 바 있다. 이런 점에서 에너지효율은 제5의 에너지원으로 인식된다. 선진국에선 에너지절약과 효율을 공급하는 Negawatt 개념이 높은 단계로 발전해 있다(임성진, 2009).

중앙정부 중심의 중앙집중식 에너지 공급정책은 자칫 시민의 에너지 맹화(盲化)를 초래하므로 지역의 에너지 정치도 필요하다. 즉, 에너지절약 및 효율성의 향상으로 에너지 자립도를 높여 나가면서, 지역의 에너지 농사짓기를 통해 풍력과 태양광을 이용한 전기와, 태양열 및 바이오매스를 이용한 난방열을 동시에 생산해내는 것이 필요하다(이유진, 2009).

3) 녹색기술 개발의 중장기적 투자철학 및 관련재정의 확충책

재생에너지 개발 및 녹색기술 투자를 포함해, 전 세계적으로 녹색산업시장이 급성장하고 있다. 탄소배출권 시장과 신재생에너지 시장은 2017년에 가면 2007년 대비 3배 이상 확대될 전망이다.

세계시장을 선점하기 위해 일본은 지속적인 녹색기술 개발 및 투자로 녹색경제를 선도하고 있다. 예컨대 2007년의 Cool Earth Program, 2008년의 Clean Asia Initiative, 2008년의 후쿠다 비전 등 저탄소사회의 구축을 위한 주요 비전을 제시하고, 2020년까지 CO_2 배출량의 14%, 2050년까지는 60~80%의 배출량 감축을 목표로 설정하고 있다.[56] EU도 강력한 환경규제법을 제정해 글로벌 녹색시장의 주도권 장악을 위해 노력한다. 온실가스 규제를 통해 역내 산업경쟁력 강화, 회원국 공동의 신재생에너지 기술개발을 위한 정책지원도 강화하고 있다(환경부 국제협력관실, 2008).

정부는 우리나라의 녹색기술 수준이 선진국의 50~70% 수준이지만 상당 부분이 이미 비교우위를 확보한 전통 제조업에서 축적한 기술을 바탕으로 하므로 개발의 여지는 크다고 보며(미래기획위원회 엮음, 2009: 32), 녹색산업화 지수[57]가 주요국 15국 중 8위를 기록하고 있는 점을 그 증거로 내세운다. 단 일본, EU처럼 녹색경제로의 신속한 변화를 위한 구체적인 녹색기술 연구개발 프로그램이 필요한데, 이에 발맞춰 2009년에 녹색기술위원회에서는 후보군 75개 중 27개의 중점 육성기술 (예: 기후변화 예측, 핵융합, 태양열, 해양에너

---

56) 후쿠다 비전에선 CO_2의 감축뿐 아니라 이를 위한 에너지효율, 신재생에너지 관련 기술개발을 구체화해 세계적인 경쟁력 확보를 위해 노력하고 있다.
57) 이는 녹색기술 및 친환경제품의 비즈니스 모델 창출능력이다.

지, 친환경 공정, 그린 시티, 수소시장 등등)을 선정했다.

최근엔 IT, BT, NT, CT 등 첨단기술의 융합을 지향하는 융합 녹색기술로 녹색기술 개념이 확대되고 있다. 예컨대 세계최고 수준인 우리의 반도체 기술을 활용해 반도체 제조공정과 동일한 과정을 통해 양산되는 태양전지 기술의 선도 등 녹색기술의 융합화를 추진한다. 녹색기술은 독립적이 아니라 타 기술과 결합할 경우 현실성을 갖는 경우가 많다. 그 대표적 예가 그린 IT라 불리는 지능형 교통시스템이다. 그 외에도 녹색기술이 나노기술(NT)을 이용할 경우 에너지 신소재 개발을 통해 태양전지, 온실가스 분리막, 고효율 촉매 등 주요에너지 설비의 핵심재료 국산화가 가능해지고, 정보기술(IT)과 결합할 경우엔 에너지 절약형 전문시스템, 전력 송배전 시스템의 효율화가 가능하다.

정부의 녹색기술 개발방향은 위와 같이 비교적 잘 수립되고 있기 때문에 향후의 과제는 녹색기술 개발을 위한 재정투자 확보이다. 국내 주요기업들은 약 8조 원의 녹색에너지 투자계획을 갖고 있는데, 정부는 기업들의 투자를 강화하기 위해 에너지 및 자원사업 특별회계와 전력기금에서 기술개발 지원을 확대하고, 녹색설비 투자 인센티브를 강화해야 할 필요가 있다. 전문인력 양성 및 해외 우수기업과의 전략적 제휴도 촉진시킬 필요가 있다. 정부부터 솔선해 공공건물 에너지 효율화, 신재생에너지 설비 의무화 등 녹색산업의 초기 수요 창출에 앞장서야 한다(미래기획위원회 엮음, 2009: 52, 88~95).

재정지출 효과의 극대화를 위해선 사업 우선순위를 설정해 선택과 집중을 할 필요가 있다(도건우, 2009: 17). 녹색기술 개발 등 녹색혁신은 여러 분야에 걸친 정책이 많아 사업의 전략성과 통합성 강화를 위해선 일본의 정책군(policy cluster) 개념을 도입하여 예산제도의 획기적 개선을 통해 녹색기술 개발사업의 효율성을 강화시킬 필요가 있다.

일본의 정책군 사업은 예산의 중점배분을 목적으로 하는 예산개혁제도로서 2004년의 예산편성부터 도입된 횡단면 조정제도이다. 이는 민간 잠재력의 최대 활용을 위한 규제개혁, 제도개혁과 예산과정을 연계시키는 것이 골자이며, 복수의 행정부처가 공통의 정책목표 달성을 지향하도록 유도한다.

우리의 '범부처 사업'과 비교할 경우, 정책군으로 묶인 소수 부처가 참여해 사업 간 유기적 관계의 구축이 보다 용이하고 실무자들의 상시협력, 조정이 이루어져 사업의 집행 가능성을 더 제고시킬 수 있다. 물론 이것이 성공하기 위해선 부처 이기주의 탈피, 부처 간 시책의 연계강화와 중복배제, 규제개혁, 제도개혁과 예산조치의 유기적인 연결, 보다 적은 재정부담으로 민간수요와 민간자본 투자 유발하기 등이 전제되어야 할 것이다(송위진, 2009: 38).

4) 그린 컬러 노동자의 체계적 육성철학

기후변화에 대응하는 환경정책에 적합한 일자리 연구 및 그 확산을 위해 시작된 모임인 국제사용자기구(IOE)는 2008년에 「녹색일자리: 지속 가능한 저탄소 세계와 양질의 일자리를 위해서」라는 보고서를 제출했다.

이 보고서는 더 이상의 환경파괴 진행을 막고 사회적으로 배제된 수십억 명의 인구에게 양질의 일자리를 제공하기 위해선 에너지효율 건축, 수송, 원자재 생산, 재활용, 농업, 산림산업 전반으로 일자리를 확산해야 하며, 특히 청년, 여성, 농민, 빈민에게 녹색일자리를 제공해 저개발국의 환경친화적 성장에 기여할 것을 강조한다.

녹색일자리는 이런 에너지, 건물, 운송, 산업, 폐기물처리, 농경, 조림 등 다양한 부문의 광범위한 직종을 포괄한다(Kubit 외, 2009). 여기서 특히 그린 컬러(green color)라는 친환경 직업이 등장하는데, 이는 직간접적으로 환경의 질을 유지, 제고시키는 일자리로서 업그레이드된 중급 수준의 재생에너지 기술직들이 그 대표적 직종이다. 그 종류로는 에너지 효율성을 제고하는 리모델링 건설노동자, 에너지 상담업, 효율성 제고목적의 설비업, 하이브리드 버스기사 및 차수리공, 풍력터빈부품 제조공, 식재공 등이 있다(Van Jones, 2009).

그린 컬러 노동자의 체계적 육성은 장시간을 요구해 SOC 건설 위주의 단기적 일자리 창출에 비해 시간적 효율성은 높지 않지만, 장기적으로 볼 땐 관련 분야의 안정적 고용창출 효과를 제도적으로 보장할 수 있다. 따라서 한국형 녹색뉴딜의 생태친화적 정책철학 보완을 위해선 건설토목직보다는 그린컬러 육성의 체계적, 방법론적 고민이 긴요하다. 그렇다면 그린 컬러 노동자를 적극적으로 창출해주는 녹색인프라는 무엇인가?

향후 환경기준에 따라 산업이 재편되고 녹색기술이 핵심 기술화될 것인데, 일반적으로 녹색기술 개발은 높은 일자리 창출 효과를 나타내는 것으로 평가되고 있다. 예컨대 태양광 산업은 기존 화석에너지 분야에 비해 7~11배의 일자리를 창출한다. 실제로 독일은 태양광 에너지산업에서 10만 명, 덴마크는 풍력터빈산업에서 2만 명의 고용을 창출하고 있다. 이처럼 자연 속에 고용창출의 길이 있다(알트, 2004: 163). 특히 신재생에너지의 개발은 노동집약적 특성을 띠고 있어 녹색일자리의 성장 잠재성이 무한하다. 미래 고용성장 전망을 살펴보면, 풍력 및 태양력 양 부문의 총 일자리 수는 2030년경 800만 개를 초과할 것으로 보이며, 바이오매스의 경우 1,200만 개의 일자리를 제공할 수 있는 것으로 예측된다. 또 EU 및 미국 건축산업의 환경친화만으로도 향후 수십 년간 200~350만 개의 일자리가 창출될 것으로 보인다. 마찬가지로 자동차 산업에서의 녹색혁명은 기존 800만 개의 일자리를 녹색일자리화할 것이며, 대중교통의 확대는 운송부문에서의 엄청난 녹색일자리 성장을 유도할 것이다(Kubit 외, 2009).

생태적 서비스도 사회적 일자리 등 고용을 증대시킬 수 있다. 예컨대 중앙형 화력발전소보다는 분산형 풍력발전기나 태양광 발전이 관리인력 면에서 고용을 증가시키고, 관행농업보다는 유기농이 노동집약적이다. 녹색고용, 즉 에코 레인저, 숲 가꿈이, 지역생태보호사 등 사회적 일자리를 만들어 임금을 주는 것이 연말이면 멀쩡한 보도블록을 버리고 교체하는 정부예산보다 임금환산 효과가 더 크다(우석훈, 2011: 367).

아직은 재생에너지 및 에너지 효율성을 증대시키기 위한 기술 채택의 최대 장애물로서 법, 예산, 기술이 아니라 실무를 담당할 숙련노동력의 부족현상이 자주 지적되고 있다. 따라서 이들을 그린컬러 노동자로 육성해내는 다음과 같은 체계적인 고용창출 구조가 필요하겠다.

〈표 10〉 녹색인프라와 녹색일자리

녹색인프라 분야	대표 직종
건물에너지 합리화	전기기술자, 냉난방기 설치기사, 목수, 단열재 기술자, 건축 관리자, 건물 검사관, 건축기기 기술자
대량수송/철도화물 수송	토목기사, 선로건축 기술자, 버스운전사, 배차원, 기관사
스마트 그리드	컴퓨터 소프트엔지니어, 전자기기 조립기술자, 운영전문가, 전기 엔지니어, 전력선 구축과 수리기술자
풍력	환경엔지니어, 철강노동자, 기계수리 기술자, 판금 기술자, 산업생산 관리자, 생산 감독관, 전자기기 조립기술자, 건축기기 전문가
태양열	전기엔지니어, 산업기기 기술자, 금속가공 기술자, 설치보조 기술자, 노동자, 건축관리자, 용접공
개선된 생물연료	화학공학 기술자, 화학기기 전문가, 믹싱기기 전문가, 농업노동자, 농업상품 구매자, 농업감시관

출처: Pollin et al.(2008)에서 참조

월드워치 연구소의 「Green Jobs」 보고서에 따르면 SOC 쪽의 일자리는 급증해도 여전히 비정규직 저임금, 낮은 고용 안정성, 높은 산업재해의 위험이 도사릴 우려가 크다. 그러므로 신기술 개발을 통해 새로운 산업을 육성하고 이런 새로운 산업의 활성화를 통해 일자리를 제도적으로 창출해야 하고, 기술숙련도를 높이기 위해 반드시 재교육도 시행해야 한다(미래기획위원회 엮음, 2009: 130~131). 예컨대 미국은 녹색일자리법(Green Jobs Act Of 2007)을 제정해 실업자, 저소득층, 퇴직군인 대상의 기술직업 훈련을 체계적으로 실시하고 있다. 지금까지의 생태친화적 정책철학 보완 논의를 정리하면 아래의 그림과 같다.

〈그림 3〉 녹색뉴딜의 한계를 치유하기 위한 정책철학적 보완방향

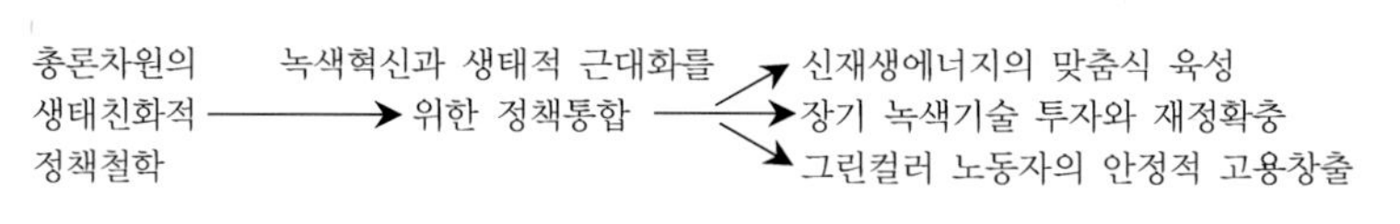

생태친화적 구조개혁철학

생태관료로서의 가치체계 전환과 생태친화적 정책철학 보완이 보다 촉진되기 위해선 관료들이 생태적 리더십을 발휘해 그에 걸맞은 일터(조직)와 절차를 스스로 조성[58]하게 하는 개혁논리의 실천이 요구된다. 생태친화적 조직개편 및 절차상의 개혁은 생태관료 육성에 있어 구조변수 차원의 문제이기 때문이다. 이 장에선 생태친화적 구조개혁, 즉 개발-보전부처의 단계적 통합과 구조조정의 철학 및 녹색 거버넌스 운영철학이란 각도에서 생태친화적 조직개편과 관-민 소통절차의 개혁논리 방향들을 논구해본다.

---

[58] 구조가 행위자를 강압하므로 구조개혁을 통해 의식개혁을 유도하는 개혁방법이 일반적으로 많이 채택된다. 그러나 Giddens의 구조화 이론에 의하면 행위자는 겉으로는 구조의 담지자, 즉 피동체로서 구조의 강압 속에 성찰 없이 행동하는 것 같지만, 실제로는 부단한 성찰과 관망을 통해 의도적으로 행동한다. Popper도 구조를 개인행위를 강압하는 총체로 놓되, 인간의 목적 추구적 의도에 따른 행위라는 매개체를 통한 구조의 변화 가능성도 강조한다. 즉, 행위자의 주체적 행위가 구조변화의 매개체로 자리 잡으며 구조를 생산, 재생산해낸다는 것이다(김용학, 1987). 이런 점에서 이 책에선 구조개혁을 통한 관료의 의식변화 못지않게 관료의 생태적 리더십 발휘에 의한 생태친화적 조직개편의 가능성도 중시한다.

① 조직개편: 보전-개발부처의 단계적 통합과 녹색구조조정, 녹색자치의 철학

1. 사전예방적, 통합적 관리를 위한 부처의 단계적 통합과 녹색구조조정 철학

생태문제는 우리로 하여금 통합적 문제해결력을 요구한다. 예컨대 인구과잉, 기후변화, 물 부족 현상이 심각해진 지금, 식량안보는 사회 전체와 정부 관련부처 모두의 문제가 되었다(브라운, 2008: 290). 미국을 예로 들면 에너지부가 농무부보다 미래의 식량안보에 큰 영향을 미친다. 화석연료로 인한 기후변화가 농작물을 시들게 하며 빙하를 녹여 삼각주 평야를 범람시키기 때문이다. 수자원의 효율성을 높이는 수자원부의 책임도 크다. 토지 비집약적 교통체계를 개발한 교통부의 결정도 기후안정이란 점에서 식량안보에 큰 영향을 미칠 수 있다.

그러나 근대 행정체제는 생태문제의 이런 통합적 인식에 근본적 한계를 보이기 쉽다. 근대 행정체제는 예측 가능성과 관리성을 높이기 위해 조직을 분리, 환원하는 전략을 택해 생태문제를 관리 가능한 세부단위로 정의하는데(Togerson, 1990: 117~119), 이처럼 생태문제를 기능적으로 세분할하는 조직방식은 파편화된 행정구조와 부처 이기주의를 유발해, 하위체계의 관할경계를 넘어서는 상호작용을 최소화시킴으로써 생태문제에의 사전예방적, 통합적 관리를 곤란하게 한다(Dryzek, 1990; 정규호, 2006: 192). 특히 관할 경계적 조직구조는 정부관료들의 생태적 전일성에 대한 자각과 이를 통해 생성되는 생태적 정책마인드의 형성을 원천적으로 불가능하게 만든다.

상기한 조직상의 문제를 해소하고 사전예방적, 통합적 문제해결력을 강화하려면 조직과 기능의 연계성 확보를 위해 개발-보전부처의 단계적 통합을 시도할 필요가 있다.

조명래(2003: 143~153)는 이런 점에서 단기적으로는 환경행정을 통폐합해 주무부처의 환경보전 업무를 강화시키면서 개발행정을 감독하고, 중기적으론 개발행정과 환경행정 부처의 기능을 전면 통합해 환경보전의 틀 안에서 개발사업을 기획, 집행하는 체제를 고려하며,[59] 장기적으론 국정운영 체제를 생태지속성 관리를 중심으로 완전히 재편해야 한다고 강조한다.

상기한 방향으로의 완전한 조직재편은 장시간을 요하고 그 과정에서 보전-개발부처 간의 이해관계도 자주 대립하므로, 과도기적으로는 실질적 권한을 가진 별도의 조정기구들을 두어 관료들이 환경-경제-사회의 연관성에 대한 생태적 자각 아래 각자의 의견을 책임감 있게 조율하게 할 필요가 있다.

예컨대 영국엔 부수상을 위원장으로 하는 환경각료위원회가 핵심부처들의 장관들로 구성되어 환경정책이 모든 정책의 최우선적 고려대상이 되게 하고, 여기서 각종 환경정책을 효과적으로 종합 조정하게 한다. 각 부처엔 녹색각료가 있어 해당 부처의 정책결정 과정에서 환경성과 검토를 적극 권장하게 하고, 해당 부서의 건축과 시설물의 환경성과 향상 및 녹색운영에 진력하게 한다(문태훈, 2002). 독일도

---

59) 우석훈(2011: 491)은 환경부와 국토부를 통합해 국토생태부를 만드는 것을 그것의 한 방안으로 제시한다.

1982년 이후 모든 주정부는 환경보호가 주업무인 장관을 두고 많은 도시에서도 환경 전임자를 시장 다음으로 잘 알려진 정치인으로 임명해 그의 업무에 힘을 실어준다(바이츠제커, 1999: 45).

우리도 생태지속성 관리를 중심으로 국정운영체제를 완전 재편하기까지의 전환기에서는 이런 이원화된 조직운영을 실질적으로 강화할 필요가 있다. 즉, 보전-개발부처 간 조정기구를 두어 관료들이 범정부 차원에서 정책을 실질적으로 책임 조정하고, 각 부처에서도 환경전담부서의 권한을 강화시켜 환경성과 제고와 녹색운영에 진력하게 해야 한다.

물론 우리도 이런 조정기구를 설치한 적이 있다. 즉, 경제-환경정책의 조율과 시민단체, 기업과의 상호협력을 강화하기 위해 2000년 대통령 자문기구로 지속가능발전위원회를 설립하고 재경부, 환경부 등 10개 부처를 이에 참여시켰지만 이 위원회는 갈등조정에 실패했다(중앙일보, 2006.11.1). 그 이유는 공약사업을 이행계획으로 만들어 이미 추진 중에 있던 각 부처들이 그간의 관성인 조직 이기주의에서 쉽게 벗어나지 못했고, 특히 환경을 기술관료적으로 관리해 자본주의를 지속시키려는 지속 가능한 개발론이 이 위원회의 지배적 환경 담론이었기 때문이다(구도완, 2006). 향후 새로 구성될 조정기구에선 이런 전철을 밟지 않기 위해 부처 간의 다각적 의견조율장치 마련과 참여하는 관료들의 생태적 자각과 진정한 생태적 리더십이 요구된다. 특히 부처 이기주의를 막기 위한 정책실명제, 환경안전실명제 등 사전 제어장치도 아울러 강화될 필요가 있다(이도형, 2008: 110).

생태계의 직접적 보전을 위해선 국립공원 관리시스템도 재정비되어야 한다. 미국 국립공원들은 자체 감사기능을 갖는 독립 외청(外

廳) 형태로 운영된다. 그러나 내무성 통제하에 중앙-지역조직 간에 일사불란한 관리체계를 갖추고 있다. 청장-부청장-7개 지역국장-공원관리소장 등의 조직체계는 연방국토에 흩어져 있는 모든 국립공원 단위(unit)들을 효율적으로 관리하고, 정책적 일관성을 유지한다. 자연자원과 역사자원의 통합관리도 가능하게 한다.

우리는 1986년 자연공원법의 개정으로 국립공원관리공단의 설립 근거를 마련했지만, 처음부터 건설부 산하에 조직이 마련되는 한계를 보였다. 1991년 내무부로 주무부서가 바뀌었다가 1998년에 비로소 환경부로 이관되었다. 그러나 국립공원관리공단은 현재 환경부의 본부조직도 아니고 소속 공공기관에 불과하다. 공단이 자연유산 중심의 시스템일 뿐이고, 공원 구역 내 역사문화 자원에 대한 관리는 문화재청 소관이어서 공원 내 문화재 보호의 사각지대가 발생한다.

따라서 조직개편이 필요하다. 산림청을 환경부로 이관해 국립공원관리공단과 더불어 보전구역 관리협력 체제를 구축할 필요가 있다. 현재 환경부, 해양부 등 부처별로 분산되어 있지만 생태적으로 민감한 보전지역 관리부서들을 통폐합해, 가칭 환경보전지역관리청을 신설할 필요도 있다(이지훈, 2010).

한편 개발시대의 필요에 의해 만들어진 채 아직도 개발주의 패러다임을 유지, 확대시키는 토목건설 관련 개발부처는 과감히 축소, 통폐합하고 개발공사들의 역할을 공급에서 수요관리 중심으로 신속히 전환시키는 '녹색구조조정'도 필요하다(오관영, 2003: 114). 예컨대 토지공사와 주택공사를 합쳐 더욱 힘이 세진 LH 공사를 주거복지라는 정상업무 관장장치로 전환시켜야 한다. 즉, 사회주택(social housing) 전담기관으로서의 새 임무를 부여하고 월세 보조, 지원 등 실질적인 주거복지를 담당하게 해야 한다. 한국농촌공사도 현재는 농촌지역 개발공사처럼 기능하고 있으므로, 농업 등 본래임무로 돌아가 농업의 생태적 전환 실무기관으로 활용해야 한다. 수자원공사는 방치된 지천관리, 서해안의 하구언 복원업무를 맡는 쪽으로 대대적인 녹색구조조정이 요구된다(우석훈, 2011: 487).

독일은 그간의 성장주의에 대한 뼈저린 반성으로서 1998년 원자력발전 폐기선언을 한 바 있는데, 우리도 한국원자력문화재단의 개편을 고민해야 한다. 강양구(2010: 113)에 의하면 이 재단은 시민이 내는 전기요금의 일부(3.7%)로 조성되는 전력산업 기반기금에서 매년 100억 원 이상을 지원받아 원자력 환상 유포에 앞장서 왔다. 유독 원자력만을 위한 홍보기관을 시민의 돈으로 유지하는 것은 형평성 기준에도 맞지 않다. 이 기관을 개편해 아직 걸음마 수준인 재생가능에너지를 지원하는 기관으로 바꿔야 한다는 지적이 있다.

2. 녹색 자치체화: 지방자치 철학의 녹색성 강화

정부조직의 생태 지향적 재설계는 중앙뿐 아니라 지방차원에서 더 실질적으로 이루어져야 한다. 특히 지역경제 활성화라는 명분하에 지역의 난개발이 더욱 가속화될 우려가 있어, '지방분권적 조직개편'의 일환으로서 녹색자치체화(地自體化)가 시급하다.

현 국토개발과 도시계획은 천상(天上)의 지리학을 근거로 한다. 그러나 높은 하늘에서 도면과 항공사진으로 판단하는 지표현상은 우리의 판단이 국토생태의 현실에서 멀어지게 할 가능성을 남긴다(최창조, 2005; 2007). 따라서 국토의 생태화를 위해선 지역자치 쪽으로 정책방향이 잡혀야 한다. 지역에서 앞장서야 구체적이고 안정적인 생태적 전환이 가능하다(오귀스트, 2006).

우리는 이런 점에서 먼저 생물지역주의(bio-regionalism)의 함의를 다시금 잘 살펴볼 필요가 있다. 생물지역주의의 목적은 인간의 문화, 사회, 정치적 구조가 그곳의 자연계와 조화를 이루도록 우리가 사는 장소(place)를 정확히 이해하고 그 진가를 재평가해, 인간 생활체계가 지역의 자연에 맞도록 스스로를 수정하게 하자는 것이다.

생물지역주의의 구현을 위해선 주민이 직접체험을 통해 지역 내의 자연과 인간의 관계를 다시 바라보는 것(re-envisioning)이 선행되어야 한다. 그다음엔 지역을 먹여 살려온 땅에 토착화하기 위해 지역에 다시 거주하는 법(re-inhabitation)을 배워야 하고, 마지막으론 지역생태계와 지역공동체의 복원을 통해 일상적 삶의 재구조화를 도모하는 다시 있게 함(re-storation)이 필요하다(문순홍, 2006a: 348~351). 지방정부들은 고유의 생물지역적 특성을 반영한 지역환경조례를 자율적으로 제정하고, 생태적 존재성을 토대로 독자적 환경진단을 정기적으로 실시하는 등 생태적 리더십을 적극 발휘할 필요가 있다. 그래야만 고유의 생물지역주의에 걸맞은 지방정부의 녹색자치체화가 가능해진다.

지방정부가 녹색자치체가 되어 생물지역주의를 실현하는 생태조절적 역할자로 거듭나려면 환경에 적응해 자연의 질서를 반영, 순응하는 쪽으로 자신을 개편해야 한다. 물론 그 개편방향은 인간 내부보다는 자연계의 원리(예: 공생, 협력, 평등, 순환요소)에서 복원해내야 한다(조명래, 2001: 3; 2002: 30~42). 정부의 생태적 존재성을 인정한다면 향후 지방정부가 장기적으로 발전하기 위해선 자신이 속

한 지역생태계와 공진화(co-evolution)해야 한다. 복잡계 이론에 의
하면 지방정부 역시 개체가 전체를 진화시키고 전체가 개체를 진화
시키는 등 환경과의 공진화를 통해 '자기 조직화하는 복잡적응체제'
여야 한다.

불행히도 우리의 지방정부들은 아직은 생태친화적 정책을 결정,
집행할 수 있는 능력과 전문인력이 부족해 중앙정부의 획일적 기준
에 맞춰 관할구역 내 환경오염을 규제하는 역할에 그치고 있다. 녹색
자치체화를 위해선 향후 지방분권을 통해 확보될 권한, 인력, 예산이
지방 환경전담부서의 위상과 내부조직을 강화시켜 그들의 생태적 리
더십을 제고하는 쪽으로 필히 연결되게 해야 한다.

이를 위해선 환경수도 콘테스트의 실시도 바람직하다. 예컨대 세
계 최고의 생태국가인 독일에선 9번의 콘테스트 실시에 1,356개의
자치단체들이 참여한 바 있다. 지자체 간에 선의의 경쟁을 유도하는
이런 콘테스트 실시는 환경친화적 활동의 필요성 인식, 구체적 행동
프로그램의 기안, 행정당국의 환경행정 자의식 제고 등 내부적 효과
와 더불어, 시 이미지의 향상, 타 지자체와의 광역적 협력, 정보교환
강화 등 외부효과도 갖는다(토시히코, 아키히사, 2004). 우리나라도
몇 년 전부터 한 중앙일간지와 국토계획 관련학회가 공동 주관하는
도시대상 부문에서 녹색도시를 선정하고 있다. 그런데 최근에 올수
록 생태친화적 생활기준에 따른 생태도시의 선정보다는 녹색성장 산
업 쪽으로 선정기준을 유도하는 것이 마음에 걸린다. 그래서 도시 선
정부문의 이름도 생태도시에서 녹색도시 부문으로 바뀐 것은 아닌지
의심된다. 이런 점에서까지도 생활정책 차원보다는 산업정책 차원이
지배적이어서는 진정한 생태적 전환이 요원해진다.

물론 녹색자치체를 만드는 것이 지방관료들만의 몫은 아니다. 서구에선 후기 근대에 들어와 도시 안에 근대적 마을을 만드는 풍조가 새롭게 조성되고 있다. 즉, 생태적 감수성과 네트워크를 가진 주민들이 본인과 후손을 위해 생태적으로 지속 가능한 삶의 터전을 만들기 위해 자신이 원하는 집, 학교, 공공시설을 스스로 만들며 마을 일을 토론, 기획하고 마을의 역사를 스스로 기록, 해석해나간다(조한혜정, 2007). Beck(1998)이 말하는 하위정치(sub-politics)가 실현되고 있는 것이다.

지방정부들은 이런 주민 주도적 마을 만들기의 조력자로서 지역 내의 다양한 조직과 사람을 연계시켜 주민의 자생적 마을 만들기에 활용되도록 적극 도와야 한다(이도형, 2008: 111~112). 그런 점에서 이는 지방관료들의 생태적 리더십을 키우는 좋은 계기도 될 수 있다.

② 절차개혁: 생태민주주의 숙의절차를 마련하기 위한 녹색 거버넌스 운영철학

지금까지 정부가 생태문제에 잘 대응해오지 못한 이유 중 하나는, 관료들의 환경철학 빈곤 속에 경제우선주의가 관료적 절차주의로 연결되면서 개발주의자들의 정당화 논거만 뒷받침해왔던 점이다(조명래, 2003). 개발대상 집단들의 목소리에 귀 기울이며 머리를 맞대고 그들의 생태문제, 생활문제를 같이 고민하는 생태민주주의가 쉽게 정착되지 못한 채, 관료적 절차주의는 지금도 지속되고 있다.

예컨대 4대강 사업 등 정부의 녹색뉴딜 사업은 5~9개월 이상 소
요되는 입법기간을 2개월 내에 초스피드로 추진하는 등 합의절차를
통과의례 정도로만 여기고 사회적 숙의(熟議)기간을 완전히 배제시
켰다(http://welvoter.co.kr/news/bbs). 또 유역별로 지역협의회
의원을 위촉, 마스터플랜을 확정한 뒤 6개월 내에 보상, 감정, 평가
를 완료했으며 2009년에 공사를 시작해 2년 후 준공하는 등 사업이
졸속 추진되어 왔다. 게다가 주민설명회, 공청회는 명분 쌓기에 불과
했다.

4대강 사업의 주무부처는 준공일정을 맞추기 위해 설계와 시공을
병행하는 패스트 트랙(fast track) 방식과 돌관공사(突貫工事)로 밀
어붙인 결과, 하천 생태계의 파괴와 수질 악화 등 부실공사를 자초했
고, 그 과정에서 과로와 사고로 쓰러지는 수많은 노동자들을 양산했
다(박재현, 2011).

이제 우리는 상기한 문제들을 성찰하며 탈(脫)토건 방향으로 나가
야 한다. 물론 그 과정에서 이해당사자 간의 만장일치형 결론을 도출
해내는 절차가 있어야 행정도 튼튼하고 오래 간다(우석훈, 2011:
498). 향후엔 4대강 사업 과정에서 완전히 무력화된 환경영향평가,
사전 환경성과 검토, 예비타당성 평가를 정상화하여 최소한의 숙의
절차조차 제대로 밟지 않으려 한 그간의 그릇된 정부행태를 견제하
고 재발을 막아야 한다.

이런 점에서 녹색합리주의 담론 아래 생태민주주의 숙의절차를 마
련하기 위한 녹색 거버넌스 운영철학의 바람직한 방향을 살펴보면
다음과 같다.

1. 지방차원에서의 관–민 간 녹색 거버넌스 운영철학

1) 생태민주주의 구현을 위한 사회적 합의형 녹색 거버넌스의 창출

Mol(1996)은 생태적 근대화가 녹색치장의 수준에서 그치는 것이 아니라 실제로 이행되려면 정부의 탈(脫)중심화가 중요하고, 특히 풀뿌리 조직의 적극적 정책참여가 무엇보다도 필요하다고 강조한다. 이에 따라 유럽에선 국가의 정책결정 방식이 중앙집권화된 폐쇄적 서클에서 벗어나 지방분권화된 참여민주주의 방식으로 선회하고 있다.

개발국가가 진화하는 현실적인 길은 국가중심의 신개발주의가 아니라, 정책내용의 생태적 건전성과 정책과정의 민주주의가 지방차원에서 결합한 생태민주주의의 길로 나아가는 것이다(김두환, 2006: 209~222). 예컨대 독일의 프라이부르크가 세계의 환경수도가 된 것은 처음부터 환경이 잘 보전된 점도 있지만, 그런 상태를 만든 민주적 과정과 이를 작동시키는 참여시스템을 구비했기 때문이다(조명래, 2007: 210~211). 즉, 이 도시엔 환경 NGO인 분트, 시민포럼 보봉, 연구소인 에코 인슈티튜트, 국제환경지자체연합의 유럽사무국, 녹색시민 만들기를 위한 사회 환경교육 등이 과정상에서 지속적으로 작용해왔다.

생태민주주의의 구현을 위해선 주민의 환경정보 접근권 보장, 즉 새 계획을 통보받을 권리, 정책과 기준설정에 참여할 권리, 의무를 다하지 못한 기관과 기구를 고발할 권리 등 환경정책의 절차적 권리체계를 체계적으로 확보해줄 필요가 있는데(에커슬리, 2005: 381) 이를 위해선 종래의 형식적 거버넌스가 아닌 참여지향적 녹색 거버넌스가 조속히 제도화되어야 한다.

녹색 거버넌스는 정책결정 과정의 개방성, 투명성을 높이기 위해 지방정부-기업-환경 NGO가 상호 협력하는 파트너십 체제로서, 그 임무는 환경 과부하를 최소화하는 기술개발과 더불어, 생산양식의 전환을 통해 지역의 경제뿐 아니라 정치사회 요소까지 모두 녹색화하는 시스템을 만드는 것이다.

여기서 지방정부는 단순 규제자에서 벗어나 녹색가치 실현을 위해 민-관 협력을 진작시키는 촉진자가 되어야 한다(최민자, 2007: 98). 향후 이런 민-관 소통적 계획과정을 중심으로 녹색 공(公)영역을 만들어, 생태발전에 대한 비전 공유와 정책우선순위 조정 등 관-민이 공동의사결정의 문제해결 역량을 함께 공(共)동사적으로 키워나갈 필요가 있다(정규호, 2006: 179~181). 물론 이를 위해선 관료의 생태적 존재성 인식 및 생태적 리더십에 의거한 행정공개주의의 제도화와 소통문화에 대한 관료들의 개방적 인식이 필요하다. 그래야만 발전의 공동사적 함의를 살린 생태민주주의 숙의절차가 녹색 거버넌스를 중심으로 신속히 정립될 수 있다(이도형, 2008: 112).

녹색뉴딜을 포함한 지역의 녹색혁신과 생태적 근대화는 특정지역 내의 산업, 기술뿐 아니라 정치, 경제, 사회, 문화, 복지, 노동 등 모든 분야에 해당되는 의제이므로 정책통합(policy integration)적 접근이 필요하다. 기존 과학기술계 및 경제계의 전문가 중심 거버넌스로부터 과학기술계, 경제계, 사용자 및 시민사회 내의 여러 집단이 참여하는 사회적 합의형 거버넌스로의 전환도 요구된다(송위진, 2009: 30~31). 특히 마을 만들기를 통한 녹색뉴딜은 전국적으로 일자리가 창출되는 매우 의미 있는 발전전략이므로, 정부의 정책지원은 물론 마을 지도자의 의지, 주민들의 관심과 적극적 참여, 외부 전문가의 지원이 필수적이다(차명제, 2009). 결국 지역 레벨에서의 다양한 주체들이 민주적으로 합의, 협력하는 사회적 합의형의 녹색 거너번스가 필요하겠다.

2) 엘리트 중심적 거버넌스보다는 주민 참여적 거버넌스로

우리의 경우는 일천한 자치역사로 인해 현 로컬 거버넌스가 정보, 자원, 지위를 독점한 지역 내 몇몇 지배 엘리트 간의 배타적 네트워크처럼 구성된 채 그들의 권력적 이해관계를 주로 반영하는 데 그치고 있다. 즉, 로컬 거버넌스가 자연히 이윤, 민간 경영원리, 탈규제를 강조하며 자본유치를 위해 지역환경과 복지를 희생시키는 쪽으로 작용할 수 있다. 이처럼 지배 엘리트들이 지방의 일상적 이해관계에서 차지하는 체제적 권력성과 이에 따른 불평등한 역학관계의 한계점을 진지하게 고민하며 사회부문 간 권력의 민주적 배분과 그 제도화가 선행되지 않는다면, 협의 민주주의 아래 지역의 녹색성장을 체계적으로 지향하는 녹색 로컬 거버넌스가 제도적으로 구현되기는 쉽지 않을 것이다.

대중 참여보다는 전문가가 각 분야를 대표해 참여하는 엘리트 중심적 거버넌스가 더 효율적이라고 보는 일부시각도 있다. 그러나 전문역량과 제도적 지위를 가진 관료, 경영자, 전문가, 시민운동 지도자가 선별적으로 참여하는 엘리트 중심적 거버넌스는 업무지향 정치[60](performative politic)를 지향해, 자칫 성과지향적 거버넌스의

---

60) 이는 자본동원, 정책 효과성, 개별 프로그램의 사업성 등 주로 경제적 쟁점을 중심으로 형성되는 이해당사자 간 연합, 배제의 역학정치가 되기 쉽다.

한계를 보일 수도 있다(조명래, 2003; 2009). 엘리트 전문가보다는 생태문제를 직접 앓는 주민들의 미래예측이 훨씬 더 정확한 경우가 많다. 이들은 생활현장에서 생존권 차원의 반대운동을 전개하며 온몸으로 문제점을 인식하고 미래의 사회적 실재를 자신의 처지와 입장에 맞게 만들어내려 하기 때문이다. 따라서 지역주민들을 정책입안 단계부터 참여시켜 관료들과 머리를 맞대고 숙의(熟議)하게 해야 한다.

지역환경의 보전과 지역생태계의 복원과정에선 사유재산권 제한 등으로 인해 많은 이해관계자들의 반대와 비판에 직면하기 쉬우므로, 지역생태계의 보전-복원정책 내용이 생태엘리티즘의 함정에 빠지지 않고 이해관계자들의 입장과 의견을 충실하게 존중하는 쪽으로 구성되는 것도 중요하다(Swart, Windt & Keulartz, 2001: 237). 실제로 EU의 보존-복원정책인 Natura 2000은 집행과정에서 멤버 국가들 내의 농민, 어민, 임업자 및 여타 지역 거주자의 강한 저항에 직면했다. 그래서 EU 소속 정부들은 중앙집권적, 하향적 접근을 포기하고 주민참여적, 상호작용적 방법으로 선회했다(Keulartz, 2009: 446~449). 예컨대 공공상담, 상호작용적 협치, 심의민주주의가 지역주민의 저항을 극복하고 정책산출의 정당성 확보 및 정책집행을 촉진시키기 위해 도입되었다.

지역주민들은 토지공동체와 야생자원, 지역 고유의 생태적 특징에 대한 생생한 지식을 갖고 있다. 그러므로 지방정부는 의사결정에 지역주민들을 관여시켜 이들의 시공간 지식(time and space knowledge)과 정보를 지역생태계 보전-복원정책에 적극 활용하도록 노력해야 한다(Leuenberger & Bartle, 2009: 34). 그들이 생래적으로 갖고 있는 시공간 지식은 건전한 환경정책 결정의 핵심적 구성요소이다.

이를 위해선 결국 민과의 파트너십이 긴요하다. 즉, 지역환경의 보전-복원정책 과정에 주민참여 유도, 자원 활동가와의 파트너십 강화 등 주민참여 차원의 녹색 거버넌스 구축이 요구된다.

2. 중앙-지방 간 녹색 거버넌스 운영철학

1) 녹색일자리 및 지역 녹색혁신사업을 위한 중앙-지방 간 유기적 협력

정부는 에너지 자립도, 녹색기술 수준, 환경성과 지수 등을 2030년까지 세계 10위 내의 선진국 수준으로 끌어올리는 등 녹색국가로서의 이미지를 정립하기 위해 녹색뉴딜 정책이 실제로 작동, 집행되도록 중앙차원에서의 역할분담계획을 발표했다(기획재정부, 2009). 즉, 녹색성장위원회 및 기획단은 정책방향과 전략의 설정 및 평가를 맡고, 기획재정부는 부처 간 중복사업 조정, 연계사업 간 우선순위를 설정하는 재정조정, 지원체계의 운용 등을 책임지며, 각 부처는 녹색뉴딜 사업 발굴, 선정된 사업의 집행을 담당하게 했다.

반면 중앙-지방 간 역할분담의 구체적 설계 및 협조체제는 상대적으로 부진하다. 물론 정부는 녹색성장 5개년계획의 중앙-지방 추진계획을 작성하고, 녹색성장 지방자치단체(지자체) 협의회를 구성하기도 했다. 그러나 재정지원 부분에선 중앙과 지방의 의견이 엇갈렸다. 2009년의 녹색뉴딜 발표 당시, 지자체들은 녹색일자리 창출이 지역경제 활성화에 큰 도움이 될 것으로 환영하면서도 5조 2천억 원이나 되는 지방비 부담이 알려지자 중앙의 발표에 신중한 검토를 해야 한다는 부정적 반응을 보였다.

정책사업의 성패는 일선 현장에서의 정책실행력이 좌우한다. 따라서 신속한 사업추진으로 경기침체 방지 등의 성과를 가시화할 필요가 있다. 특히 주요사업은 예산확보를 위해 계속비 사업으로 추진하고, 사업추진에서 예산 조기집행의 실효성을 확보해야 한다. 그러나 과거 우리의 경우는 경기부양을 위해 중앙에서 조기집행을 했지만, 지방자치단체에서 종종 집행이 지연된 적도 있었고(도건우, 2009: 17), 지금도 지자체들은 녹색뉴딜 사업의 지방비 부담에 소극적이다. 특히 대규모의 SOC 건설투자에 집중하는 식으로 녹색뉴딜이 전개될 때 필연적으로 드러날 토건국가의 문제점이 지방의 환경을 식민화하고 농촌을 몰락시키며 생태계를 파괴할 경우(장성익, 2009: 69), 중앙주도적 정책추진에 대한 지방의 정책협조는 쉽지 않을 것이다.

상기한 문제해결에 시사점을 주는 나라가 프랑스이다. 프랑스는 중앙-지방의 정책연계가 효과적이었다. 프랑스의 초기 녹색일자리 정책의 특징은 중앙이 직접 녹색일자리 정책을 집행하기보다는 지방정부가 주도하는 사업에 대해 중앙이 간접적으로 대출(credits) 등의 물적 지원을 했다는 점이다. 그러나 양자의 결합이 단지 재정지원에만 국한된 것은 아니었다. 중앙이 장기실업자를 위해 제시한 고용정책이 지방정부의 친환경정책과 결합된 것이 또 다른 특징이다. 가령 지방정부에서 환경관련 산업을 진행할 경우 이 사업에 필요한 인력을 충원하기 위해 중앙차원에서 진행하는 직업훈련제도를 이용함으로써 지방정부 차원에선 장기실업자에 대한 직업훈련을 실시할 뿐 아니라 그에 드는 비용도 절감할 수 있었다(손영우, 2009). 이처럼 프랑스의 초기 녹색일자리 정책은 지방의 주도로 진행되었지만 재정지원과 직업교육은 중앙의 고용정책과 긴밀히 결합되는 특징을 보였다.

향후엔 우리도 중앙-지방 간 긴밀한 협조체계 마련을 통해 녹색일자리 사업의 정책효과를 극대화하기 위해, 중앙-지방 사업을 적극 연계시켜 추진해야 한다.

이런 중앙-지방 간 유기적 협력체제는 녹색혁신산업에서도 다음과 같이 적용될 수 있다(이민형, 2009: 24). 중앙은 국가차원의 Green –RIS[61] 방향의 전략적 조율, 방향선도를 위한 규제 및 촉진정책 추진, 거시지표 중심의 지역녹색성장 종합관리(녹색지표), 기업의 녹색경영지표 개발공시(녹색투자 활성화)의 역할을 맡는다. 그리고 지방은 중앙의 방향과 전략의 충실한 수용 및 지원기반 제공, 지역혁신 활동조사 및 종합관리체제 구축, Green-RIS의 효율적 구현을 위한 인프라 정비, 차별화된 녹색성장 전략도출, 지역녹색 프로그램 추진, 자생적 혁신역량 개발에 기여하게 한다.

2) 재생에너지의 지방주도적 개발과 중앙의 행재정 지원

중앙-지방 간의 효율적 역할분담 체계는 재생에너지의 개발과 관련해서도 응용 가능하다. 그간 신재생에너지는 중앙정부 중심으로 추진되어 왔지만, 에너지 중앙 집중현상을 극복하기 위해, 이제부터는 기술적으로 인정받은 품목에 대해선 지자체들이 바람, 바닷물, 태양열 등 지역여건과 특성에 맞는 설비를 발굴해 설치할 필요가 있다(김형진, 2008). 즉, 천연가스버스, LED 조명 등 이미 선진국에서 개발된 기술의 단순투입 및 설치를 넘어, 지역특성을 반영한 녹색기

---

61) Green-RIS는 자연-인간이 상호조화를 이루는 살기 좋은 지역의 조성, 녹색산업 육성을 통한 지역성장 동력의 창출, 에너지 절약, 신재생에너지의 사용, 생태환경 조성 등 생활환경 및 양식의 변화를 목표로 한다.

술 개발에 대한 독창적 지역계획을 가져야 한다. 여기서 도시, 농촌, 도-농 복합지역의 구분과, 바람, 해류, 햇볕 등 자연환경도 고려해야 함은 당연하다(강기홍, 2009).

향후엔 지방이 에너지 개혁의 주체가 되어 신재생에너지를 지역의 입지조건에 맞게 만들고, 그것이 지역 내에서 적극 소비되는 구조를 만들어야 한다. 이를 위해 지역 내의 에너지 소비량과 관련 현황을 파악하는 지역별 에너지 소비목록(inventory)의 작성이 요구된다. 이를 통해 어떤 부분에서 에너지 절감이 가능한지를 파악하고 지역 특성에 맞는 재생에너지 생산계획을 수립할 수 있다.

단, 프랑스처럼 중앙-지방 간 유기적 협력이 전제가 되어야 한다. 즉, 전국적 효율성을 위해 중앙이 국토를 전체적으로 살펴서 지역별로 생산 가능한 재생에너지를 할당하면 지자체가 특성별로 에너지 개발을 주도하는 시스템이 필요하다. 물론 당분간 이에 대한 중앙의 지원은 필수이다. 중앙정부는 재생에너지 시설 공급자와 토지 임대자에게 세금을 공제해주고, 생산된 에너지가 그 지역에서 소비될 수 있도록 에너지 사용 농민에게 인센티브를 제공해줄 필요도 있다(미래기획위원회 엮음, 2009: 215~216).

물론 중앙정부 예산을 보조금 형식이 아니라 세제개편을 통해 아예 지자체에 주는 것도 한 가지 방법이다. 즉, 지방세로 전환하면 지자체가 중앙에서 별도로 받는 돈이 아니라, 원래 자기가 합리적으로 써야 할 돈으로 생각하므로 지방정부가 이 돈을 모두 토건사업에만 쓰진 않을 것이다(우석훈, 2011: 499). 그렇게 되면 자체 예산을 지역생태계 보전과 지역 재생에너지의 생산 쪽으로 적극적으로 활용하는 길도 보다 많이 열릴 것이다.

공무원 생태윤리의 확립

1 공무원 생태윤리 연구의 필요성[62]

경제회생을 위해 시장주의자들이 집권하면서 녹색뉴딜이란 정책적 수사 아래 추진되어온 각종 개발정책들로 인해, 겨우 둥지를 튼 인간-자연 간 상생적 국가정책 구도가 다시 허물어질 우려가 크다. 우리가 정부의 개발정책을 경계하고 다잡지 않으면, 4대강 정비처럼 국토생태에 큰 영향을 주는 대규모 토건사업의 재발과 지역경제 최우선의 난개발 등 정부의 각종 개발사업은 국토와 자연을 인간의 정복대상으로 폄하하는 토건국가적 파괴경로를 달리기 쉽다.

여기서 정책을 일선현장에서 설계하고 실제로 관장해나갈 공무원의 업무철학과 실천의지가 다시금 중요시되지 않을 수 없다. 환경을 보호하거나 파괴하는 실제행위의 귀착점은 공무원들의 세부적 정책

62) 제3편의 3장은 이도형(2011)을 수록한 뒤, 일부 내용을 생략, 보완한 것임.

결정과 구체적 집행에 의해 좌우되기 때문이다. [63]

공무원들이 '만물은 하나'라는 생태적 전일(全一)성과 자신도 생태계의 일부라는 생태적 존재성에 대한 자각 아래, 자신의 잘못된 의사결정과 반(反)생태적 정책집행이 위험의 부메랑이 되어 되돌아옴을 깨닫고 늘 자기 행동을 경계할 때, 인간-자연 간 상생적 정책구도의 단초가 마련될 수 있다. 나아가 지역현장에서 공무원이 단기적 개발이익의 향유보다는 반생태적 정책집행의 흔적을 적극 치유하고 더 이상의 생태계 파괴를 막기 위한 사전예방 노력에 진력할 때, 인간-자연 간 상생적 균형구도가 확립된다.

따라서 공무원들이 국토개발과 지역생태계 관리에서 최소한 무엇을 해선 안 되고 무엇은 필히 적극적으로 도모해야 하는지 등 생태문제에 대한 공직윤리적 접근이 요구된다. 인간-자연 간 상생의 길을 다지며 생태계 보전에 전념하도록 하기 위해 일선 공무원의 생태윤리[64] 확립과 그것을 촉진시키기 위한 전제조건 논의는 매우 긴요한 과제이기 때문이다.

이 장에선 상기한 문제의식 아래 다음과 같은 연구목표를 수행한다.

첫째, 생태적 전일성과 생태문제에 대한 정부의 영향력 논의를 중심으로, 정책권을 쥔 공무원들의 업무철학과 행동지침 변화를 도모하기 위한 공무원 생태윤리의 확립 의의를 기존 환경윤리의 성찰과 책임윤리와의 연결 시각에서 논한다.

---

63) 4대강 정비사업은 건설 카르텔의 경기부양을 위해 정권 차원에서 결정된 공격적 공공 프로젝트였지만(제임스 카드, 2010), 사업의 세부 추진방향과 집행지침 결정은 관련 공무원의 업무소관이다.

64) 여기선 공무원이 인간중심주의 시각에서 자연환경을 외적 주변으로 보고 개발 대상화하기 쉬운 환경윤리에서 벗어나, 생태적 전일성에 의거해 생태계 보전, 복원 규범을 스스로 찾아내 공직윤리로 설정하도록 하기 위해 생태윤리 개념을 도입해본다.

둘째, 책임윤리 유형, 생태윤리 논의의 시사점, 공직윤리의 주요측면을 종합 고려해 공무원 생태윤리를 다차원으로 범주화한 뒤, 각각의 윤리범주를 구체적 행동으로 옮기기 위한 기본 행위규범과 세부행동준칙들을 도출한다.

셋째, 윤리범주들을 기준으로 4대강 정비사업을 예로 들어 공무원 생태윤리 수준을 성찰한다.

넷째, 공무원 생태윤리 확립에 요구되는 전제조건들을 자세히 살펴본다.

② 공무원 생태윤리 확립에 대한 이론적 논의

1. 현대 정부의 환경주의 인식한계

자연을 지배하기 위해 '아는 것이 힘'이라는 Bacon의 경험론이 서구인의 지배적 사고가 되고, 무소유의 자연을 개척하면 그것이 곧 자기 땅이 된다는 Locke의 사유재산제 정당화 논거에 따라, 자연을 개발해 인간제국의 영역을 넓히자는 개발과 정복의 논리가 각국의 산업화 과정에서 팽배해졌다. 이로써 자연은 인간의 목적달성 도구가 됐고, 자연에 대한 도구적 가치관 하에 현대정부의 환경인식은 다음과 같은 한계를 노정했다(한면희, 2005: 54).

현대 정부들은 20세기 산업주의 시대의 절대명제인 '행복하고 번영된 국민 창출'에 고무되어, 산업사회의 효율적 작동을 위해 요구되는 지식과 기술의 개발을 행정의 기본역할로 인식했다. 예컨대 20세기 초 미국의 보존운동은 국민의 부와 보건증진을 위해 자연자원의 과학적 관리와 이용을 중시했다. 1960~1970년대의 개혁적 환경주의(reform environmentalism)도 각종 오염과 자원고갈 등 산업화의 환경침해를 최소화하기 위해 과학정보에 입각한 환경규제를 추구했는데, 그 궁극적 목표는 산업사회 유지였다. 20세기 말에도 국민 삶의 질 개선을 위한 환경 어메니티 추구 등 정부의 자연개입은 정당화되었다. 오염관리는 공중보건에 중요했고, 자원고갈은 물질적 복리를 위협했기 때문이다(Cawley, 2001: 84~92).

산업화 시대에선 국가발전조차 성장의 문제로 인식되었다. 발전연구는 가치변화를 향한 철학적 탐구가 아니라 물적, 인적 자원을 가장 능률적으로 동원, 배분하는 방법에 대한 기술적 검토, 즉 가치자유적 경제공학으로 여겨졌다(Goulet, 1997: 1170). 특히 도구 합리성에 의거한 기술관료 통치하에서 사회문제가 계산논리로 규정되고 일상생활이 기술, 행정적으로 제어되면서 자연도 그들의 도구적 통제하에 개발대상이 되기 쉬웠다(Parkin, 1994: 22).

현대 환경주의 인식의 한계를 극복하기 위해 1990년대에 들어 각국 정부는 지속 가능한 개발(ESSD)에 합의했다. 그러나 지속 가능한 개발에 대한 비판도 만만치 않다. 자원의 현명한 사용에 기반을 둔 지속적 성장이 결국 그 핵심이라는 것이다. 따라서 지속 가능한 개발은 궁극적으로 자연보호가 아닌 개발의 보호를 의미한다는 지적도 있다(볼프강 작스, 2001). 비록 지속 가능한 개발이 환경-경제의 조화를 강조하긴 했지만, GNP 등 경제기준은 핵심요소로 취급한 데 비해, 생태계지속 측정변수 등 생태적 건전성 논의엔 소홀한 채 기술, 경제중심 논의에 경도되고 있다는 것이다(정규호, 2005: 19). 이런 점에서 녹색론자들(문순홍, 2006: 308)은 지속 가능 개발론자들이 환경공학에 의지해 생태문제를 국지화, 미시화한 뒤 인간중심주의, 기술낙관론 등 지배적 세계관을 그대로 수용해 관례화된 틀 내에서만 작업하며 생태계 파괴를 초래했다고 비판한다.

2. 생태적 전일성 및 생태문제에 대한 정부의 영향력 논의

우리가 자연을 인간과 분리된 타자, 즉 이질적 약자나 인간의 목적 달성 도구로 볼수록 자연을 지배, 개발하려는 인간의 욕구는 증폭된다. 그러면 사회-환경문제는 경제문제로 환원되고, 우리는 단기적 개발이익과 성장업적에 집착하며 생태계 파괴를 용인한다.

그러나 세상 만물은 좋든 싫든 서로 긴밀히 연결되어 있어 어느 하나가 다른 하나의 존재조건, 존재환경으로 작용한다. 또 그 상호 연결성 때문에 서로가 더불어 같이 존재할 때 각자의 존재가치는 더욱 빛난다. '만물은 하나'인 것이다. 이를 생태적 전일성이라고 부르는데, 인간도 이런 생태적 전일성을 토대로 자연스럽게 생태적 존재가 된다.

생태적 전일성과 생태적 존재성에 의거할 때, 국가는 "영토라는 자연계 내에서 국민공동체적 삶의 관계가 지속되도록 다스려지는 하나의 유기적 생태체계"로 정의될 수 있고, 정부는 영토-국민 간 결합을 통해 통치구조를 조절하고 생명의 지속성 유지를 관리하는 생태조절적 역할자 혹은 생태지속성 관리자가 된다(조명래, 2001; 2002). 상기한 이유로 인해 생태계 관리에 앞선 나라들은 인간이익보다는 자연의 순환능력을 우선 고려한다. 보속(保續)사상에 의거한 항속림,

법정림 보전, 역(逆) 간척, 생태하천형 복원이 그 예이다.

우리도 생태계의 순환능력을 복원하기 위해선 생태적 전일성과 존재성에 대한 자각 아래 도구적 자연관을 버리고 생태친화적 정책기조를 차분히 설계하며, 정치-경제-사회를 총체적으로 재구성하는 등 생태적 전환의 돌파구를 찾아내야 한다. 단, 한 나라의 환경수준은 정부관료제의 구체적 정책에 의해 좌우되므로, 생태적 전환의 키를 쥔 공무원의 가치체계, 행동정향, 정책이해를 생태친화적으로 바꾸려는 노력이 우선 요구된다.

공무원이 생태적 전일성에 대한 자각 아래 얼마나 생태친화적 가치체계와 행동정향을 보이느냐에 따라 국토개발 및 지역생태계 관리의 방향과 성격이 결정된다. 따라서 우리는 현 생태위기를 맞아 생태적 합리성을 제고하는 쪽으로 공무원들의 인식을 전환시킬 필요성에 주목하지 않을 수 없다. 생태문제 원인과 관련해 정부를 필요악으로 보던 기존의 인식 틀을 뛰어넘어, 사회 전체를 생태적으로 지속 가능한 쪽으로 전환시키는 핵심기제로서 정부 관료제 역할을 재설정할 필요성이 크다(Eckersley, 2004; 이도형, 2008).

3. 공무원 생태윤리의 확립의의: 환경윤리의 성찰과 책임윤리와의 연결

여기서 공무원들이 국토개발과 지역생태계 관리에서 최소한 무엇을 해선 안 되고 무엇은 적극 도모해야 하는지 등 공직윤리에 대한 또 다른 차원의 심층적 논의가 필요해진다.

Jun(1986: 275)에 의하면 공직윤리는 공무원이 올바른 행정이 무엇인지 그 답을 찾기 위한 일종의 성찰과정으로서, 공무원이 자아성찰을 통해 스스로 올바른 행위규범을 발견하고 그것을 실천하는 데 그 목적이 있다. 따라서 공무원은 항상 윤리적 공간(ethical space) 속에 존재해야 하고, 그의 행정행위는 고도의 도덕원칙으로 구성된 가치판단에 뿌리를 두어야 한다. 따라서 가치중립적인 단순한 심부름꾼처럼 행동해선 안 된다(Woller, 1998: 86).

따라서 향후 개발이익이 난무하는 생활현장, 개발현장에서 자칫 생태문제를 유발할 소지가 있는 세부결정을 내리기 쉽거나 또는 그런 상황에 불가피하게 직면해 당황하게 될 공무원들이 바로 현장에서 무엇을 신속하게 성찰, 자각하고 어떤 가치체계에 의거해 행동방향을 올바르게 수정하며 생태적 가치를 지켜낼지에 대한 구체적 행위규범과 세부 행동준칙을 만들어 체계적으로 제시해주는 새로운 실천윤리가 요구된다.

여기선 환경윤리 대신 생태윤리 개념을 도입한다. 환경은 어원학적으로 인간을 중심에 두고 자연을 그 외적 주변으로 보는 개념이다. 따라서 환경윤리는 자연을 인간의 도구로 보는 인간중심적 세계관을 전제로 해, 자연을 개발 대상화하기 쉽다. 또 공리주의 경제관에 따라 현 물질문명의 틀을 유지하는 한도 내에서 환경문제의 과학기술적 해결을 시도하는 실증주의 과학관과 사후관리 해법식의 규제정책을 옹호한다.

그러나 극심한 환경파괴로 인해 인류생존 자체가 위협을 받는 오늘엔, 인간중심주의를 완전히 극복하지 못한 채 법규준수와 기술 낙관론식의 자연활용에 만족하는 환경윤리에서 벗어나, 인간-자연관계를 근본적으로 재정립하기 위한 보다 강한 윤리적 접근이 요구된다.

한편 생태주의는 자연존재 간의 상호 연결성을 바탕으로 한 전체론적 접근과 유기체적 사유 등 생태학적 세계관을 자연-인간관계를 재설정하기 위한 가치관으로 확장하는 새로운 윤리적 해석단계이다 (한면희, 2007: 18~22). 생태주의는 인간을 생명공동체의 일원으로 간주해, 인간이 자연질서를 거스르지 않도록 양자의 관계를 존중하기 위해, 자연을 신중히 이용하되 생태계 파괴를 철저히 제한하는 행동원리로서 생태윤리를 강조한다.

생태윤리는 우리가 생태적 전일성에 대한 자각 아래, 자연에 대한 도구적 관점을 버리고 자연의 순환능력을 보전, 복원하는 쪽으로 행위규범을 스스로 설정하며, 점차 생태적 전환의 돌파구를 찾아가게 하는 개념이다. 또 가치자유적 경제공학이 파생시킨 자연파괴형 성장전략을 성찰하고 인간-자연관계의 질을 높이는 보다 강한 윤리적 기틀을 발전과정에 제시해준다는 점에서(Goulet, 1997), 환경윤리보다는 시대적 적실성을 더 갖는 상위개념이다.

생태윤리는 그런 점에서 현대윤리학의 핵심인 책임윤리와도 연결된다. 근대윤리학이 자율의지에 바탕을 둔 인간을 상정한다면, 현대윤리학은 과학기술을 통해 확장된 인간의 힘에 비례해 발생하는 도덕적 책임문제에 답해야 하는 시대상황에 직면해 있기 때문이다.

Jonas(1984)는 인간의 증대된 힘과 그 힘을 따라가지 못하는 지식 간의 윤리 공백을 지적하며, 현대 과학기술의 부정적 측면이 야기한 생태계 파괴와 생명권 유린을 제한하기 위한 인간 가능성을 책임개념과 연결시킨다.[65] 여기서 어떤 규범상태를 실현하기 위해 개개인을 강제하는 책임 개념은 윤리와 만난다. 윤리는 제 생명에 대한 도

---

65) 인간의 양심은 자신의 행위를 근본척도(Synderesis)에 연결시키는 반성적 검증행위이자, 자기 행동을 교정해 근본척도에 일치시키려는 자기 회복력, 즉 궁극적 자기구제이다(이정일, 2009: 207~208).

덕적 고려이자 확장된 책임이다(변순용, 2007: 174). 그래서 책임윤리는 자연에 대한 인간의 존재론적 책임확대를 강조한다.

인간-자연뿐 아니라 미래의 우리 자신과 후손세대를 위해서도 자연환경과 생태계에 대한 책임윤리적 확장은 긴요하다(Alroe & Kristensen, 2003: 78). 시간 틀(time frame)의 확장을 통한 장기적 정책안목이 요구되기 때문인데, 국민 삶의 질을 제도로써 제고시켜야 할 공무원들은 눈앞의 재선을 염두에 둔 정치가들보다는 직업공무원 제하에서 장기적 시간 틀을 자신의 역할관에 보다 잘 통합시킬 수 있고 또 반드시 통합시켜야 한다(Luton, 2001: 77). 이런 점에서 단기적 처방 위주의 환경윤리보다는 장기적 관점에서 근본적 치유를 도모하는 생태윤리 개념이 책임윤리 차원에서도 더 적실성을 갖는다.

현재 생명과학(공학)이 보건의료, 농업 및 환경분야의 정책결정 과정에 큰 영향을 미치지만 유전자 복제, 생화학 전쟁, 유전자 변형식품 등 생물정책(bio-policy)은 공공정책 교육을 받지 못한 과학자들에 의해 주도된다(Meyer-Emerick, 2007: 704). 따라서 책임윤리적 고려가 배제된 의문투성이의 정책결과를 낳지 않도록 환경, 농업 등 지속 가능 정책분야에서 공무원이 광범한 학제 간 과학팀을 관리하는 행정 전문가로서 윤리적 중재자 역할을 잘 해야 한다. 지속 가능성 문제의 이해는 과학지식을 필요로 하지만, 그런 정책결정에 수반되는 생명윤리 문제의 해결책은 책임윤리 지식을 요구하는 것이다(Leuenberger & Bartle, 2009: 127).

<표 11> 환경윤리의 한계를 극복하기 위한 공무원 생태윤리 확립의 의의

윤리	환경윤리	생태윤리
인간-자연 관계	자연에 대한 도구적 관점, 인간중심주의	전체론적 관점에서 인간을 자연의 일부로 봄, 인간-자연 관계의 근본적 재설정을 위해 보다 강한 윤리적 접근 강조
문제해결의 관점	법과 규제, 과학기술 낙관론적 처방	과학기술의 부정적 측면을 제어하기 위한 책임윤리 강조, 자연에 대한 책임윤리 확장을 통해 인간-자연의 공생, 조화 추구
시간관과 정책이해	자연자원 보호를 통한 단기적 개발이익	장기적 시간 틀에 의거해 자연파괴형 성장의 근본적 치유, 사회 전체의 생태적 전환, 생물정책 과정에 생명윤리 도입

③ 공무원 생태윤리의 주요범주 및 행위규범

생태계에 미치는 모든 정책결과에 대해 공무원이 책임윤리를 갖도록 하기 위해, 개발이익이 난무하고 반생태적 정책집행이 이루어지기 쉬운 국토개발현장, 지역경제현장에서 이들이 필히 참고하고 준수해야 할 행위규범과 행동준칙[66]은 무엇인가?

책임윤리 유형과 생태윤리 논의의 시사점, 공직윤리의 주요차원이 공무원 생태윤리의 범주설정에 참고가 되므로, 이 3가지 논의를 종합한 뒤 거기서 생태윤리 범주를 도출해본다.

---

66) 윤리는 사람이 특정상황에서 무엇을 어떻게 해야 할지에 대한 준거 틀을 제공하는 행위규범(code of conduct)이다. 행위규범은 특정상황에서 기대되는 행동준칙(準則; working rules)들로 구체화되고 실천된다.

1. 책임윤리, 생태윤리, 공직윤리 논의의 시사점

1) 현대 책임윤리의 유형: 소급(치유)책임과 예방책임

실천윤리인 공무원 생태윤리는 책임윤리로 진화해야 한다. 실천윤리의 공통주제는 행위자로서 해선 안 되는 것과 꼭 해야 할 것을 규정하는 존재론적 책임의 문제이기 때문이다.

존재론적 책임은 존재적 사실의 결과에 대한 책임에서부터 시작해 미래에 대한 존재적 당위로 전개된다. 이처럼 책임개념은 당위개념을 내포하며, 그런 존재당위(Seinsollen)에 대한 반응으로서 누군가의 행위당위(Tunsollen)도 내포한다.

이런 점을 고려하면 책임윤리의 유형은 행위결과의 사실에 대한 인과적 소급(치유)[67] 책임과 미래지향적인 행위당위적 책임으로 대분되는데, 다시 전자는 도덕적 사후관리 차원에서 특정 인과적 행위에 대한 소극적 치유책임과 적극적 치유책임으로 나뉜다. 그리고 후자는 향후 특정결과가 일어나지 않게 할 적극적 예방책임이 된다(변순용, 2007: 132).

2) 생태(환경)윤리 논의의 시사점: 자연환경 보호, 보존에서 생태계의 보전, 복원 쪽으로

환경윤리,[68] 생태윤리와 관련해선 현재 다양한 시각이 존재한다.

---

67) 책임윤리에선 소급 표현을 쓰지만, 소급에서 그치지 않고 치유가 생태문제 해결의 궁극적 목적이므로, 여기선 치유책임이라는 개념을 쓴다.

크게 보면 인간중심주의와 비인간중심주의가 있는데, 전자는 강한 인간중심주의와 약한 인간중심주의로 나뉘고, 후자는 다시 생명중심주의와 생태중심주의로 나뉜다(Stenmark, 2002).

강한 인간중심주의는 자연에 대한 인간의 지배를 강조하고, 자연을 인간이익을 위해 관리, 이용될 수 있는 자원으로 취급한다. 이런 점에서 자연보호(保護)는 인간효용의 극대화라는 자원개발 목적의 단순한 수단이 되기 쉽다. 반면 약한 인간중심주의는 인간의 만족뿐 아니라 인간이 그 일부이기도 한 자연 생태계의 지속도 중시한다. 따라서 자연자원 이용에 대한 최소한의 안전기준을 마련하며, 간혹 자연에 본질적 가치를 부여하기도 한다. 단 비인간적 생물종이 인간의 기본욕구를 위협할 경우(예: 코끼리, 멧돼지의 경작물 파괴, 말라리아모기에 의한 인간질병 확대)엔 그들 서식지의 보존에 반대한다(Barrett & Grizzle, 1999: 34).

비인간중심주의인 생명중심주의(biocentrism)는 인류생존을 위해 다른 생명체가 필요한 것이 아니라, 그것들이 단지 존재한다는 이유만으로도 그것과 인간 간엔 윤리적 고려의 관계가 성립된다고 본다. 야생지, 웅장한 경관 및 국립공원도 국가유산이나 국가의 역사라는 점에서 본질적 가치를 지닌 것으로 본다(데자르뎅, 1999: 214~221). 대표론자인 Taylor는 이런 점에서 출발해 '자연에의 존중' 개념을 창안했다. 자연존중의 태도는 모든 생물, 개체군, 생명공동체가 자신의 본질적 가치를 지닌다는 확신에서 출발하는데, 우리가 모든 생명이

---

68) 전술했듯이 환경윤리는 한계를 갖는 개념이지만, 후술하는 4대강 정비사업에서 보듯이 우리의 현실은 소극적 통제책임 법규 위주의 환경윤리조차 제대로 준수되지 못하는 실정이다. 이런 이유로 환경윤리의 일부 측면, 즉 법적 규제를 생태윤리의 소극적 범주로 설정해 일정부분 활용해본다.

각자 타고난 가치의 주체임을 인식할 때, 그것들을 결코 도구적 기능을 수행하는 객체나 대상으로 전락시킬 수 없다는 것이다.

생태중심주의(ecocentrism)는 생명중심주의의 확장적 견해로서 자연의 본질적 가치를 더욱 강조한다(Barrett & Grizzle, 1999: 33). Leopold는 자연은 하나의 생태재(ecological good)이며 전체로서의 자연은 그 자체의 권리를 지니므로 있는 그대로 보전(保全)되어야 한다는 등 생태계 보전사상의 주요원칙을 제공했다(Tyburski, 2008: 101~104). 생태중심주의는 인간을 자연 생태계의 평범한 성원으로 보고 인간이 자연에 간섭하지 않음으로써 자연을 그대로 보전하거나, 자연의 자율적 복원력을 신뢰할 것을 강조한다(Leopold, 1949).

상기한 것처럼 자연의 도구적 가치에서 벗어나 그것의 본질적 가치를 인정할 때, 자연에 대한 인간의 인식은 인간-자연을 별개로 보는 분리적 인식에서 체계적 인식으로 전환될 수 있다. 분리적 인식은 인간지식에 의거한 과학적 예측과 통제를 중시한다. 즉, 과학지식에 의거해 계산된 위험과 예측된 효용에 비례해 행동할 것을 지지하는 위험진단과 비용-편익분석을 시도한다. 따라서 합리적 의사결정을 추구하지만, 그 과정에서 피영향 집단인 자연의 본질적 가치엔 무지하다(Alroe & Kristensen, 2003: 62). 반면 체계적 인식에선 자연생태계를 인간과 세상만물이 서로 상호작용하는 질적 충만성의 세계로 본다. 인간을 유기체로 보면 마음, 생각, 자아 같은 인간의 고유한 특성(nature)도 자연(Nature)의 한 부분이란 것이다.[69] 그런데도

---

69) 생태주의에선 2개의 자아를 구분하는데, 그중 하나(self)는 인간의 의식적 신념, 욕구, 내용들로 구성된 자아이고, 다른 하나(Self)는 이런 자아의 배후에서 자연과 함께 있는 큰 자아이다. 큰 자아의 실현은 인간-비인간, 자아-타자 간에 어떤 존재론적 구분도 없음을 체험하는 과정으로서, 결국은 자기를 더 큰 전체인 생태계의 일부로 인식하는 자기반성의

현대 과학지식이 인간의 마음과 자연의 물질세계를 분리시켜, 자연을 가치자유적 인간조종의 객체로 취급한다고 비판한다. 따라서 체계적 인식은 인간지식의 한계를 성찰하며 자연의 자율적 복원(復原)력을 강조한다(Rosenthal & Buchholz, 1998: 399).

자연의 본질적 가치와 인간-자연관계에 대한 체계적 인식을 강조하는 상기한 논의는 우리가 생명중심주의와 생태중심주의의 본질을 좀 더 반영하는 쪽으로 생태윤리의 내포를 깊게 할 필요성을 보여준다. 우리가 자연의 본질적 가치를 인식할 때, 도구적 자연관에 따른 분리적 인식에서나 가능했던 단순한 자연자원 보호나 소극적 환경보존에서 벗어나, 생태계 보전과 복원을 위한 공무원의 적극적 책무에 대해 체계적으로 인식할 수 있다.

3) 공직윤리의 2차원: 소극적 윤리와 적극적 윤리

윤리는 행위의 옳고 그름을 구분하고 판단하는 기준이다(Sheeran, 1993: 49~50). 즉, 인간으로서 해선 안 되는 것은 최소한 하지 말도록 법규로 정하고, 인간으로서 응당 해야 할 바람직한 도리라면 그것이 법적 근거가 미비하고 타인이 요구하기 전이라도 열정을 갖고 적극 솔선할 것을 요구한다(Rosenbloom, 1983).

그렇다면 공무원 생태윤리는 자연을 해하는 행동을 하지 말라는 법규준수(legal compliance) 차원의 최소한 통제책을 강조하거나, 해선 안 되는데도 불구하고 이미 파괴시킨 자연에 인위적 관리를 가해 더 이상의 자연자원 훼손을 막고 환경을 보존해내는 소극적 윤리

과정이다(데자르뎅, 1999: 353~355).

와, 법에 근거가 없더라도 생태계 보전-복원이 바람직하다고 생각될 때 공무원이 스스로 열정(aspiration)을 갖고 생태계 보전, 복원에 적극 나서는 적극적 윤리로 나뉠 수 있다.

상기한 3가지 논의를 종합해보면, 다음과 같이 4가지 차원의 공무원 생태윤리 범주와 각각의 범주를 대표하는 기본 행위규범을 도출할 수 있다.

〈표 12〉 공무원 생태윤리의 주요범주와 행위규범

공무원 생태윤리		자연 및 미래세대에의 책임윤리	
		치유책임	예방[70]책임
공직 윤리	소극적	소극적 치유윤리(보호 규범)	소극적 예방윤리(보존 규범)
	적극적	적극적 치유윤리(복원 규범)	적극적 예방윤리(보전 규범)

2. 공무원 생태윤리의 주요범주와 행위규범들

1) 소극적 치유윤리(보호)와 소극적 예방윤리(보존)

공무원의 소극적 생태윤리는 일단은 파괴된 자연환경을 효율적으로 관리, 보호하면서, 더 이상의 자연환경 파괴를 막기 위한 법규준수에 일차적 관심을 둔다. 여기서 보호(保護; protection)는 이미 상당히 변경, 훼손된 생태계를 제한적으로 이용하면서, 인간의 지속적

---

70) 예방에는 곧 닥쳐오리라 예상되는 단기적 환경위험(danger) 제거와 당장은 대두하지 않지만 위험원천의 인지가 어렵고 영향력도 클 것으로 예측되는 위기(risk) 예방이 있다(정선양, 1999). 여기선 단기적 환경위험 제거를 위한 법규 마련과 기술처방을 '보존'이라는 소극적 예방윤리로 규정하고, 불확실하지만 파급효과는 매우 큰 생태위기에 근본적으로 대비하기 위해 자연을 있는 그대로 '보전'하는 방법을 적극적 예방윤리로 구분한다.

이용을 위해 강력한 법적 규제와 인위적 관리를 가하는 것이다.

각종 오염물질 제거와 방지를 위한 대기 및 수질오염 규제, 살충제 규제, 유해 및 독극 화학물 규제, 폐기물 처리 및 정화 등 천연의 토지, 물, 공기오염의 치유를 목적으로 한 법규제정과 준수, 에너지이용 합리화, 자원재활용 등 과학기술적 처방에 의거한 자연자원의 효율적 보호관리가 그것이다. 국립공원 내 석축, 철책 설치, 등산로 정비도 이에 포함된다.

보호에서 좀 더 진화한 개념으로 보존(保存; conservation)이 있다. 이는 원상태가 다소 변형된 생태계의 관리로서 제한적 이용을 허하되 더 이상의 자연훼손, 남용을 막기 위해 최소한의 인위적 관리를 하는 것이다(이지훈, 2010: 103). 청정수질 보존, 대양연안 보존, 멸종조수 보존 등이 이에 해당된다. 단기적 환경위험요소의 제거도 보존의 한 유형인데, 국립공원 내 침식방지시설 설치가 그 예이다.

국유림 및 공유지 관리도 보존에 해당되는데 미국의 초대 산림청장을 지낸 Pinchot는 "산림지역을 현명하게 이용하기 위해 산림을 보존해야 한다"고 주장했다. 그는 국유림에 대한 과학적 관리경영의 초기 옹호자로서, 공유지 등 자연자원이 대중의 사용을 위한 도구적 가치를 지니므로, 최대 다수의 최대 선을 위해 자연자원의 착취를 막고 최장기간 그 사용을 가능하게 하기 위해 환경보존 법규의 조속한 마련이 필요하다고 보았다. 또 그는 전문가의 과학기술 지식에 의거해 상충된 이익들을 조정함으로써 전체의 선을 극대화시키는 과학적 산림경영 기법이 최선의 방법이라고 강조했다(데자르뎅, 1999: 59).

소극적 생태윤리의 행위규범인 법규준수와 과학기술적 처방에 의거한 자연보호나 환경보존 조치는 당대를 기준으로 해 자연이 훼손,

남용되지 않게 자연을 제한적으로 이용하되 그것을 인위적으로 관리하는 것으로서 도구적 자연관을 완전히 배제하지 못해 자연의 상업화와 개발주의를 일부 허용한다. 특히 환경문제를 과학기술이 해결해준다는 낙관주의는 문제해결이 아닌 문제치환 전략으로 왜곡된다(Barry, 1999). 즉, 타 매체(예: 수질오염물을 고체폐기물로), 다른 장소(예: 선진국에서 제3세계로), 미래세대에로 환경문제 책임을 치환한다.

2) 적극적 예방윤리(보전)와 적극적 치유윤리(복원)

공무원 생태윤리의 궁극적 확립을 위해선 환경파괴 요인을 법적 규제와 과학기술로써 제어하는 소극적 윤리에 그쳐선 안 되고, 생태계 파괴의 소지를 근본적으로 치유, 예방하고, 인간-자연 간의 바람직한 관계를 항상적으로 유지, 확장하려는 다음의 노력이 요구된다.

(1) 보전(무위)

보전(保全; preservation)은 원시(pristine)상태의 생태계를 지속적으로 유지하기 위해 자연의 제한적 이용은 물론 어떤 인위적 관리도 하지 않는 것이다(Perlman & Milder, 2005: 33). 보존이 당대를 기준으로 해 자연이 더 이상 훼손, 남용되지 않게 돌보는 의미인 반면, 보전은 후세를 위해 자연을 훼손하지 않고 그대로 물려주는 의미가 강하다(Van Jones, 2009). 따라서 이는 국립공원 등 자연상태가 양호한 생태계에 적용 가능한 개념이다.

야생의 정신적, 심미적 가치를 살리기 위해 자연을 보전하는 것은 아름답고 건강한 야생의 영감을 주는 자연이 소비자로서의 내겐 이득이 되지 않지만, 시민으로서의 내겐 귀중한 것이기 때문이다. 특히 후손세대가 쾌적하고 아름다운 세계에서 살도록 배려하는 차원에서 야생지 보전은 현 세대의 책임윤리이다(데자르뎅, 1999: 107, 151). 보전은 개발환상에 젖어 막대한 생태위기를 자초할 소지를 근본적으로 차단하기 위해 파괴되기 쉬운 자연을 원상태 그대로 유지함으로써 위험의 부메랑을 사전에 적극 예방하는 의미도 강하다.

1970년대는 미국의 자연환경 보호가 진일보한 시대였지만, 법적 규제만으론 좋은 결과를 얻지 못했다. 그러다가 1990년대 이후 비로소 보전가치를 강조하고, 인간뿐 아니라 자연의 욕구도 동시에 고려하기 위한 정책적 인식을 갖게 됐다(Leuenberger & Bartle, 2009: 15). 예컨대 미국 연방기관은 야생지의 10,600만 에이커를 보전한다. 국립공원관리청이 그중의 4,400만 에이커를 관리하는데, 국립공원관리청은 동식물 서식처 보전을 위해 공유지의 8,400만 에이커도 관리한다(Henry & Armstrong, 2004). 미국 정부는 자연의 순환에 맡기자는 취지에서 산사태도 자연현상의 일부로 보고 그대로 놔둔다. 자연스런 생태적 조정과정인 산불현장도 후손에게 있는 그대로 보여줘야 할 귀중한 자연자산으로 보고 보전한다.

미국 국립공원 시스템의 가장 큰 특징도 자연경관을 최대한 있는 그대로 보전하는 것이다. 물론 초창기엔 야외 휴양지로서의 기능을 강조해 과도한 인공 편의시설을 도입했다. 그러나 20세기 중후반부터는 레저기능보다는 자연경관 보전을 최우선시 해 엄격한 공원관리에 들어가면서 탐방로 통제 등의 예산제로 방식으로 자연경관 훼손 문제를 해결했다(이지훈, 2010: 87).

〈사진 10〉 생태계 보전의 현장: 크게 버려야 크게 얻는다

　유럽의 생태계 보전의지도 확고하다. 독일의 자연보전법은 인간개입에 의한 악영향으로부터 생물사회를 온전히 보전하는 것을 책무로 규정하고, 개발로 인해 생태계에 악영향을 미칠 경우 개발주체가 필히 보상케 하는 생태학적 보상제도를 시행한다(슈지 외, 2007: 127). 영국 도시들도 환경도시로 거듭나기 위해 시정부와 환경단체를 주축으로 에너지 저감 및 교통, 오염, 오물처리 등 생태환경 보전전략을 수립했다. 공원, 녹지, 강, 철도, 도로변 서식 동식물에 대한 대대적인 생태조사를 통해, 보전을 위해 중요한 곳과 생태적으로 우수한 서식처를 발굴해 생태지도를 만들고 그 보전을 도시개발 시 우선적으로 고려한다(김태환, 2002).

　서양식의 보전규범은 동양의 무위(無爲)개념으로도 설명 가능하다. 도교주의는 자연의 자발성 경로추종을 인간 삶의 윤리적 방식으로 옹호하면서 그 자발성을 따르는 방법으로 무위를 강조한다(Chung-ying Cheng, 1998: 228). 여기서의 무위(non-action)는 해야 할 필요가 있는 것을 하지 않는 무행(無行; inaction)이 아니라, 어떤 어설픈 행동도 하지 않도록 단호하게 의도적 결정을 내리는 것이다. 무위가 지향하는 것은 혼란(不治) 없는 세상을 만드는 것인데, 혼란이 생기는 이유는 인간(人)의 자연개입(爲)이 결국 자연을 속이는 거짓(僞=人+爲)을 낳게 하기 때문이다. 이는 목표설정, 경로선택, 진행방식에 있어 특히 주체적 역량이나 객관적 조건이 미숙한 상태에서 과도한 목표를 추구할 경우 당연히 발생한다.

신영복(2005: 282~304)은 이런 점에서 무위를 은둔이나 피세(避世)가 아니라 세계에 대한 적극 의지를 표명한 또 하나의 개세(改世) 사상으로 본다. 무위는 무행이 아니라 어떤 어설픈 자연파괴 행동도 하지 않겠다는 또 하나의 의도적 결정을 내리고 준열히 지켜나가는 점에서 적극적 윤리이다. 그래서 '자연에 반하는 행동 절대 안 하기', '자연이 그 자신의 경로를 따르게 그냥 놔두기' 등은 공무원에게 보전 규범의 행동준칙으로 작용할 수 있다.

우리의 경우는 보전을 위한 무위보다는 개발을 위한 인위가 기승을 부려왔다. 1977년에 환경보전법이 제정됐지만 당시는 개발논리가 워낙 강해 환경보전법은 합리적 개발의 보완수단으로 형식화됐다. 환경보전이 실질보다는 수사학적 성격이 강해 1990년에 환경보전 원년을 선포하며 6개의 개별보전법이 제정됐지만 곧바로 페놀오염, 낙동강 식수오염, 시화호, 여천공단 오염 등 반생태적 사건이 잇따랐다(문태훈, 1997). 보전규범이 가장 필요한 국립공원도 상황은 마찬가지였다. 1960~1970년대엔 국토개발, 1980년대엔 수용시설 개발 위주의 국토이용 정책에 따라 국립공원 내에 관광도로를 개설하고 골프장, 콘도, 스키장을 개발하는 등 반생태적 대규모 민간사업이 허용됐다. 1990년대에 들어와 비로소 국립공원의 이용-보전을 함께 고려하기 시작해, 자연휴식년제가 실시됐다. 1998년엔 관리기능이 환경부로 이관되면서 보전정책으로 선회하기 시작해, 위락시설의 공원 밖 이관, 생태탐방로 시설이 이루어졌다.

겨우 보전-이용 균형구도가 마련됐지만, 자치시대의 경쟁적 개발압력 아래 정부는 다시 국립공원 내 케이블카 설치에 앞장서고, 연안 생태계, 연안 국립공원의 지정취지를 무색케 하는 동서남해안발전특별법을 제정한다(이지훈, 2010: 28~30). 지방정부들도 지역생태계 보전보다는 지역경제 활성화를 위해 골프장 건설, 갯벌 매립, 제방 구축 등 난개발을 일삼는다.

공무원들이 상기한 개발실패를 반복하지 않고 보전규범을 체화하기 위해선 '생태적 중용과 생태계 자치' 개념을 이해할 필요가 있다. 생태계에서 일어나는 모든 부정적 변화는 결국 인간의 잘못된 잣대로 평가된 자연의 지나친 쌓임과 지나친 부족, 즉 생태적 불균형에서 시발한다. 따라서 사후에 되돌릴 수 없는 막대한 위험소지를 안고 있는 대규모 댐 개발, 고속도로, 대운하 건설은 함부로 진행해선 안 되며, 생태적 중용을 구현하기 위해 사전예방원칙이 환경위험 평가, 관리의 핵심원칙으로 자리 잡아야 한다. 그래야만 생태계의 내부순환이 이루어져 생태계가 내부 자원만으로도 스스로 기능을 유지하는 생태계 자치력(eco-system autonomy)을 회복할 수 있다(이도원, 2004; Barry, 1999).

비가역성(irreversibility)은 일단 발생한 일은 다시 되돌릴 수 없다는 뜻인데 생태계가 이를 잘 보여준다. 그래서 사전예방 원칙이 필요하다. 생태계는 부단히 변하고 치유하는 자정능력을 갖는다. 단, 생태계는 문턱(threshold) 이전까지의 오염에 대해선 참고 버티지만 그 선을 넘어선 순간 급변하며 붕괴한다. 따라서 생태계가 스스로 복원할 수 있는 회복력을 지닌 상태를 계속 유지, 보전하는 것이 무엇보다 중요하다(우석훈, 2011: 153). 여기서 보전이 공무원 생태윤리의 적극적 예방규범으로 자리 잡을 확고한 근거가 마련된다.

(2) 복원

보전이 어느 한 지역을 원시상태 그대로 유지하는 것이라면 복원(restoration)은 훼손된 생태계를 적극적으로 치유해 자연의 원상태(original condition)로 되돌려 주는 것이다(Perlman & Milder, 2005: 33). 미국의 생태적 복원협회에 의하면 생태적 복원은 농업, 산업, 채광 및 레저 등의 인간활동으로 인해 위협당하거나 사라질 위기에 처한 자연의 고결성을 회복하기 위한 인간의 정당한 자연개입이다(Swart, Windt & Keulartz, 2001: 230).

Hobbs & Norton(1996)은 생태적 복원의 유형을 좀 더 자세하게 보여주는데, ⅰ) 생태적으로 훼손된 지역의 재생(rehabilitation of ecological disaster)을 목적으로 한 개입(예: 광산이나 공장건물에 새 기능을 부여해 재이용하는 것), ⅱ) 생산성이 저하된 땅의 생산능력 제고, ⅲ) 기존 자연보호구(nature reserve)나 보호되어 온 자연경관(protected landscape)의 질적 증진, ⅳ) 준 자연경관 내에서의 자연보존의 질(nature conservation quality)적 증진이 있다.

복원은 상기한 것처럼 질적으로 저급해진 생태계의 적극적 치유와 회복을 통해 자연의 본질적 가치를 확장시키는 것이다. 예컨대 침식된 하천의 생물학적 재생, 토양의 생생한 회복, 새로운 자연보호구의 창조(nature development)가 이에 해당된다(Ryn & Cowan, 1996). 복원규범의 생태윤리적 함의를 되새기기 위해 유럽의 생태하천 및 토양복원 예를 들어보자.

Thur 강은 스위스의 북동쪽을 흐르는 Rhein 강의 지류인데, 19세기 중반 3번에 걸쳐 홍수를 겪자 인공호안과 제방을 건설해 강을 직강화했다. 그럼에도 유속이 빨라지는 병목구간에서 대규모 홍수가 발생하자, 직선형 수로의 잘못을 깨닫고 자연형 사행하천으로 복원했다. 그러자 생물다양성이 증가하고 생태계도 복원되었다(최병성, 2010a: 24). 네덜란드의 역(逆)간척도 이와 비슷한 사례이다. 물을 퍼내는 풍차 대신 강한 터보 엔진을 사용하자 연간 800억 원의 비용이 소요되면서 간척은 더 이상 경제적 사업이 되지 못했다. 게다가 물과 함께 상당량의 토사가 유출되며 지반이 침화되어 100년간 50~60cm나 가라앉는 등 자연의 반격이 시작됐다. 그래서 생존을 위해 역간척을 시도했다. 강 유역을 넓혀 물의 흐름을 자유롭게 만드는 등 재 자연화 계획에 의해 간척지가 습지, 호수로 되돌려지자 비버와 황새가 돌아왔다(김소희, 1999). 이처럼 유럽의 정부들은 제방을 없애 범람원을 다시 강에 돌려주며 강물이 넘칠 수 있는 여유공간을 만들어주는데, 이런 최신 토목기술을 자연의 순리를 따르는 '유연한 기술'이라 부른다(최병성, 2010b: 184).

생태계 복원은 동식물 서식처 복원과도 연관된다. 관계론적 생태윤리를 강조한 Taylor(1986)는 인간-자연관계의 균형을 위해 절차적 규칙71)의 하나로서 '보상적 정의'를 제시했다. 이는 인간-타 생

---

71) Taylor(1986)의 나머지 규칙들을 소개해보면 다음과 같다. i) 자기방어는 타 생명체가 인간의 건강과 생명을 위협할 경우 인간의 이익에 우선권을 주는 원리로서, 인간에게 해를 끼치는 곤충, 미생물, 곰 등을 박멸하는 근거가 된다. 단, 정당방위처럼 불가피한 상태에서만 취하는 마지막 선택으로서 이것의 남용은 금물이다. ii) 비례는 인간이 다른 존재의 기본적(basic) 이익을 희생하면서까지 자신의 사소한 부수적(non-basic) 이익을 추구해선 안 된다는 원리로서, 예컨대 유행하는 신발, 핸드백을 만들기 위해 악어를 죽여선 안

명체 간 관계를 인간이 파괴했을 경우 이를 교정해 도덕적 균형을 회복하는 것으로서 파괴된 동물서식지의 복원, 포획동물 자연으로 되돌려 보내기가 해당된다.

〈표 13〉 공무원 생태윤리의 범주와 그 행위규범, 행동준칙

윤리범주	기본적 행위규범	세부 행동준칙
소극적 치유	- 자연보호(환경문제의 법적 규제와 기술적 처방을 통한 자연자원 보호, 관리)	- 오염배출 규제, 오염물, 폐기물 처리정화 - 에너지, 자원의 재활용 - 국립공원 내 석축 설치, 등산로 정비
소극적 예방	- 환경보존(곧 닥쳐올 환경위험 <danger>요소 제거, 자연의 훼손. 남용 방지용 법적 규제)	- 공기, 땅, 물의 청정수준 보존법규 시행, 단속 - 국유림, 공유림의 과학적 관리 - 국립공원 내 침식방지 시설설치
적극적 예방	- 생태계 보전(장기적으로 닥쳐올 생태위기<risk> 요소의 사전예방) - 자연의 자율적 회복력 유지 - 인위, 작위보다 무위 추구	- 야생지, 황무지의 보전과 생태지도 작성 - 생태조사를 통한 생태보전 전략수립과 생태적 서식처 발굴 및 도시 재개발 시 최우선적 고려 - 생태적 중용과 사전예방 원칙의 학습 - 생태계 자치를 위한 무위의 행정기술 습득 (자연에 반하는 행동금지, 자연의 자발성 경로추종)
적극적 치유	- 훼손된 생태계의 복원, 회복	- 생태적 폐허 복귀(역 간척 등 토양의 생생한 회복) - 재 자연화(제방하천을 자연하천으로 복원) - 유연한 기술 등 복원역량의 습득 - 자연보호구의 창조 - 야생동식물 서식처 복원, 포획동물의 자연귀환

된다는 것이 그 예이다. iii) 최소악은 인간의 부수적 이익과 타 존재의 기본이익이 양립 가능한 경우 인간의 자기이익 추구에 몇 가지 제한조건을 부여하는 것으로서, 예컨대 수력 발전을 위한 댐 건설 허용 등이 그것이다. iv) 분배적 정의는 인간과 다른 존재의 기본이익이 충돌할 경우, 이득과 부담은 관련 당사자 간에 공평하게 분배되어야 한다는 것이다.

4 공무원 생태윤리 수준의 성찰

상기한 생태윤리 범주들을 기준으로 공무원 생태윤리의 현 수준을 4대강 정비사업[72]을 예로 들어 간략하게나마 진단하고 문제점을 성찰해보자.

1. 소극적 생태윤리 관점에서의 성찰

4대강 정비사업은 16개의 대형 보를 건설하고 330km의 제방을 강화하며, 수심을 6m로 파서 634km에 걸쳐 5억 7천만m³의 퇴적물을 준설하는 대규모 토건사업이었다. 애당초 대운하 건설에 세찬 반대여론이 제기되자 정부는 4대강 물길 잇기→4대강 하천정비 등 이름을 바꾸며 사업을 단행해왔다. 처음엔 물류를 위해 대운하를 주장하다가 물류이익이 없음이 밝혀지자 관광으로 말을 바꾸고 그것이 다시 반대여론에 부딪히자 물 부족과 홍수예방이라는 명분을 제시했다(최병성, 2010b: 180).

건설교통부가 2006년에 발간한 '하천정비 기본계획 수립 및 하천별 정비현황'을 보면, 4대강을 포함한 국가하천 정비는 이미 97.3%가 종료된 실정이었다. 그런데도 정부는 홍수재해 복구 및 예방 투자비가 연 5조 원에 이르므로 단기간에 예산을 집중해 홍수문제를 해결해야 한다고 주장해왔고, 만일 4대강을 정비하면 본류 및 지천의 홍

---

72) 4대강 정비사업만 갖고 공무원 생태윤리의 현 수준을 성찰하는 것에 무리가 있지만, 최근 단행된 가장 큰 규모의 공공 프로젝트였고, 지속적 사회논쟁 대상이 될 만큼 국토생태에 미칠 파급효과가 큰 점에서 예로 든다.

수위가 하강해 홍수에 대한 근본대책을 세울 수 있고 물 부족 문제도 해결된다며 4대강 정비를 강행했다.

그렇다면 4대강 정비과정에서 홍수 같은 단기적 환경위험 제거를 위한 법규준수와 기술적 처방 등 '보존'이라는 소극적 예방윤리는 실현되었는가? 또 물 부족에 대한 기술적 처방을 통해 수자원 '보호' 등 자연보호, 관리역량은 확보될 수 있는가?

국가재정법을 보면 5백억 원 이상이 소요되는 대규모 공사는 시행 전에 필히 예비타당성 조사절차를 거치도록 해 행정부를 견제하고 있다. 그러나 정부가 세금으로 4대강 정비사업을 단행하면서 국가재정법을 비롯해 하천법, 환경영향평가법, 문화재보호법을 위반했다 하여, 국민소송단이 정부에 소송을 제기한 바 있다(임혜지, 2010: 19). 정부는 국가가 정책적으로 추진이 필요한 사업엔 조사면제를 허용하는 국가재정법시행령 일부 개정령 안을 입안, 통과시켜 버렸다. 사전 환경성과 검토를 의무화한 환경정책기본법 등 3개 핵심법의 규정절차도 무시했다. 그래서 22조 원이나 투입되는 국책사업인데도 예비타당성 조사절차가 90% 정도 제외되었고 환경영향평가도 4개월로 단축된 채, 공사기간도 2년에 그쳤다.[73] 사업비 22조 원 중 8조 원을 수자원공사가 부담하게 했는데 현행법에 그 시행근거가 없자 하천법, 수자원공사법을 개정했고, 부족한 돈은 사업기간 동안 회사채를 발행해 재원을 조달하게 했다.

더욱이 친수구역활용특별법을 제정해 수자원공사와 지방자치단체들 외에 대형건설사에게도 유역개발권을 주어 주변지역을 관광복합단

---

73) 반면 2,500억 원의 예산이 든 군남 홍수조절지 사업은 예비타당성 검토 4년, 환경영향평가 3년, 공사기간이 6년이나 걸려 극명히 대조된다.

지, 레저시설, 친환경 주택단지로 조성해 개발이익을 환수하게 함으로써(임석민, 2010; 김진애, 2010) 강유역의 난개발조차 예상된다.

현 정권 들어 환경부는 개발사업자 및 산업계 부담경감, 토지이용 규제개선, 기업환경 개선, 녹색성장 지원과 기술개발 지해규제 정비 등 86건의 규제완화, 해제 추진계획을 발표했다. 또 사전환경성과 검토면제 확대, 상수원입지 규제완화 등 환경규제 합리화를 자체평가에서 주요성과로 보고하는 등 보전부처로서의 존재 이유를 의심케 했다(윤순진, 2009).

2011년 정부는 당초 4대강 정비사업에는 없던 국가하천 및 지천까지 대상으로 한 지류정비 사업을 제안했는데, 이에는 30곳 이상의 주요지천에 30개 이상의 댐을 건설하는 내용이 포함돼 있다. 4대강 정비사업의 문제가 심각하게 드러나기 시작한 것은 2010년 추석 쯤 남한강 여주 인근에 쏟아진 호우로 인한 지천피해였다. 본류 중심의 과도한 준설을 추진하니 지천에 내린 호우로 지천 합류부에 과도한 침식이 발생한 것이다. 결국 4대강 사업을 지천정비 사업으로 확장하지 않을 경우 홍수피해도 피할 수 없게 된 것이다(박재현, 2011). 한국방재협회에 따르면 그간 홍수피해의 3.6%만 국가하천에서 발생할 뿐 대부분 홍수는 지방하천과 소하천에서 발생했다. 그런데 이런 지역은 놔두고 4대강 사업은 강의 하류에만 관심을 두어 홍수대책으로 보기 어렵다는 지적도 있었다(김정욱, 2010: 21~25). Kondolf 등 국제적 하천 전문가들도 미국, EU의 홍수방어 표준기준에 의하면 강의 상류가 아닌 4대강 하류에 보를 많이 둔 것은 홍수예방 목적에 맞지 않다고 지적한다(http://www.kfem.or.kr).

최근 4대강 사업구간 내의 16개 보 가운데 9개 보에서 누수가 발

생했다. 국토해양부는 누수가 경미해 구조적 안전엔 문제가 없다고
하지만, 각종 사전 조사절차를 무시하며 무리하게 공사를 추진한 부
작용이란 지적이 많다. 특히 낙동강 보에 누수가 집중된 것은 경상남
도와 국토해양부가 사업권 회수다툼을 벌이며 수개월 지연시켰던 공
기를 단축하기 위해 서두른 탓이다(중앙일보, 2011.12.6). 그간에도
준공일정을 맞추기 위해 설계-시공을 병행하는 패스트 트랙방식과
돌관공사로 밀어붙여 하천생태계 파괴와 수질악화 등 이미 부실공사
를 예고했고(박재현, 2011), 야간공사 강행으로 인부들 인명사고도
그치지 않았다.

상기한 점들을 종합해보면 결국 4대강 정비과정에서 공무원들이
무리한 사업진행을 위해서 자연보호와 환경보존을 위해 기존에 제정
된 법규들을 철저히 지키지 않고 핵심적 환경규제도 적지 않게 완화
했던 점을 발견할 수 있다. 오히려 사업시행 근거마련을 위한 무리한
관련법 개정과 개발이익 환수를 위해 난개발 소지가 있는 법을 제정
한 것은 큰 문제이다.

부실공사에 따른 사업효과 저감도 우려된다. 기술낙관론 아래 강
에 제방을 쌓고 준설하는 등 상당한 인위적 관리를 했는데도 수질악
화, 누수발생 등 수자원 보호관리나, 홍수예방 효과를 의심케 하는
지천정비 추가수요의 발생, 하천생태계 파괴 등 유역환경 보존 등에
서 미흡한 결과가 드러난다. 2008년 국립환경과학원 발표에 의하면
낙동강 페놀사고 이후 정부가 '맑은 물 대책'에 30조 원을 투자해 강
들은 상당히 맑고 바닥도 깨끗했다. 4대강 정비사업은 이런 강에 댐
을 쌓고 바닥을 파 물이 고이게 해 오히려 오염퇴적물을 만들 소지가
컸다. 여러 곳을 직강화하고 사람이 왕래하기 어려운 강 유역에 체육

시설, 놀이 공간, 자전거 길을 설치한 것은 전혀 녹색스럽지 않고 반생태적 개발시대로의 회귀라는 부정적 평가도 있다(윤순진, 2009). 기업에게 유역개발권을 허용해 자연의 상업화와 난개발마저 예상된다.

이런 점에서 우리는 4대강 정비과정에서 후퇴한 환경보존 관련법규를 재정비하고 보존규범의 법적 규제 기반을 한층 다지는 데 만전을 기해야 한다. 도구적 자연관과 기술낙관론 아래 생태계에 무리한 인위적 관리를 가해온 부정적 정책관행에서도 벗어나야 한다.

2. 적극적 생태윤리 관점에서의 성찰

정부는 4대강 정비를 '버려진 강의 복원'이라고 말하지만, 제방 위주 및 보 건설 등 시멘트 위주의 공법으로 일관해 자연 생태계를 파괴하기 쉬워 생태적 복원은커녕 하천정비 방법으로도 부적합하다는 비판을 받아왔다(임혜지, 2010; 김정욱, 2010).

국제적으로 저명한 하천전문가들도 4대강 정비사업을 '운하의 변종'이며, 복원을 가장한 파괴사업으로 본다(http://www.kfem.or.kr). 독일의 Bernhart는 대규모 준설이 강의 투수층 저층대에 서식하는 생명체들을 말살시킨 점과, 강을 운하와 비슷한 구조로 만들어 발생하기 쉬운 홍수 위험성을 지적했다. 특히 그는 국토해양부가 네덜란드를 준설 성공사례로 들면서, 이 나라가 상당히 제한된 구역에서만 준설했고 준설 시에도 저층대 서식생물에 미칠 영향을 정밀히 검토했던 점을 충분히 밝히지 않은 점을 비판한다.

미국의 Kondolf도 생태계 관련규정의 과학기준을 적용할 때 4대강은 복원으로 볼 수 없다고 단언한다. 복원이란 명목으로 하천에서 준설이 실시된 국제사례 수는 적고, 선진국의 준설연구가 몇십 년간 드문 이유는 준설이 매우 환경파괴적이란 인식이 이미 팽배했기 때문이란 것이다. 보로 막힌 강은 잘 흐르지 않아 지하수 수질도 나빠질 것으로 예측했다.

이런 점을 고려하면 4대강 정비사업은 생태계의 진정한 복원과 무관해 최근 정부가 쓰는 '4대강 살리기'란 표현이 무색해진다. 또 개발환상에 젖어 파괴하기 쉬운 자연을 원상태대로 유지해 후세대에 물려주는 적극적 예방윤리인 보전규범과는 더욱더 거리감을 갖는다.

외국에선 이런 점을 고려해 생태계 보전-복원에 신중하며 복원을 통한 재 자연화에 들어가는 막대한 비용을 감수한다. 일례로 미국 남부의 에버글레이즈 습지 안의 Kissimmee 강을 직강화하자 조류 90%와 척추동물 80%가 사라지고 플로리다만의 40%도 적조현상을 보여 관광사업에 큰 타격이 오고 용수공급에도 문제가 생겼다. 그래서 직강화한 강을 복원하고 제방을 제거했다. 직강화 비용은 3천만 불이었지만 복원엔 3억 불이나 들었다.

우리의 4대강은 많은 나라들이 천문학적 돈을 들여 복원하는 맑은 여울과 드넓은 백사장 살리기가 필요 없는 살아 있는 강이었다. 그대로 두는 것이 공사비 22조 원을 절약하고 후손의 복원비 수백조 원을 아끼는 길이었다. 우리는 자연을 그대로 두는 것이 가장 경제적이며 가장 뛰어난 보전방법임을 값비싼 복원비용에서 배워야 한다(최병성, 2010a: 25~28).

4대강 사업의 공정률은 이미 완공단계에 와 있고 2012년 초에 준공을 앞두고 있으니 더 이상 논란을 하지 말자며 정부와 사회 일각에선 비가역성 논리를 주장한다. 그러나 사업에 따른 환경후유증이 이미 전 국토에서 나타나고 있다. 담수로 인한 녹조, 악취, 지류·지천의 역행침식, 보 인근의 오염퇴적물 제거를 위한 지속적 준설비용, 하중도와 백사장 등 주요습지의 훼손, 수자원공사의 8조 원 부채를 갚기 위한 상하수도 요금인상도 피할 수 없다.

우리의 대운하 모델이었던 라인-마인-도나우 운하는 공사 20년, 기술개발 준비까지 합치면 100년이 걸렸다. 반대가 심하자 12년간 중단되기도 했다. 예상보다 환경파괴가 심하고 도로, 철로가 발달해 운하가 덜 필요해졌기 때문이다. 수지는 안 맞지만 치열한 공방 끝에 완공했다. 단 학계와 환경단체가 요구한 최신기술을 동원해 친환경적 설계로 변경했다. 그럼에도 불구하고 100년에 1번꼴이던 홍수가 몇 년 간격으로 재발하고, 강 유역 토지가 말라가고 지하수가 고갈되었다. 그러자 지금은 강둑을 헐고 범람지와 습지를 되살리는 재 자연화 공사가 이루어지고 있다. 공사에 큰돈이 들지만 홍수피해와 지하수 감소에 따른 향후의 지속적 폐해를 돈으로 환산하면 더 큰 액수이므로 자연복원을 강행한 것이다(임혜지, 2010: 16~20). 일본 군마현 얀바 댐은 자민당정권이 벌인 최대 토목공사로서 공사가 70% 진행됐지만 하토야마 내각은 이를 중단시켰다. 큰돈을 들였어도 향후치를 비용이 더 크면 당장 그만두는 것이 낫기 때문이다(임석민, 2010: 36). 갯벌은 되살아나는 데 몇백 년이 걸리지만 강은 1~2년 내 제방을 없애면 되살아난다. 한번 막으면 그만이라는 비가역성보다는 제방을 없애면 강을 다시 살릴 수 있다는 가역성 논리가 생태학적으로 더 타당하다(우석훈, 2011: 195).

5 공무원 생태윤리 확립의 전제조건

생태계 파괴를 초래하기 쉬운 대규모 토건사업의 재발을 막고 향후 사회의 생태적 전환을 촉진시키기 위해 공무원의 생태윤리 확립이 긴요하다고 해서 단번에 그것이 확립되는 것은 아니다. 생태윤리에 대한 공무원들의 이해를 돕고 그들의 노력을 독려하기 위해 다음의 조건들이 요구된다.

1. 생태적 자각훈련

공무원이 생태윤리 확립의 필요성을 체감하며 생태문제 해결자로서 자신의 존재론적 위상을 자발적으로 수용하고 생태윤리를 스스로 체득하게 하는 체계적 학습과정이 필요하다.

Campos(2002)는 이를 위해 개인차원의 체험→성찰→행동단계를 제시한다. 즉, 공무원이 자연의 본질적 가치를 몸소 체험하면서 그간의 자연파괴를 성찰한 뒤, 자연을 보전하기 위한 책임 있는 행동 속에서 자연 속 자신의 위치를 확립해가는 단계를 강조한다.

Leopold(1949)도 자연의 직접적 체험이 인간의 지각과 세계관 변화를 촉진시키는 가장 좋은 방법임을 강조한다. 그는 자연을 체험하기 위해 스스로 자연 속으로 파헤쳐 들어가 그 속에 자신을 던지는 방식을 택해 자연이 주는 교훈을 얻고자 했다. 그는 이런 체험을 통해 인간이 자연과의 상호연관을 통해 존재하게 됨을 체험하는 과정인 생태적 자각(ecological conscience)을 맛보았고, 그 자신이 공리주의적 산림공무원에서 생태계 보전을 주창하는 생태철학자로 변신했다. 그는 자연체험을 통해 경제를 포함한 모든 인간활동이 생태적 전체맥락의 한 하부체계를 이룸을 알게 될 때, 인간은 정복자가 아닌 생태공동체의 평범한 시민이란 새로운 인식을 하게 되고, 자연에 대해 더 겸손해진다고 보았다.

공무원의 생태적 자각은 이처럼 자연의 본질적 가치를 인정하면서 인간이 자연의 정복자가 아니라 생태공동체의 일개 성원임을 알게 되는 것이다. 공무원 생태윤리는 이런 깨달음에서 오는 심오한 내면 변화의 외부표현이다.

2. 확장된 윤리교육

체계적 윤리교육을 통해 인간-자연의 상호작용이 경제적 교환을 초월하는 그 이상의 것임을 공무원들이 분명히 인식하게 할 필요도 있다. 즉, 특정한 자연경관과 자연사건이 인간역사와 전통을 어떻게 형성하는지 생태계 보전, 복원이 후세 인류의 삶의 질에 어떤 영향을 주는지를 이해시키는 등 확장된 윤리교육이 필요하다(Welchman, 1999: 419~420).

지금은 누구를 위한 문제이냐는 원론적 논의보다는 공무원이 생태 문제 해결자의 역할을 효율적으로 수행하기 위한 방법론상 문제에 교육초점을 더 둘 때이다. 대안적 행위경로에 서열을 매기는 우선순위 초점적 중심주의(priority-focused centrism)보다는 도덕적으로 고려하고 윤리적으로 확장해야 할 자연대상을 빠짐없이 포괄하는 범위초점적 중심주의(scope-focused centrism)로 교육내용도 변해야 한다(Barrett & Grizzle, 1999: 36).

3. 복종의무 및 신분보장의 적극적 해석과 정책반대자 보호제도 강화

계서제 조직의 특성상 공무원이 상부의 정책지시에 반대의견을 개진할 경우 사퇴압력을 받거나 보직에서 불이익을 받을 수도 있다. 이런 이유로 인해 4대강 정비사업 시행명령에 순응한 공무원도 있을 수 있다. 그러나 공무원은 적정한 근거와 국민합의가 필수적인 정책과정에서 국민에게 올바른 국토생태 정보를 제공하고 국민의 생태적 요구를 정책과정에 적극 반영해야 한다. 헌법 7조에 명시된 "국민에 대한 봉사자로서 국민에 대해 책임진다"라는 공무원 의무는 이를 강조한 것이다. 여기서 우리는 정권변동에 무관하게 환경정책의 일관성을 유지하기 위해 공무원법상 마련된 신분보장의 적극적 의미에 대해 생각해봐야 한다.

자로가 임금을 섬기는 방법을 묻자, 공자는 "속이지 말고 덤벼들라"라고 답했다. 여기서 '덤비라'는 뜻은 군주의 잘못을 목숨 걸고 간(諫)하라는 권고이다. 군주가 신하의 몸과 뜻을 사유화할 수 없다. 신하가 군주의 수족으로 동화되어선 안 되고, 이성적 거리를 유지하며 가치의 공유를 추구하는 상보적 관계를 추구하는 것이 군신유의의 맥락이다. 결국 임금의 명을 살펴 마땅한 것만 헤아려 집행하는 것이 충(忠)이다(배병삼, 2010: 139~141).

법령과 공익에 적합한 것을 요구하는 직무명령의 실질요건에 대해선 학설이 대립하지만 통설인 절충설은 하위공무원이 직무명령의 요건을 심사할 수 있고, 법령해석상 차이인 경우에는 복종하지만 중대, 명백한 법규위반에는 명령을 거부할 의무가 있다고 본다. 즉, 반생태적이고 위법한 직무명령에는 공익에 입각해 정책반대 소신을 키울 수 있는 조건은 이미 마련되어 있다. 이에 의거해 신분보장을 단순한 정년보장이 아닌 정책일관성 유지라는 적극적 의미로 해석하는 진취적 윤리기풍이 공직사회 내부에 조성되어야 한다.

공무원이 조직에서 윤리적 갈등을 느낄 때 취할 수 있는 방법으론, ⅰ) 자기의사 표현 후 협조하거나 보직이동 요구, ⅱ) 충실히 직무를 수행하면서 이의를 가진 사안만 외부에 자기의견 표현, ⅲ) 조직이 필요로 하는 지식, 정보를 제공하지 않거나 타인의 정책수행 방해, ⅳ) 내부정보를 비밀리에 외부에 유출하는 내부고발이 있다. 그러나 가장 근본적 해결책은 윤리 담론 조성과 윤리적 구성원 보호를 위한 윤리적 조직 만들기이다(임도빈, 2007: 250). 따라서 내부고발자 보호제도 강화와 더불어 상부의 위법한 직무명령에 대해 하위자들이 집합적 힘으로 반대하며 건설적 대안을 찾기 위해 진지하게 고민하는 정당한 공무원 노조운동 및 조직시민 행동이 필요하다.

4. 생태친화적 정책역량 학습

이젠 단기성과를 노린 녹색성장보다는 생태주의 원칙이 경제정책의 토대가 되어야 하고 자연의 한계를 걱정하는 생태학 원리가 정책현장에서 최대한 존중되어야 한다(브라운, 2003: 182). 따라서 인간중심주의에 터한 개발, 이용 중심인 보호, 보존정책에서 벗어나, 인간-자연관계 회복과 생태계 보전, 복원을 위한 공무원의 생태친화적 정책역량 학습이 요구된다.

먼저 생태조사를 통한 생태지도 작성과 생태보전 전략수립, 야생생물의 자연서식처 발굴과 도시재개발에서의 최우선적 고려, 침식하천의 생태적 재생, 매립된 갯벌의 재 자연화, 제방하천의 자연사행 하천화 등 다양한 복원역량 학습과 유연한 기술의 습득이 필요하다.

지금까진 개발만 했지만 향후엔 보전의 경제적 가치도 찾아야 한다. 녹지율, 원시림 비율, 법적 보호종 등 기본변수와 유기농지 면적을 통해 생태 자산량, 즉 생태스톡 개념을 도출해 생태스톡의 연간 변동률을 갖고 중앙교부금 일부에서 생태스톡 보조금을 지급할 수 있다. 골프장 등 토목건설에 신중한 지자체와 그렇지 않은 지자체 간에 수백억 원의 교부금 차이가 나면 현 지방의 반생태적 토건구조에 큰 변화가 온다(우석훈, 2011: 502).

생태적 건전성을 확보하기 위한 대체에너지 육성 등 연성에너지 경로강화, 폐기물 절감 등 환경부담 최소화를 지향한 녹색공정 기술개발, 자연파괴에 직결되는 재개발사업의 합리적 규제와 건축의 녹색화, 생태적으로 바람직하지 못한 물질에 생태세 부과, 환경인증제 등 녹색경제 조세지원, 전차·철도 중심의 생태적 교통정책 강화, 비료·제초제 등 인위성을 배제한 유기농·자연농 기술지도 등 생태농업으로의 전환도 공무원의 생태친화적 정책학습대상이다.

생태적 리더십 철학의 학습방향

여기서는 사회 전체의 생태적 전환을 실천에 옮기기 위해 정부관료들이 갖춰야 할 생태관료로서의 '무위 리더십', 또 난개발, 막개발 현장에서 생존권을 위협받는 사회경제적 약자들과 그곳에 서식하는 동식물들의 생존권을 대변해주는 생태적 대리인(ecological agent)으로서의 '서번트 리더십'에 초점을 두고 논의한 후 그 사례를 들어본다. 생태적 정책마인드와 생태친화적 행정기술의 함양에 유용한 목수철학, 농부철학의 리더십 철학적 함의도 아울러 벤치마킹해본다.

▉ 생태적 전환을 이끌기 위한 무위 리더십

정부행정의 인위적 개입과 난개발은 자연 생태계에 많은 폐해를 초래했다. 이제 사회 전체의 생태적 전환을 위해선 정책결정권을 쥔 공무원들에게 새로운 리더십을 학습시킬 필요가 있다.

생태적 리더십이 여기서 강조되는데, 이는 생태적 합리성과 생태적 효율을 기초로 해 생태친화적 삶의 창출에 순기능적으로 작용하는 리더십이다. 생태적 리더십은 생명에 대한 궁극적 성찰을 전제로 해 자본주의 정치경제 및 사회문화 체제를 생태적으로 건전하고 지속 가능한 생태적 사회수준으로 재구성하는 강한 생태적 근대화 전략과 맥을 같이한다.

특히 그간의 인위적 행정을 치유하고 환경에 대한 과부하를 최소화하기 위해서는, 적극적 생태윤리에 기반을 둔 무위 리더십이 필요하다. 생태정치학자 최민자(2007: 244~249)는 무위를 인위나 고의가 아닌 자연, 즉 '스스로 그러한'과 같은 개념으로 바라본다. 따라서 무위의 체득은 자연으로의 복귀과정이며, 자연과 완전히 일체가 되는 무위경지에서 도가 구현된다고 본다.

무위가 지향하는 것은 혼란(不治) 없는 세상을 만드는 것인데, 혼란이 생기는 이유는 인간(人)의 자연개입(爲)이 결국 자연을 속이는 거짓(僞=人+爲)을 낳게 하기 때문이다. 거짓 때문에 혼란스러우니 다투게 되는데, 이는 목표설정, 경로선택, 진행방식에 있어 특히 주체적 역량이나 객관적 조건이 미숙한 상태에서 과도한 목표를 추구할 경우 당연히 발생한다.

쟁(爭)은 작위(作爲)의 필연적 결과이며 무리하게 한 행위의 결과는 실패이다. 노자철학의 핵심이 "물은 다투지 않는다"는 것이고 노자의 정치론이 "나라경영을 작은 생선 굽듯이 하라"는 것은, 모두 이를 두고 한 말이다. 자연은 스스로 그러함(self-so), 즉 그 자체로서 완성된 것, 항상적 존재이다. 이는 가장 안정적 질서이다. 그래서 이를 존중해야 한다(신영복, 2005: 282~304).

일례로 독일의 프라이부르크 시의 경우 라인 강 운송로상의 항만 입지가 좋고 지역출신 기업가들의 항만시설 개발 투자약속도 있었지만, 시정부는 고향(Heim) 보전에 대한 강한 본능 아래 '섣불리 개발하지 말아야 할 이유'만을 정중히 언급하며 항만시설 개발을 금지하고 있다. 그리고 도시를 세운 사람들이 처음부터 막개발을 금해서인지, 이 시에선 난개발의 흔적을 발견하기 어렵다(스즈키, 드레슬, 2006). 미국에서도 자연의 순환논리에 그대로 맡기자는 취지에서 산불, 산사태를 자연현상의 일부로 보고 그대로 놔둔다. 산불이 난 현장도 탐방객에게 있는 그대로 보여주어야 할 귀중한 자연자원으로 인식한다. 이른바 무위의 리더십이 자연스럽게 실천되고 있는 것이다.

자연 속에서 소녀 시절을 보낸 한 여인이 공무원이 된 뒤, 소녀적 자연체험에로의 창조적 접근을 통해 자신의 공직생활에서 생태적 지혜를 보인 다음의 사례도 무위 리더십의 순기능을 잘 보여준 좋은 예이다.

〈내용보태기 5〉 무위 리더십의 일례

고립된 농장에서 어린 시절을 보내면서 자연의 아름다움에 흠뻑 빠지며 숲의 규칙들을 존중했던, 그리고 때로는 자연의 분노를 경청하며 자연이 주는 교훈을 몸소 습득한 Emily라는 한 여인은, 후일 공무원이 된 뒤 자연세계와의 깊은 연계감을 그녀의 직장생활에서도 지속시켰다.

그녀는 자연 속의 모든 곳, 모든 사물이 서로 연계되고 통합되어 있음을 어려서부터 보고 배우면서, 그녀 자신도 다른 모든 사람, 모든 일과 연결되어 있고 또 그것들의 한 부분임을 알게 된다. 즉, 모든 것이 서로 연계되어 있고 서로 영향을 주고받는 자연 생태계에 대한 깊은 교감에서 그녀는 부하직원들의 어려움을 자신의 문제처럼 여겨 적극적으로 해결해주었고, 아무런 인위적 간섭 없이 조직의 일들이 자연스럽게 전개되도록 허용했다.

일을 둘러싼 업무상황이 복잡할 경우엔 무위(non-action)를 택했다. 특히 침묵이 주는 지혜, 즉 그녀의 내면의 목소리(inner voice)에 따라 나가야 할 때와 자연에 굴복할 때를 구분하면서, 조직을 둘러싼 환경 전체의 보전을 항상 존중했다(Nancy Murray의 책 *An Inner Voice for Public Administration*에서 인용).

생태계 보전을 위해선 무위를 실천하는 리더십이 절실히 요구된다. 진정한 리더는 스스로 무위이화(無爲以化)의 덕을 지녀 무위자화(無爲自化)를 이루게 한다. 즉, 인위적 조작과 통제를 가하지 않고도 무위이무불위(無爲以無不爲)의 통치가 이루어지게 해 지속 가능한 통치를 가능하게 할 수 있다. 이는 국가성의 약화가 아니다. 무위자화를 실천하는 가장 유능한 국가가 되어야 함을 의미하는 소이이다. 그런 점에서 생태정치학자 최민자(2007)는 생태적 사회로의 전환은 기술적 문제가 아니라 세계관, 사고방식, 가치체계의 문제이며 정치적 의지결단의 문제라고 강조한다.

② 생태적 대리인으로서의 서번트 리더십

생태계에선 어느 하나도 독립적으로 존재하지 않고 서로 연결되어 있다. 그래서 한 존재가 다른 존재에게 인과적 영향을 미친다. 따라서 생태학적 세계관에선 인간도 수많은 생물종과 마찬가지로 생태학적, 인과적, 논리적 그물망의 연관관계로 맺어진 존재의 한 부분일 뿐이다.

윤리는 이렇게 모든 것이 서로 얽혀 있는 우주에서 자기 행동을 자유롭게 선택할 수 있는 존재인 내가 자기 행복을 희생적으로 억제하면서 나의 행동대상인 다른 생명체의 복리를 위해 애쓰는 마음씨와 행동에 대한 관점이다.

인간 윤리공동체의 윤리적 주체가 아니라고 해서 윤리적 배려의 대상에서 제외되는 것은 아니다. 예컨대 유아, 정박아, 노인 치매환자들은 윤리적 주체는 아니지만 공동체 안에서 윤리적 배려의 대상으로 인정해주는 것이 보편적 윤리원칙으로 전제되고 있다. 윤리공동체 안에서는 윤리적 주체가 객체에게 윤리적 배려를 할 의무가 있기 때문이다. 인간이 자기 외의 모든 존재를 자신의 탐욕을 위한 도구적 가치로만 보지 않고 윤리적으로 배려하는 윤리적 확장을 도모한다면, 우리는 다른 인간과 마찬가지로 자연 내의 모든 생명체들에게도 얼마든지 배려할 수 있다(박이문, 2002).

불행히도 인간은 강력한 생물종이 되는 대가로 다른 모든 생물종의 두려움의 대상이 되어 왔다. 이런 점에서 한나 홈스(2008)는 비록 "오늘날 인간이 생물학적 대장(biological boss)의 위치에까지 올라갔지만, 자연세계에서 인간이 좀 더 자비심 많은 독재자가 되기 위해선, 그 땅의 모든 구성원이 필요로 하는 것과 싫어하는 것을 잘 알아야 한다"라고 말한다.

내가 볼 혜택에 무관하게 타자를 내 중심이 아니라 타자가 있는 그대로 있게 내버려 두는 것이 자연에 대한 예의이다. 우리가 자연에 대한 예의를 상실하면 타자를 생명 없는 물상처럼 오직 내 목적과 이익을 위한 대상이나 도구로만 여기게 된다. 그러다 보면 결국 나 자신도 물화(物化)된다. 실례(失禮)를 이기는 일이 극기(克己)와 복례(復禮)이다. 이런 점에서 이연학(2010)은 "복례는 중심을 나 아닌 타자에 두는 중심 이동의 길"이라고 말한다.

코헨(2001)의 말처럼 나무들이 숲 속의 벌레와 곤충들의 쉼터이자 카페임을 우리가 알게 될 때, 인디언의 부동산 약탈자이자 열대병 제조업자인 현대인은 그간의 잘못된 흔적을 지우기 위해 녹색 산타클로스가 될 수 있다.

천성산 도롱뇽이라는 이름으로 대변되는 생태계의 한 생명체에 대한 재판에서 지율 스님이 말하고자 한 것은 무엇인가? 생태경제학자 우석훈에 의하면 시끄러운 터널 공사 소음 속에서 그가 들었다는 "살려 달라"는 목소리는 일종의 신탁(神託) 구조를 가지는데, 이 경우 지율 스님은 신의 매개체나 자연의 영매(靈媒) 같은 존재이다. 따라서 그의 지적처럼 지율이 어떤 사람인지가 중요한 것이 아니라 지율 스님의 몸을 통해 자연이 우리에게 전하고자 한 메시지가 무엇인지가 중요하다.

2004년 국회 국정감사 자료에 의하면 환경침해로 인해 발병하는 아토피성 피부염 발생률이 도 단위로는 제주도가 가장 높은 22%이었고, 대도시 중엔 대구시 중구가 65%, 서울시 강남구도 34%였다. 결국 우리 아이들 셋 중 최소 한 명은 아토피로 고생했다는 기록이 나온다. 그렇다면 아이들이 환경오염에 예민한 것처럼 생태계의 나머지 존재들도 생태계 파괴로 인해 예민해질 수 있다. 그래서 도롱뇽은 사람, 아이, 자연인 동시에 우리나라 전체에 대한 이야기가 되며, 도롱뇽이 죽는 것이 문제가 아니라 이 땅에 아무 생명체도 살 수 없게 되는 상황이 지속될 때 결국 아이들 모두가 아픈 세대가 되는 것이 문제이다. 결국 지율의 도롱뇽은 혼돈의 시대에 이 땅의 생태계가 던져준 신탁이다. 도롱뇽은 생태계만 상징하는 것이 아니라 개발국토에서 생명을 잃어가는 그 모든 것을 상징한다는 것이다(우석훈, 2007: 116~126).

스님 지율(2010)은 천성산 도롱뇽 사건 이후 4대강 사업으로 사라져가는 낙동강을 기록하기 위해 강가에 빈집을 얻어 자리 잡고, 강의 곳곳을 오가며 사진을 찍고 글을 썼다. 그리고 주말만 되면 사람들을 모아 낙동강의 숨결 느끼기 순례를 떠났다. 그는 "강에서 본 것이 답이 될 수 있다면 눈이라도 빼서 보여주고 싶다"라고 늘 말한다. 즉, "어둠에 잠기기 직전 강가의 보랏빛 낙조, 휘돌아가는 물길, 바람, 달빛, 물안개, 수변의 숲, 그곳에 깃들고 둥지를 튼 뭇 생명들, 흰 모래사장에 꼬리를 끌고 지나간 수달 발자국, 허리 굽은 농부의 깊은 한숨, 그곳을 배회하는 외로운 마음까지 모두 보여주고 싶다"라고 말한다. "방문객에겐 아름다운 정경으로 보이지만, 내겐 이곳이 전선이다. 강 뜰의 모래와 흙을 파 뒤집어 반대편으로 둑길을 넓히고 경사를 다지는 공사현장의 모습은 학살현장이다. 수천수만의 아군이 매일 몰살되는 모습을 보며, 삼강에서 사벌로, 경천대로, 상주보로 통곡의 소리를 전해야 한다"라고 그는 말한다.

지율 스님의 말은 자연의 아픈 목소리를 우리가 수용해 그들의 입장을 대변해주는 생태적 대리인의 역할에 충실해야 함을 말해준다. 이를 위해 행정현장에서 일선관료들이 취해야 할 자세가 바로 서번트 리더십이다.

<사진 11> 모든 생명에 골고루 빛을!:
자연의 아픔을 대변할 생태적 대리인이 필요하다

서번트 리더십의 특징은 타인을 자신의 가슴으로 관리하는 것이다. 즉, 다른 사람이 잘 되도록 섬기려는 내적 마음가짐이다(김홍섭, 2002: 21). 서번트 리더십의 특징으로는 경청, 공감, 보살핌, 치유, 청지기 정신(stewardship), 타인의 성장을 위한 관여, 공동체 형성을 들 수 있다(차동옥, 2000: 13).

물론 서번트 리더십은 인간이 인간을 상대로 펼치는 리더십이다. 그러나 그 주요특징인 적극적 경청, 공감, 보살핌, 따뜻한 관여, 청지기 정신 등은 생태계 안에서 인간-자연 간의 새로운 관계를 정립하기 위해, 더 나아가선 행정현장에서 정부관료들이 자연 생태계를 관리, 보전해 나가는 실제과정에서도 얼마든지 응용, 실천될 수 있지 않을까 생각한다.

　　Dobson(1996: 46)은 사회의 녹색화를 위해선 인간 아닌 자연집단을 생태민주주의 체제의 새로운 유권자층으로 보고 그들의 이익을 대변할 것을 강조한다. 즉, 관료들이 진정한 환경 청지기가 되어야 한다는 것인데, Sandler(2006: 263)는 환경 청지기의 덕목(virtues)으로 자비심, 충성심, 정의감, 정직, 근면성을, 특히 자연과 소통하기 위한 청지기 정신으로 경이감, 개방성, 감사의 마음, 주의 깊음, 사랑 등을 든다.

　　정부관료들이 행정현장에서 생태계가 전하는 메시지를 적극 경청하며 그곳에 서식하는 모든 생명체의 입장을 마음으로 헤아려주는 따뜻한 감성으로 행정현장을 관리할 때, 막개발 현장에서 생존권, 주거권을 위협받는 사회경제적 약자와 그곳에 서식하는 동식물들의 생존권을 대변해주는 진정한 생태적 대리인(ecological agent)이 될 수 있다.

　　관료들이 인간중심주의에서 벗어난 초록자아로서 개발사업의 의사결정 과정에서 생태적 대리인으로 참석해 말 못하는 생태계의 목소리를 대변할 때(오용선, 2008: 45), 난개발의 소지도 크게 줄면서 자신을 괴롭힌 인간을 향해 자연이 앙갚음 차원에서 던지는 위험의 부메랑도 크게 줄어들 것이다.

3 목수철학, 농부철학의 벤치마킹

생태관료는 인간이 자연을 부분들의 단순집합으로 인식하는 데서 생태문제가 시작됨을 아는 사람이다. 그렇기에 생태관료는 생태적 전일성과 생태적 존재성에 대한 자각 위에서, 인간-자연 간 공생과 연대적 협력성을 확보하기 위한 생태적 마인드와 자연친화적 정책감수성을 구비해야 한다. 또 생태적 행정기술의 함양 등 생태적 삶의 창출에 앞장서며, 인간이 지구에 남기는 생태발자국을 최소화하기 위해 사회의 생태적 전환을 주도하는 리더이다.

단, 생태관료 육성을 위해 기존관료들을 다 퇴출시키고 생태친화적 성향이 강한 공무원들을 새로 뽑아 정부관료제를 재구성하기는 물리적으로 어려운 일이다. 그것보다는 기존관료들의 가치체계와 행동정향에 생태친화성을 체계적으로 강화시켜 이들을 생태관료로 점차 전환시키는 광의의 '학습이론' 개념이 더 필요하다.

그렇다면 생태적 건전성을 제도적으로 확보하는 정책형성 역량을 갖춘 생태관료가 되기 위해 공무원들은 무엇을 학습해야 하는가? 먼저 목수철학을 눈여겨 볼 필요가 있다.

훌륭한 목수는 나무가 살아온 만큼의 내용연수로 그 나무를 살려서 쓰는 것을 중시한다. 또 그들은 나무는 생육방위(生育方位) 그대로 쓰라고 말한다. 즉, 나무가 살아온 환경에 따라 거기서 생긴 특징을 파악해야만, 명재(名材)로서의 나무가치를 살려서 쓸 수 있다는 것이다(니시오카 츠네카츠, 2002). 예컨대 산의 남쪽에서 자란 나무는 줄기가 가늘어도 강하고, 북쪽에서 자란 나무는 굵어도 연약하다. 따라서 큰 목수들은 집을 떠받치는 4개의 기둥목을 같은 산의 같은 비탈에서 모셔와 생시(生時)적 방향 그대로 세운다. 그래야 4개의 기둥이 생시적 몸의 기억으로 함께해 콘크리트 집보다 더 오래가는 천년 가옥이 된다(이원규, 2004).

훌륭한 목수들은 톱질도 천천히 하는데 그 이유는 힘을 골고루 분배해야만 힘든 톱질을 끝맺을 수 있기 때문이다. 또 목수들은 가급적 나무의 원형을 그대로 사용할 것을 강조한다. 궁목수 신응수(2005)는 나무의 재질과 성격을 잘 알고 집 한 채의 도면이 머릿속에 정확히 기억되어 있어야 한다고 말한다. 나무도 제 생긴 굽이에 따라 그대로 써주는 것이 집을 상하지 않게 하는 길이다. 나무가 자란 모양 그대로 제 성징을 그대로 쓰는 것이 고건축의 묘미이다. 이처럼 나무의 성격을 잘 아는 것이 대목수의 임무이다. 나무에 손을 덜 댈수록 원래대로의 자연스러움이 남지만, 지나치게 손을 대면 인위적 형태만 남기 때문이다. 자연은 자연 속에 있을 때만 자연스럽다. 그래서 목수일이 즐거울 때는 자연과 인위의 균형점을 찾아낼 때이다(목수 김 씨, 2002). 결국 '측정 2번, 톱질 1번'이 목수철학의 기본이다.

우리는 목수철학을 통해 생태적 전일성에 대한 자각과 생태적 정책감수성이 관료들의 몸과 마음에 자연스럽게 체득되는 방법을 익힐 수 있다. 또 대규모 건설 등 난개발과 인위적 행정은 줄이고 사전예방 원칙 아래 생태계 자치력 등 자연의 존재방식 그대로 생태적 균형점을 찾으며 공무를 수행하는 자세를 배울 수 있다.

〈사진 12〉 목수철학의 진면목: 측정 2번 톱질 1번의 신중함

관료들에겐 농부철학의 벤치마킹도 필요하다. 식물은 말주변이나 잔꾀로 키울 수 없다. 착한 마음과 정성의 땀방울이 있으면 잘 자란다. 식물은 자기를 돌보는 사람의 착함만큼 보상해주지만, 사람에게 착취당한 만큼 토양, 물, 공기에 화풀이해 환경재앙으로 앙갚음한다(류기봉, 2006).

생명농업의 선구자이자 땅을 지키는 농부 철학자인 피에르 라비에 의하면 농사는 농부가 대지와 맺는 일종의 합의이다. 이 합의는 손쉬운 비료보다는 귀찮지만 지력(地力) 유지를 위해 거름을 주는 농부의 애정, 땅과의 소통적 이해, 겸손한 마음씨로만 이루어진다는 것이 그의 농사철학이다.

거름(humus), 인류(human), 겸손함(humility)은 언어학적으로 같은 기원을 갖는다. 따라서 사람은 자신이 농사짓는 땅의 거름으로 겸손하게 되돌아가야 한다. 그래서 농부는 땅의 산업자여선 안 되고, 대지에 늘 가까이 머물며 생태적 지속 가능 농업형태인 자연농법, 유기농법을 실행해야 한다(카르티에 & 카르티에, 2007). 이는 자연을 배려하고 재생 가능한 방법을 활용하는 적정규모의 기술로서, 자연에 가깝게 농작물을 재배해 자연을 가장 닮은 농산물 생산을 가능하게 하는 등 인간의 생명과 건강증진에 크게 기여한다.

관료들은 농부철학에서 생태적 존재성에서 기인하는 자연에의 겸손함과 생태적 마인드, 또 생태계와의 관계회복을 위한 생태적 정책감수성, 자연과의 조화 및 공생을 적극적으로 도모해 생태적 전환을 주도하는 생태적 리더십의 지혜를 골고루 배울 수 있다.

상기한 목수철학, 농부철학의 학습효과는 관료들의 생태친화적 행정기술 개발로 연결될 수 있다. 즉, 이런 학습을 통해 관료들은 농약과 비료 위주의 약탈농업 대신 자연농, 유기농 등 생태친화적 농업기술을 개발, 지도해 농업정책과 식품안전정책의 지평을 넓힐 수 있다.

관료들은 두 철학의 학습을 통해 개발 위주의 환경개량주의에서 벗어나 우리의 주거공간을 생명의 장소(life place), 즉 생활정주공간으로 만들기 위한 다양한 생태도시 조성기술도 개발해낼 수 있다(김철수, 2001). 폐열과 폐에너지를 재활용하는 쓰레기정책, 태양과 바람 등 자연에너지의 개발, 에코 브리지 조성, 중수도시설 도입, 대중교통 활성화, 녹지 및 바람길의 조성 등은, 우리의 삶터를 생활정주공간으로 만들기 위해 일선관료들이 필히 함양해야 할 생태친화적 도시조성 기술들이다(이도형, 2008: 113~115).

　지금까지 이 책 제1편에서 생태주의 행정철학의 구성체계로서 상정했던 Re-ing 모델의 생태주의 행정철학적 함의를 제2~3편의 여러 장에 걸쳐 구체적으로 살펴보았다. 상기한 Re-ing 모델의 전략적 재구성 방향과 생태관료 육성의 철학적 기반 및 핵심적 육성 포인트를 정리하면 다음의 〈표 14〉와 같다.

　생태관료의 육성 포인트들은 관료들이 생태적 전일성과 생태적 존재성에 대한 자각 아래 인간-자연 간의 공생과 연대를 도모하려는 생태적 정책마인드를 체화하는 데 도움을 줄 수 있다. 나아가 관료들이 생태적 리더십을 주도적으로 발휘해 생태친화적 정책개발, 녹색지향의 조직개편, 행정절차상의 생태민주주의화에 진력하게 하는 등 생태관료 육성전략을 구체적으로 강구하는 데도 기여할 것이다.

<표 14> 생태관료 육성의 철학적 기반과 핵심적 육성 포인트들

변수	Re-ing 모델의 재구성	생태관료 육성의 철학적 기반	생태관료 육성 포인트들
목표 변수	re-thinking(국민의 생태가치 수요에 부응하려는 정부관료들의 성찰과 가치의 재구성)	생태주의적 행정존재론 및 인식론	- 생물지역주의에 의거한 생태적 존재성 인식 - 생태조절적 역할자, 생태지속성 관리자로서의 정부와 초록자아, 환경 청지기로서의 생태관료상 확립 - 선조들의 생태적 지혜 벤치마킹 - 생태적 합리성과 생태적 근대화 개념의 학습 - 관료의 생태친화적 인식체계와 구비요건의 마련 - 생태적 중용, 생태계 자치력 확보를 위한 행동좌표 마련(생태계 지속성지표, 환경공간, 생태발자국 체크)
		정부의 생태친화적 존재가치론	- 숲의 존재방식에서 도출한 선의의 경쟁 혹은 차별화를 위한 틈새개척 전략, 공생 및 협력의 지혜, 환경적응력, 자율적 구조조정력, 소통 능력을 행정환경 변화에의 대응전략에 대입하기
	re-inventing(생태친화적 정책역량 개발)	생태친화적 정책철학	- 생태적 건전성을 위한 진정한 녹색성장 학습 - 생태친화적 정책역량의 개발
구조 변수	re-structuring(정부차의 녹색적 통폐합, 녹색구조조정, 그리고 지방정부의 녹색자치체화)	생태친화적 조직통합 및 녹색구 조조정의 철학, 녹색자치의 철학	- 사전 예방적, 통합적 관리를 위해 개발-보전부처의 단계적 통합, 그 과도기에서 실질적 책임조정을 수행할 조정기구 설치 - 개발공사들의 생태친화적 업무전환 - 녹색자치체화를 위한 환경조례 제정과 생태계 복원 등 일선관료들의 생태적 리더십학습
	re-engaging citizen (녹색 거버넌스, 생태민주주의적 숙의 절차의 확립)	녹색 거버넌스 운영의 철학	- 정책과정의 생태 민주화와 녹색 공영역을 제도화하기 위한 녹색 거버넌스의 활성화, 또 거버넌스 구성과정에서 관료의 개방적 태도와 소통문화 중시 등 생태적 리더십의 개발, 강화 - 사회적 합의형 및 중앙-지방의 협력형 거버넌스 구축
사람 변수	re-orienting과 re-skilling (목수철학, 농부철학의 학습,체화, 생태친화적 행정기술의 개발)	공무원 생태윤리론	- 소극적 생태윤리: 자연보호 및 환경보존을 위한 법적 규제 기반강화와 기술적 처방노력 - 적극적 생태윤리: 생태계 보전과 복원정책 강화
		생태적 리더십 철학	- 생태적 전일성에 의거한 인위적 행정축소, 사전예방원칙 하에서 생태적 중용의 공무자세 학습 - 무위 리더십과 서번트 리더십 체화 - 생태마인드 및 생태적 정책감수성 체화를 통한 생태도시, 생태농업 조성기술의 습득

PART 04

생태주의 행정철학의 응용과제들

01

국제적 차원에서의 응용과제들

이 책의 PART 04에선 생태주의 행정철학이 필히 응용되어야 할 분야들과 또 이 학문이 순기능적으로 기여할 수 있는 향후의 실천과제들을 다음과 같이 적극적으로 찾아본다.

먼저 01에선 생태주의 행정철학을 응용, 실천하기 위한 국제분야들을 찾는 차원에서, ⅰ) 외국 녹색정부들의 생태친화적 사회설계방식의 공유, 확산, ⅱ) 생물지역주의의 범세계적 확산을 위한 정부들의 역할, ⅲ) 후진국의 생태발전을 돕기 위한 공정무역의 필요성과 제도적 지원, ⅳ) 환경정의의 구현을 위한 범세계적 협력장치 마련, ⅴ) 실패국가 치유를 위한 범지구적 생태보호기금 마련, ⅵ) 범세계적 식량안보와 환경파괴를 줄이기 위한 로컬 푸드 운동의 의의와 정책적 지원 등을 논의한다.

⓵ 외국 녹색정부의 생태친화적 사회설계방식의 공유, 확산

『유러피안 드림』의 저자 Rifkin은 종래의 아메리칸 드림 대신 유러피안 드림이 새롭게 강세를 보인다고 전망하면서, 그 이유로 유러피안 드림이 삶의 질 중시, 환경과 조화를 이루는 개발, 평화와 조화에 초점을 맞춘 역사, 부의 축적보다는 인간정신 고양을 강조하는 점을 들고 있다. 이는 기성세대의 가치에 도전하며 삶의 새로운 대안을 추구한 68세대들의 생각인데, 이런 생각의 실험이 현실적으로 실현된 곳이 미국이 아닌 바로 유럽이란 것이다.

실제로 EU 소속의 정부들은 삶의 질 제고를 위해 앞장서서 생태친화적 사회의 설계와 실험을 도모한다. 즉, 무제한적 개발보다는 생태계 보전과 사회적 시장경제의 실현에 노력해, 경제성장과 개인적 부의 축적에 치중해온 미국식 옛 모델과는 큰 차이를 보인다. 미국 유권자들에겐 환경문제가 주요 관심사의 9가지 가운데 가장 꼴찌이지만, EU의 유권자들에겐 환경문제가 5가지의 주요 세계문제 중 하나에 꼽힌다. 미국인은 자연을 자원의 보고로 인식하지만, 유럽인은 자연의 내재적 가치를 존중해 시골풍경을 좋아하며 자연경관 보전에 애쓴다.[74) 또 시골방문이 소중한 레저로 인식되어 사람들은 주말과 휴가 때 시골을 많이 찾는다.

EU에선 녹색당이 인기이고 생물권 정치를 실현 중인데, 생태계를 하나의 네트워크로 생각하기 때문에 이런 일들이 가능하다. 미국인

---

74) 예컨대 영국 기업의 20%가 환경보고서를 쓰고 프랑스, 덴마크는 이를 법으로 요구한다. 이처럼 환경 및 생물다양성 보존이 제반 정책의 우선적 고려사항이다(박영숙, 글렌, 고든, 2006).

은 자신이 생태계의 한 부분이라는 시스템 사고에 낯설다. 반면 EU
는 기존 과학이 자연을 생산적으로 만드는 데 기여했다면 신과학은
자연을 지속 가능하게 만드는 것이란 철학 아래, 제2의 과학 계몽주
의로 나아가고 있다. 그 실천을 위해 2010년까지 전체에너지의 12%
를 재생가능 에너지원을 이용해 생산할 것을 공약했다. 이런 점에서
유럽의 생물권 정치는 미국의 신자유주의에 비해 도덕적으로 유리한
위치에 있다(리프킨, 2005).

우리는 EU의 생물권 정치 및 생태친화적 사회설계방식에서 '녹색정
부'의 실체를 잡아낼 수 있다. 녹색정부는 녹색가치를 도구적 의미가
아닌 통치의 내재적 본질로 인식하는 정부로서, 녹색정부는 생태중심
성과 인간중심성 간의 조화로운 결합을 추구한다(최민자, 2007). 아
래에선 외국 녹색정부들의 생태주의 행정철학 구현전략을 구체적으
로 살펴보기 위해, 생태계 보전정책에 투철한 EU 소속 두 나라의 생
태도시와 브라질의 한 생태도시를 사례로 선정한 뒤, 그 정책적 시사
점을 도출해본다.

1. 프라이부르크

1992년에 독일의 환경수도로 선정된 도시이다. 40대 초반의 녹색
당원이 시장으로 당선되면서 환경 최우선의 도시행정을 추구했다.

프라이부르크 시의 경우 시민들이 옛 서독 연방정부의 국책사업인
비일(Wyhl) 원전건설 계획에 반대하면서 생태문제 논의 및 생활양식
개혁의 분위기가 자연스럽게 형성되었다. 그러나 시위가 단순한 원
전건설 반대운동 구호에 그치지 않고 에너지 줄이기 운동으로 연결

되면서, 원자력을 대신할 대체에너지의 개발과 에너지 자립도시 지향 등 환경수도로서의 위상이 정립되기 시작했다.

먼저 프라이부르크 시정부는 '에너지 자치'를 위해 시정부의 영향을 받는 모든 부동산에 단열재 사용 및 태양열 이용을 조건부로 하여 에너지 저소비형 건물을 짓도록 저에너지 건축 허가조례를 제정했다. 그리고 독일 최초로 시간제 전기요금제도를 시행했다.

시정부는 에너지 절약형 인버터식 형광램프를 개발해 각 가정에 무상 배포하고, 태양 집열장치 및 소형 태양광 발전장치도 적극적으로 설치했다. 그리고 메탄가스를 사용한 광역 열병합 발전시스템을 개발, 보급하고 에코 주택(eco-house), 에코 오피스(eco-office) 사업도 적극 전개해 겨울철 난방을 억제하는 등 이 시의 행정엔 환경수도다운 발상이 많다.

시정부는 녹지관리에 있어 오래 전부터 농약사용을 금지하고 있다. 새의 번식기 등 생태계 보전을 위해 매년 3~9월경엔 개인의 정원수를 자르는 것도 금지하고, 도심의 작은 수로(水路)인 베히레는 도심의 온도를 낮추는 효과를 보인다.

프라이부르크 시의 쓰레기정책은 소각반대와 재활용 위주의 폐기물 처리 및 그리네풍트 제도75)를 원칙으로 한다. 시민이 병에 담긴 음료수를 사면 재활용을 전제로 해 병 값을 환불해주기도 한다.

프라이부르크 인근의 흑림(黑林)이 고사 위기에 처하면서 도시에 자동차 배기가스를 없애자는 여론이 나오자, 시정부는 즉각적으로

---

75) 주민이 폐기물 분리수거를 하면 그 처리, 운반은 시정부가 맡고 리사이클링 회사나 폐기물을 발생시킨 회사가 폐기물을 재분류한다. 이때 포장지 생산자와 포장인은 오염자 부담 원칙에 따라 시정부가 운영하는 두앙시스템이라는 기관에 면허료를 지불하고 그리네풍트라는 녹색의 표지를 받는다.

버스-전철을 통합 운영하는 종합 교통시스템을 재검토해 도심으로의 자동차 진입을 제한했다. 그 대신 전철, 시내버스 등 대중교통망을 확충하고, 환경 승차권을 활용하게 했다(정우양, 류재한, 오세규, 2005: 194~198; 김소희, 1999). 즉, 보행, 자전거교통 우선의 교통정책 추진을 위해 광역권 내 국철, 트램, 버스를 연계하는 '레기오카르테'라는 환경승차권을 최초로 운영했다. 뮌스터 대성당을 중심으로 구도심 지역에 자동차 진입을 금지하는 시스템도 도입했다. 따라서 자전거 교통이 전체 교통량의 30%를 상회하게 하고, 연장거리 160km의 자전거 전용도로를 운영해 도시인구보다 많은 자전거 보유 대수를 자랑한다.

프라이부르크 시 정부는 이처럼 에너지-교통-오물-공원녹지 등 제 분야를 긴밀히 연결하는 시스템을 구축하고, 정책효율화를 도모하기 위해 최초로 1986년에 환경관련부서를 신설했으며, 1990년엔 환경 부시장제도를 채택해(홍윤순, 2010: 38) 녹색정부다운 정책과 행정의 효율화를 적극 꾀했다.

2. 예테보리

북유럽의 생태도시인 스웨덴의 예테보리는 1960~1970년대의 고도 경제성장기 때만 해도 석유와 석탄 등의 난방시스템이 도시의 공기를 심하게 오염시켰다. 그러나 지금은 에너지의 70% 이상을 시내의 정유공장, 하수처리장 및 쓰레기 소각장의 폐열로부터 얻어내는 등 대기오염과 에너지 효율이라는 두 마리 토끼를 잡는 데 성공한 도시이다.

예테보리는 석유에 의존하지 않는 에너지정책과, 환경을 배려한 재화와 서비스를 선택적으로 이용하는 녹색소비자운동이 정착된 도시이기도 하다. 이를 좀 더 자세히 살펴보면 다음과 같다.

예테보리 시는 에너지 믹스 정책을 과감히 시행했다. 즉, 폐열을 이용하거나 바이오매스 같은 재활용에너지를 활용하고 풍력, 태양열, 천연가스 등 천연에너지도 적극 이용해 한때 90%에 달하던 석유의존율을 1% 대로 낮추었다. 그 결과 이산화탄소 배출이 50%나 감소했다.

시정부는 5년간 이중연료(bi-fuel)를 사용하는 생태자동차 1만 대를 확보하는 프로젝트도 시행해왔다. 또 철도이용을 장려하고 트럭에 여과장치를 부착하고 대체연료를 사용하게 해 배기가스를 10년간 50%로 감축하려고 노력 중이다. 예테보리 택시회사는 모든 차량에 위성을 이용한 자동위성 항법장치(GPS)를 장착하게 해 시내 택시들이 목적지까지 최단거리로 이동하게 함으로써 연간 4백만 톤의 연료를 절약한다. 도심에 환경구역(zone)을 설정해 대기환경기준을 충족시키지 못하는 디젤 자동차의 진입은 금지시킨다.

예테보리 시는 지방의제 21의 일환으로 1997년에 시작된 쓰레기관리계획에 의거하여 시내 3백 개 장소에 리사이클 스테이션을 설치해 쓰레기문제를 해결하고, 자원회수 및 재활용을 적극 추진했다. 시민들은 이곳에서 쓰레기를 9종으로 분리수거해 무료로 배출한다.

스킨딕 호텔 크라운 등 시내 호텔들도 환경시책을 도입해 객실을 에코 룸으로 전환시키고 있다. 즉, 객실 내부를 재활용이 가능한 친환경소재로 교체하고, 난방은 건물 내부의 환기열을 이용한다.

시정부는 녹색조달이라고 해서 기업들이 서로 거래처를 선택할 때

상대기업의 환경항목을 체크하게 함으로써 환경보존에 힘을 쏟는 기업을 서로 골라 우선적으로 계약하게 한다. 시민들에게 환경 핸드북(eco-handbook)을 나눠줘 환경에 이로운 상품과 서비스를 우선 선택하도록 녹색소비자운동을 전개했다. 환경우수 점포엔 환경상(environmental diploma)을 시상했다(이노우에 토시히코, 2004).

3. 꾸리찌바

녹색정부의 열망은 유럽에만 있는 것은 아니다. 남미의 한 생태도시인 꾸리찌바에서도 녹색정부 만들기 프로젝트는 매우 성공적이었다.

브라질의 수도인 브라질리아는 교차지점 없이 건설된 고속도로 도시이기 때문에 보행이 불가능하고 시내의 많은 유리건물들 역시 빵을 굽는 오븐처럼 복사열만 방출해 에어컨과 자동차 없이는 생활이 불가능한 전형적인 반환경적 자동차 의존형 도시이다. 그에 비해 꾸리찌바는 사람이 살기 좋은 생태도시의 전형을 보여준다. 꾸리찌바 시정부는 살기 좋은 생태도시를 만들기 위해 다음과 같은 도시행정 원칙을 실천했다.

첫째, 검소함인데 이는 기존 도시시설의 적극적 재활용 정책에서 나타난다. 예컨대 시정부는 채탄장과 석산을 복원해 공원, 오페라 하우스를 만들고 환경개방대학을 조성했다. 쓰레기 투기장은 식물원으로 개조하고, 식민지 시대의 탄약창을 연극관으로, 폐기된 전차와 버스를 탁아소, 이동교실로 재활용했다(박용남, 2006). 그 결과 이 시에는 에너지절약을 교육시키는 환경 탁아소가 230곳이나 있고, 5천 권의 책을 보유한 작고 소박한 외곽지역 도서관인 '등대'가 무려 50

곳에 이른다(김소희, 1999).

둘째, 신속성은 시민의 신뢰를 조성한다. 즉, 공원을 단 20일 만에 조성해 냈듯이 공사의 마무리를 늘 지연시켰던 당시의 행정관습에 강한 경고를 보내는 것이다.

셋째, 창조성이 재정자원을 대체할 수 있다는 신념 아래, 상급기관에 손을 안 내미는 창조적인 자금조달 프로그램을 추진했다. 일례로 도시환경문제를 해소하기 위해 교통－토지 이용정책을 통합 추진하고, 대중교통의 촉진과 사적 교통통제를 위해 보행자와 자전거의 통행을 우선 배려했다. 신규 도시개발은 기존도시 공간 안에 집중시키고, 과거의 도시구조를 새로운 용도로 혁신하는 보전정책을 추진했다.

꾸리찌바 시정부는 모든 나무의 등록을 의무화했다. 1970년대 초반 '그늘과 신선한 물 프로그램'에 착수해 식생 양호한 지역을 특별 보호한 결과, 주민 1인당 녹지면적이 100배 증가했다. 그 결과 시민 1인당 공원면적은 1972년의 0.6㎡에서 20년 만에 80배 늘어나 현재는 52㎡로서, 노르웨이의 오슬로에 이어 세계 2위이며, 이는 세계보건기구 권고기준의 4배이다. 그러나 질서파괴에 대해선 벌칙도 강하다. 예컨대 시민이 허가 없이 나무를 베면 엄청난 벌금을 내게 하거나 그 자리에 2배의 나무를 식재할 것을 강제한다.

이 시는 땅 위의 지하철이라고 불리는 혁신적 버스 교통시스템을 만들어 도시를 근본적으로 전환시켰다. 이는 URBS라는 공기업을 통해 운영되는 28개 노선의 특수교통 통합체계이다. 이 시엔 170km 이상의 자전거 전용도로망도 잘 갖춰져 있다. 쓰레기를 가져오면 야채봉지를 나눠주는 녹색교환이라는 쓰레기정책도 빛난다(박용남, 2006).

4. 사례분석 결과의 종합과 정책적 시사점의 도출

우리는 상기한 사례들에서 생태주의 행정철학의 실천 포인트를 발견할 수 있다. 이들 성공사례에서 우리가 공유, 확산할만한 생태친화적 사회설계방식을 도출하면 다음과 같다.

1) 정치지도자의 리더십과 정책발상의 전환

녹색정부와 생태도시의 건설에는 전문적 리더십을 가진 정치지도자의 정책주도가 중요하다. 일례로 꾸리찌바 시의 전 시장 자이메 레르네르는 탁월한 리더십으로 생태도시의 기초 닦기부터 지붕 얹기까지 모든 현장업무를 관리했다. 그는 "도시는 매일 시민에게 존경심을 보여줄 의무가 있다", "우리는 우리를 행복하게 만드는 일을 한다"라는 정책 슬로건 아래, 사람이 살기 좋은 생태도시의 건설을 도모했다.

정치리더의 헌신과 정책주도가 정책발상의 전환과 도시개혁의 추진력이 됨은 독일 최초로 환경 부시장직을 둔 프라이부르크 시에서도 확인된다. 정치 리더들의 이런 열성에 역량 있는 행정 실무진의 도움이 추가되어 녹색정부가 구현될 때 실제로도 살기 좋은 생태도시가 만들어질 수 있다.

2) 인간-자연 공존형 도시창안

근대의 기계론적 도시관은 확장적 토지이용 관리제도에 치중해 초고층 건물 및 넓은 도로 만들기를 중시했다. 그러나 이것이 오히려 사람들에겐 불편하고 야간에는 활기 없는 도시를 야기한다는 생활자 관점에서의 비판이 그치지 않았다. 따라서 사람 부재, 생활 부재의 도시관에 반기를 들고, 생활자 입장에서의 도시 만들기가 시작되었다(박재길, 2006). 특히 도시 재편성의 방향으로 인간-자연 공존형 생태도시가 강조되었다.

새로운 도시관은 우리가 프라이부르크와 예테보리 시에서 살펴보았듯이, 미래세대를 위해 자원사용을 최소화하는 자연친화적 주거환경 조성을 강조하며, 이를 위해 에너지효율이 높은 생태친화적 건물, 바람효과와 오염의 영향 등을 고려한 건물의 재배치를 중시한다.

꾸리찌바와 프라이부르크 시에서 보듯이 녹색교통수단으로 보도(步道) 및 자전거 도로를 보다 많이 구축하고, 대중교통에 쉽게 접근할 수 있는 고밀도 토지이용 패턴 및 교통연계 체계를 수립하는 것도 새로운 도시관의 특징이다. 또 생태적으로 민감한 서식지와 하천유역을 보전하고, 양질의 오픈 스페이스 확보 등 공공 공간을 주민활동의 주요 초점으로 활용하는 것도 인간-자연이 공존하는 생태도시라는 새로운 도시관의 형성에서 눈여겨볼 만한 대목이다(최병선, 이원섭, 2006).

3) 관료들의 의식개혁과 행정능력

프라이부르크 시에서 살펴보듯이 독일의 지방자치단체 공무원들은 환경법의 입법과정엔 직접적 참여권이 없지만, 관할 행정구역의 환경보전 업무에서 매우 큰 기술적 영향력을 행사한다. 그들이 중점을 두는 것은 대중-근거리 교통수단, 에너지 및 식수의 공급, 쓰레기와 폐수 처리의 의무화, 태양열 건축 등이다. 또 그들은 주민의 환경 친화적 태도육성에도 힘쓴다.

큰 규모의 독일 지방자치단체는 환경부를 독립적으로 설치하고 있고, 왕성한 지자체는 국제적 환경운동에도 기여하며, 연방과 주정부에 대항해 지역의 환경이익을 대변하기도 한다(김갑년, 2005: 165). 독일연방공화국의 자연보전법은 인간의 간섭에 의한 악영향으로부터 동식물 및 생물사회를 보전하는 것을 생물종 보전의 책무로 규정하고 있으며, 개발로 인해 생태계에 악영향을 미칠 경우 개발주체가 별도의 토지에 보상해야 한다는 생태학적 보상제도를 제정, 시행한다(오제카 슈지 외,2007: 127).

4) 시민참여의 유도장치

고도의 산업국가인 독일은 1950년대부터 환경문제에 관심을 쏟은 결과, 현재 유럽국가들 중 국민의 생태의식이 가장 모범적이다. 생태주의에 기초한 대안운동도 가장 활발하다. 시민의 자발적 참여로 시민 중심의 제3섹터 형식도 발달하고 있으며, 이를 위해 정부가 토지 수용 혜택(장기임대 및 수용특혜)과 각종 보조금 지원 등을 통해 시민환경운동이 활기를 띠도록 직간접적으로 개입한다(구승모, 2005). 영국 정부도 2001년 '근린재생에 관한 국가전략'을 발표했는데, 이를 통해 지방전략 파트너십, 근린재생 보조금제도가 창설되었다(박재길, 2006). 프라이부르크의 그리네풍트, 예테보리의 녹색조달과 환경 핸드북, 꾸리찌바의 녹색교환 사례에서도 볼 수 있듯이 시민들이 환경보존 활동에 적극 참여하도록 활용할 수 있는 유인장치는 찾아

보면 굉장히 많다(이도형, 2007b: 489-492).

각국의 시정부들은 상기한 3곳 생태도시의 성공사례를 학습해 기능성과 효율성 위주의 기존 도시관을 성찰하면서 도시를 인간생활 정주공간으로 새롭게 자리매김하는 데 유용한 생태친화적 사회설계 방식을 공유, 확산시킬 필요가 있겠다.

② 생물지역주의의 범세계적 확산을 위한 정부들의 역할

생물지역주의는 대개 산업화 이후 환경파괴의 몸살을 크게 앓은 제1세계 지역들의 죽어버린 공간에 생명의 가치를 다시 불어넣기 위한 치유책으로 대두되었다. 즉, 생물지역주의는 북미지역의 새 개발론으로서 그 목적은 인간의 문화, 사회, 정치구조가 그곳의 자연계와 조화를 이루도록 우리가 사는 장소를 정확히 이해하고 그 진가를 재평가해, 인간 생활체계가 지역의 자연에 맞도록 스스로를 수정하게 하자는 것이다(문순홍a, 2006: 348~351).

그렇다면 생물지역주의가 북미 등 선진국에서만 한정해 통용되어야 하는 것은 아니다. 급속한 산업화와 도시화로 인해 고향을 떠난 제3세계 사람들이 끝내 도시에 적응하지 못하고 다시 귀향해 고향에서 생을 다시 도모하거나, 혹은 대도시라는 낯선 삶의 터전에 뿌리를 내린 뒤 타향을 제2의 고향으로 삼아 새로운 주변 자연환경의 흐름에 맞춰 애써 살아갈 필요성은 전 세계적으로 어디에서나 존재하기 때문이다.

지금까지는 개발도상국들의 폭발적 산업화와 무계획적 도시화로 인한 자연파괴와 난개발이 근대화로 미화되기조차 했다. 자연파괴적 공업화에 작용해온 제3세계 각국의 정부는 지금도 개발논리의 옹호 속에 생태계 파괴에 직접 나서거나 기업식 난개발의 인허가권자로서 생태계 파괴를 방조한다.

제3세계 사람들이 이에 맞서는 유일한 길은 원래의 고향이든 제2의 고향이든 자기가 터 잡고 살아갈 곳의 장소감각을 빨리 회복하거나 체득해, 그곳에서 인간-자연관계의 슬기로운 재정립을 열심히 도모하는 길뿐이다. 그런 점에서 특정지역 내 자연의 리듬에 맞춰 조화롭게 살아가는 것을 강조하는 생물지역주의는 범세계적 확산을 요구한다. 자연-인간관계의 재정립 위에서 장소감각과 일치되는 삶을 살 것을 강조하는 생물지역주의의 취지를 되살리기 위해선 이에 걸맞은 정부의 뒷받침 또한 요구된다.

생물지역은 인간이 임의로 구획한 것이 아니라 자연발생적으로 형성된 인간정주(定住) 체계이다. 따라서 생물지역은 행정편의에 기반을 둔 기존의 지역구획 방식과는 다른 개념이다(모리슨, 2005: 266).

그렇다면 관료들이 하늘 위에서 효율성이란 잣대만으로 국토경계를 재단하는 종래의 천상의 지리학을 버리고 낮은 데로 임해 예전부터 내려오는 원래 그대로의 지리적 자연경계를 되살려내 국민생활 영역을 생물지역에 일치시키려는 인식의 대전환이 필요하다. 이런 점에서 인간정주(定住) 생활의 기본단위를 의미하는 정주생활권 개념에 대한 재조명이 필요하다.

정주생활권은 지역계획 측면에서 보면 인간생활과 자연환경을 종합적으로 고려한 권역이다. 한편 지역사회 측면에서 보면 정주생활권은 주민 간에 경제, 사회, 문화생활의 연계성이 있을 뿐 아니라,

지연(地緣)의식, 연대관계 등 심리적 동질성도 형성되어 있는 공동체 단위이다. 이미 교통통신 발달과 이로 인한 배후 농촌지역의 도시 연담화로 인해, 공간뿐 아니라 경제, 사회적으로도 지역 간 상호의존성이 커지고 있고, 인구, 자본, 정보가 끊임없이 집중, 분산되어 행정구역 등 기존의 공간적 테두리는 사실상 큰 의미가 없어지고 있다 (http://jirilim.com/zbxe/?document_srl=14999&mid=m4_9). 향후엔 인위적 행정구획을 뛰어넘어 주민들이 일상생활을 하는 정주생활권 지역을 중심으로 삶의 경계가 재편되어, 종래의 인위적 구획에 따른 비효율성을 제거하고 장소의 리듬에 맞춰 자연스럽게 살아가는 생활권 중심의 통합이 더욱 요구된다.

우리가 인위적 경계를 최대한 억제하면서 자연지리 그대로의 흐름을 최대한 존중하는 쪽으로 국토이용과 자연보전의 상생구도를 형성해나갈 때, 21세기 환경의 세기에 걸맞은 국토이용 철학과 국토생태 철학이 조화를 이루며 단단히 뿌리를 내릴 수 있을 것이다.

③ 후진국 생태발전을 위한 공정무역의 필요성과 제도적 지원

우리는 공정무역 혹은 대안무역 인증이 붙은 커피나 차 제품을 종종 가게의 한 코너에서 발견한다. 상품진열대의 한 구석을 장식하는 이 제품 속에는 핍진하고 각박한 자본 세계화 시대에서 흔치 않게 만나는 선-후진국 국민 간의 인정교류 의미가 담겨져 있다.

리트비노프와 메릴레이(2007)에 의하면 공정무역(fair trade)은 무역자유화 과정에서 후진국 상품이기에 제품의 품질을 인정할 수 없다는 구실 아래 그간 제값을 충분히 받지 못해온 개발도상국(이하 개도국)의 생산자 집단들에 생산원가 차원의 최소가격을 보장해주는 것이다.

특히 공정무역은 개도국의 생산자가 지속 가능한 생산과 안정된 생계를 유지할 수 있는 가격을 선진국 소비자들이 지불해 그 돈의 일부를 사회적 초과이익으로 적립하게 한 뒤, 이를 개도국의 학교, 병원, 지역공동체센터를 건립하거나, 상수도, 화장실 및 전기시설의 구축, 소득원(源)의 다변화를 위한 소규모 창업대출, 노동자 연기금의 마련, 조림(造林), 여성권리 확대 프로그램의 운용 등에 쓰이게 하는 것이다. 예컨대 커피 수입업자가 1파운드의 커피를 구매할 경우 지불하는 공정무역 가격이 1달러 26센트라면, 이 중 5%를 개도국의 빈곤탈출과 환경보존 용도로 적립, 활용하게 하는 것이다.

공정무역은 무엇보다도 제3세계 농민과 노동자들의 생명을 구한다. 그간 혼자 일하는 외로움, 부단한 가격변동, 계속되는 근심걱정으로 인해 집단자살을 꾀하려 한 약소국의 농민과 노동자들에게 안정된 소득원을 일부 제공해주기 때문이다. 이 제도의 기본취지는 선진국의 소비자들이 개도국 상품의 제값을 지불해주어 품질 좋은 제품만 사는 게 아니라 도움을 필요로 하는 가난한 나라의 사람들에게 실질적 혜택을 주는 것에서 얻는 행복감을 갖게 하는 것이기도 하다. 즉, 공정무역은 개도국과 선진국 간의 협력관계를 맺는 고무적 사례로서 생산자가 요청할 경우 거래대금의 일부를 선불해줄 수 있고 지속 가능한 생산과 시장안정성을 보장받을 수 있도록 장기수급계획을 인정하는 계약도 체결할 수 있다. 개도국의 환경재난이 발생할 경우엔 선진국의 구호나 재건기금 모금으로도 연결될 수 있다.

현재 공정무역운동은 전 세계에서 성공을 거두고 있다. 백만 명이 넘는 제3세계의 영세농민과 노동자가 이에 참가해 유럽, 북미, 호주, 일본의 수백만 소비자와 연대하고 있다. 인증제품의 전 세계 매출액은 2005년의 경우 7억 5,800만 파운드로서 전년 대비 37%의 성장세를 보인다.

공정무역의 인증(引證)을 받으려면 제3세계의 농장고용주는 노동자에게 정당한 임금지급, 노조가입권 보장, 주택제공, 최소한의 건강 및 환경기준 준수, 15세 이하 아동고용 및 강제노동 금지, 또 사회적 초과이익을 노동자 복지를 위한 사회경제 환경사업의 투자액으로 내놓아야 한다.

특히 농산품의 경우는 환경친화적 방식에 의한 곡물재배를 약속해야 한다. 즉, 농민이 이전부터 잘 알던 자연전통적 방식대로 농사를 짓게 해 먹을거리의 세계화 시대에 식탁의 안전을 확보할 수 있는 몇 안 되는 길이 되게 해야 한다.

선진국에서도 공정무역 마을로 지정되기 위해선 지방의회에서 공정무역지지 결의안을 통과시켜야 하고 회의실, 사무실, 구내식당에서 인증커피와 차를 이용하는 것에 동의해야 한다. 또 제품을 그 지역의 상점, 카페에서 쉽게 구입할 수 있어야 한다. 지역 내 회사, 사회단체 등도 이 제품을 적극 사용해야 한다.

많은 아동이 기아, 질병, 무지에 허덕이고 있는 제3세계 국민들의 생존을 위해 범지구적 협력관계가 절실한 지금, 공정무역은 빈국의 가난을 퇴치하고 전 세계적으로 지역생태계를 보전해내는 좋은 해결책으로 등장하고 있다(리트비노프, 메릴레이, 2007). 세계의 빈자들과 함께 고통을 나누는 이런 무역방식을 통해 우리는 지속 가능한 생산방식, 생태계 보전기준의 준수와 더불어 자연전통적 곡물재배 방식도 같이 도모해낼 수 있겠다.

④ 환경정의 구현을 위한 범지구적 협력장치의 마련

자연 생태계는 경제적 하부구조를 위한 모든 물질적 원료를 추출하는 원천이자 모든 폐기물을 처리하는 장소이다. 따라서 가장 중요한 점은 세계경제의 규모가 자연 생태계의 폐기물 처리능력보다 커지지 않게 하는 것이다. 그러나 현 세계경제는 2년마다 6백억 달러씩 그 규모를 성장시키기 위해 인간의 폐기물을 매년 2백억 톤씩 바다에 빠뜨리고 있다. 화석연료의 사용에 따른 폐기물 장소처리의 한계는 치명적인 '세계적 한계'가 되고 있다.

세계적 한계의 증거들을 좀 더 자세히 들어보자(로버트 굿랜드, 2001; 박영숙, 글렌, 고든, 2006). i) 현재 해양 및 산림의 탄소흡수능력은 연 30~35억 톤이지만, 기후변화로 인해 매년 70억 톤씩 탄소가 배출되어 빙하가 예측보다 빨리 녹고 있다. 그 결과 21세기 말에 지구의 기온이 지금보다 1.4~5.8도 상승하면 해수면이 88cm 상승해 전 세계적으로 해안지대 주거환경의 대변화가 예측된다. 또 북미의 곡창지대 위치가 기후변화와 함께 재빨리 북쪽으로 올라오고 있다. ii) 오존층이 파괴되어 곡식수확량 감소, 면역체계 위축, 어업쇠퇴, 핵심 생물종의 감퇴로 인해 생물멸종이 가속화될 우려가 있다. iii) 토양부식, 염분화, 사막화가 가속화되는 등 지구육지의 35%가 이미 퇴화되어 1ha당 토양손실률이 토양형성률보다 10배나 되고 있다. iv) 매년 16만 8천km²의 숲 파괴로 인해 매년 5천 종 이상의 생물종이 멸종되고 있다. v) 세계인구의 1/4이 가난과 식량난 때문에 건강한 식사가 불가능하다. vi) 세계인구의 1/5이 세계보건기구(WHO)가 마련한 기준보다 훨씬 더 유독한 공기를 호흡하고 있으며, 멕시코시티 등 제3세계 아동들은 납중독으로 인해 발육부진을 겪고 있다.

우리는 이제 지구생명 유지시스템의 붕괴가 군사적 분쟁보다 더 심각한 인간안보(human security)의 문제를 야기할 수 있다는 사실을 인식하고, 전 세계적으로 환경지출을 제한하는 정치적 의지를 보여야 한다. 또 환경피해를 덜 주기 위해 더 적은 자원으로 생산해내는 '다른 종류의 성장' 개념을 인식할 필요도 있겠다(굿랜드, 2001).

그러나 지구 생태계 보전논리의 구축은 그리 쉽지 않다. 예컨대 교토의정서는 미국 정부와 초국적 화석연료 산업들의 비협조로 인해 매우 깨지기 쉬운 계약이 되고 말았다. 애당초 생태위기의 근본적 해법보다는 생태위기를 조율하는 수준으로 그 목표가 너무 낮게 책정되었고 제재수단도 약해, 교토의정서는 이산화탄소 회계의 조작일 뿐 대기의 온난화를 멈추는 데 큰 힘을 발휘하지 못하고 있다. 중요한 합의 및 실천사항들도 화석연료 산업의 로비집단들에 의해 회의과정에서 연기, 누락, 상실되고 있다. 재원조달 문제도 불만족스러워 선후진국 간의 불공정관계도 쉽게 변하지 않을 것 같다(아힘 부르넨 그레버, 2007).

지구 생태계 보전체제의 구축이 요원해지는 속에서도 기업들은 무한대의 이윤증식 본능에 따라 자연자본을 파괴하며 돈벌이만 하고 있다. 최근 녹색자본주의를 표방한 상업자본들은 환경위기를 역이용해 인간이 마시는 물 등 자연의 상품화를 통해 녹색상거래를 도모한다는 지적이 끊이지 않는다.

기업들은 생태적 관점의 활용이 자사의 이익에 유리하다고 판단해 겉으로만 환경포장을 하고 실제로는 환경규제 완화를 위해 로비한다. 그 와중에 환경문제의 해법은 개인화되어 사람들은 기업과 정부 등 생태문제 유발자와 맞서길 회피하고 그만큼 환경정의 운동은 위축된다(Rogers, 2005). 기업 부르주아지들은 환경문제에 대한 어떤 해결책도 갖고 있지 않으며 단지 환경문제를 이리저리 옮길 뿐인데도 불구하고 순진한 일반소비자들은 환경파괴에 동참한다는 심각한 죄책감 아래 재활용 쓰레기를 분류, 운반하는 노동에 강제 동원되는 등 무의식적으로 자본에 포섭되고 있다(Smith, 1996).

환경규제의 파수꾼으로서 국내외 기업들의 반환경적 행위를 단속해야 할 각국의 정부는 오히려 성장논리를 지배이념으로 내세우며 기업들의 자연파괴를 방조하거나 때로는 환경파괴에 둔감한 기업들의 상행위를 조장하기 위해 보조금을 지불하기도 한다.

이를 틈타 카길(Cargill, Incorporated) 등 미국의 거대 농업기업들이 미국 정부의 농업 보조금을 이용해 옥수수, 쌀, 밀을 제3세계에 덤핑 판매해 제3세계 농민들을 자국의 시장에서 쫓아내고 있다. 미국 경제의 과속질주를 유지시키기 위한 석유자원 확보를 위해 이라크 전쟁이 미국 경제시스템의 심폐소생술로 벌어진 바도 있다(세계화국제포럼, 2005: 27). 이처럼 극소수의 강대국들과 다국적기업들이 주도하는 농민말살적, 환경파괴적 세계화가 지속적으로 전개되고 있다.

물론 선진국들은 지속 가능한 개발(ESSD)을 주장하며 이에 대한 책임을 면하려고 한다. 지속 가능한 개발은 진보에 대한 정의를 무비판적으로 수용한 서양중심적 사고로서 생태자원과 생태계를 전 지구적으로 관리하려는 것이기 때문에 빈국들의 발전선택을 제한하고, 개도국의 선진국 의존도를 증가시킨다(슈리배스터버, 1998: 49). 우리가 이런 지속 가능한 개발의 이면에서 반드시 주목해야 할 실체는 자본의 세계화를 주도하는 신자유주의 이데올로기이다.

신자유주의 시장논리에 따라 무역자유화 이후 개도국의 1차 상품 비중은 커지고 공업부문은 더욱 쇠퇴하고 있다. 선진국들은 후진국의 자연자원 채굴을 강제하고, 후진국의 열대림을 개발한다는 미명 하에 원주민들의 생활터전을 파괴시키며, 선진국의 공해산업과 폐기물질을 이곳에 수출한다.

선진국들은 FTA 등 국가 간 자유무역협정 체결 시엔 외국 투자자로 하여금 내국민 대우를 받게 해 자국의 권리를 상대국의 환경권보다 우위에 놓게 하고, 이행의무 부과금지로 상대국 정부의 규제를 약화시키며 분쟁이 발생할 경우 외국기업에게 유리한 조건을 보장하게 한다. 또 개도국을 공해천국으로 재입지화해 바닥을 향한 경주로 치닫게 한다.

자원확보 전쟁, 물 전쟁, 오염물질의 월경(越境) 현상에 따른 피해보상과 관리를 둘러싼 국제적 긴장이 거세진 지금 우리는 신자유주의 시장논리에서 벗어나 지구공동체 건설을 위한 '국제 환경정의의 기본원칙'을 지켜나가야 한다(최병두, 2006: 63~68). 이미 개별국가들의 단편적 정책으로는 해결이 불가능한 범지구적 차원의 생태문제들이 급증하고 있기 때문이다.

 생태주의 행정철학 −생태관료 육성의 철학적 기반을 찾아서−

국제적 환경정의의 구현을 위해선 종전과는 전혀 다른 가치관이 필요하다. 지구를 운명공동체로 보는 지구 전체주의 시각 아래, 선-후진국 간에 명확한 책임을 느끼게 하는 조치가 필요하다. 특히 지구온난화를 상대적으로 더 야기한 선진국 국민들의 생태부채(ecological debt) 의식이 먼저 신속하게 자각되어야 한다.

선진국 국민들은 최저 개도국의 국민보다 1인당 이산화탄소를 60배나 더 배출한다. 서구인의 라이프 스타일이 지구 재난의 주요인인 것이다. 그러나 1999년의 경우 자연재해 사망자의 90%는 개도국 주민들로서 지구생태계 파괴에 아무 책임도 없는 사람들이 오히려 가장 큰 피해를 받고 있다(Van Jones, 2009: 32~33). 예컨대 선진국의 문명 이기적 삶의 배설물인 이산화탄소 배출이 야기한 지구온난화와 이로 인한 해수면 상승의 가장 직접적 피해자는 방글라데시, 중국, 인도, 인도네시아, 필리핀, 베트남 등 동남아, 서남아의 개도국 국민들이었다. 향후 해수면 상승이 이들 지역에서 더 많은 환경난민을 배출할 가능성이 매우 높다(브라운, 2003: 61). 제3세계의 식물, 약초 등 전통적 공동자산이 그것을 무단으로 채취, 수집해 특정상품이나 의약품을 만들어낸 초국적 기업들의 생명특허자산으로 둔갑되고 있는 점도 문제이다. 이처럼 초국적기업을 토종종자의 소유자로 인정해 지적재산권을 부여하는 것은 오랜 세월 종자를 비축해오고 이웃과 나누어온 제3세계의 농민들을 도둑으로 만드는 꼴이다. 실제로 미국 Monsanto 사는 자사가 특허 받은 종자를 아무 생각 없이 사용한 제3세계 농민을 절도범으로 보고 추적해 법정에 세우려고 탐정까지 고용했다. 특허제도를 구실로 해 생물다양성과 원주민의 지식을 훔치는 행위는 생물약탈이며, 오랫동안 진화해온 제3세계의 구전

지식을 새 발명품인양 거짓 날조하는 짓이다(세계화국제포럼, 2006: 158~167).

타국의 자원으로 살아가는 선진국의 생태계 침입자들(ecological trespassers)로 하여금 생태계 주민인 개도국 사람들에 대한 생태부채의식을 갖도록 하기 위해선(후안 마르티네스-알리에르, 2007), 보다 공정한 규칙과 제도의 도입이 필요하다. 즉, 전통농업의 국제적 보호, 상표등록에 의한 법적 보호를 받지 않는 일반(generic)의약품 보호, 자국민에게 자원개발의 우선권 인정 등 국제적 차원에서 환경정의를 실현하는 특단의 조치가 필요하다(세계화국제포럼, 2006: 27).

국제적 차원의 환경정의는 북반구가 남반구로 긴급 개발원조를 이행하거나, 남반구의 부채를 탕감해주고 상환을 유예해주는 것도 포함한다. 또 상호 간의 공평한 무역, 금융개혁, 경제적 자급자족, 자율적 발전전략도 국제적 환경정의 원칙의 일부를 구성한다. 그러나 이 모든 것은 북에서 남으로의 단순 이전이 아니라 의사결정력까지의 이전을 의미해야 한다. 또 개발원조뿐 아니라 제3세계의 자연환경 재생원조도 절실하다. 즉, 북반구가 자원소비를 줄이고 생활수준을 실질적으로 낮추는 것, 즉 절대적 소비감소도 필요하다.

특히 탄소배출권 계획은 지구를 살릴 뿐 아니라 세계정의를 달성하는 한 가지 방법이기도 하다. 선진국은 인프라 개선, 청정에너지기술, 재조림(再造林), 산림농업, 전자통신, 교육자원에 대한 막대한 개발원조를 통해 개도국으로부터 탄소배출권을 구입할 수 있다(로드니 페퍼, 2005).

다행히도 교토협약의 지지자들은 교토의정서가 일종의 학습과정이었다고 성찰하며, 2007년 발리 회의를 시작으로 2012년 이후엔 전

세계가 더 광범위하고 더 적극적인 온실가스 규제에 나설 것을 '공동의 차별화된 책임' 원칙으로 주창하고 있다.

기후활동 네트워크(Climate Action Network)는 이를 반영해 다음과 같은 3단계 행동방안을 구체적으로 제안했다. 먼저 선진개발국은 교토의정서 방식으로 온실가스 감축목표를 설정해 시행해야 한다. 개도국은 배출량 기준이 아니라 탄소강도[76) 기준으로 감축목표를 설정해야 한다. 그리고 최빈국에 대해선 단지 적응(適應)에만 신경을 쓰도록 하고, 그렇게 하도록 재정지원을 해준다는 것이다.

향후 모든 국가들의 지속적 참여와 구속력 있는 온실가스 감축목표의 합리적 설정, 통합적 탄소배출권 거래제도 도입, 빈국들의 협력을 이끌어내기 위한 경제적 보상의 제도화가 필히 있어야겠다(기든스, 2009: 275~279).

범세계적 생태문제와 국제에너지 문제에 대한 환경적 접근은 이처럼 국가이기주의를 버리고 세계공동체주의적 발상에서 시작되어야 한다(구승희, 2001). 그래서 범지구적 차원에서의 환경 레짐의 창조도 필요하다. 리우의 이산화탄소 협약, 바젤의 폐기물 협약, 워싱턴의 동식물보호 협약, 도쿄의 목재의정서, 리우의 삼림 및 생물종 보호협약들이 그 예이다(알트파터, 2005: 78). 일례로 리우 회담에서 제기된 아젠다 21의 초점은 생태적 건전성, 자원재활용 및 대체에너지의 개발이었다(Chaill, 1999: 96). 세계자연보호기금(WWF)도 환경정책과 관련해 각국 정부보다 더 강한 영향력을 행사한다. 예컨대 보도자료, 소식지, 웹사이트, 이메일 리스트를 통해 국제적으로 관련 정보를 고지하고 국제차원에서의 생태친화적 노력을 고무시키는 역

---

76) 이는 주어진 경제성과를 이루는 데 필요한 화석연료 비율을 의미한다.

할을 한다.

더 나아가선 UN의 선도적 역할 아래 각국 정부들이 생태경제를 위한 자국의 미래상을 밝히고 이를 위해 필요한 생태경제정책을 적극 입안할 필요가 있다. 이의 일환으로 31개의 유럽 국가들은 식량생산능력 범위 안에서 인구증가를 안정시켜 잉여곡물의 수출여력을 확보해 개도국의 식량난을 해결하고 생태경제의 기본요건을 만들려고 노력 중이다. 특히 덴마크는 생태경제의 선두주자답게 인구안정, 화력발전소 건설금지, 사용 전기량의 15%를 풍력으로 확보하기, 도시교통망을 개편해 통행량의 32%를 자전거로 활용하기, 탄소배출-탄소고정 균형 등에 접근하려고 노력 중이다. 코스타리카도 2025년까지 재생 가능한 에너지로 완전 이행할 계획이다(브라운, 2003: 326).

환경정의의 붕괴는 한 나라 안에서의 상황에서도 마찬가지이다. 환경규제주의는 환경인종주의와 결합되기 쉽기 때문이다. 예컨대 1970년 미국의 닉슨 대통령이 환경보호국을 신설해 4개 정부부처의 인력을 이곳에 파견했지만, 백인들의 오염과 폐기물이 유색인종 거주지역으로 흘러드는 것을 그냥 방치했다. 즉, 유해폐기물 처분장이 아프리카계, 히스패닉계, 원주민 지역에 주로 설치되었고, 열악한 노동환경과 농약오염이 히스패닉 지역으로 집중되었으며 납오염도 흑인 저소득층 지역에 집중되었다(오제카 슈지 외, 2007: 177). 이에 대해 "공해를 규제한다고? 좋다. 하지만 공평, 공정하게 하라. 흑인과 갈색인종, 가난한 집 어린애가 천식, 암에 훨씬 많이 걸리지 않도록 하라. 규제한다고? 좋다. 단 정의롭게 하라"며 환경정의운동이 촉발되면서 환경운동은 백인식의 환경주류운동과 유색인 중심의 환경정의운동으로 대분되었다.

환경정의운동은 자원이용과 오염피해에 있어 계층적, 인종적 차별성을 반대하며, 환경 불평등을 유도하는 권력과 부의 편중을 시정하려고 한다. 환경 불평등을 초래하는 점에 대항해 인간의 생존권, 환경권, 시민권을 요구하는 것이다. 또 환경정의운동은 원주민, 유색인종이기에 이런 권리에서 배제되어선 안 된다는 소수자 권리운동이기도 하다. 결국 환경정의운동은 환경 불평등을 자본주의 사회에서의 계급문제로 보고, 환경보존을 넘어 공동체적 인간생활 및 삶의 질과 관련된 모든 환경조건의 개선에 관심을 보인다(Van Jones, 2009: 49~57).

⑤ 실패국가 치유를 위한 범지구적 생태보전기금의 조성

지구의 질서와 안정에 위협을 가하는 자연 생태계의 파괴는 국가가 국민의 안전을 보장하지 못하고 영토의 통제력을 상실한 채 교육, 보건, 식량안보 등의 기본서비스도 제공하지 못하는 실패국가들에서 특히 더 자행된다. 따라서 지구 생태계의 보전은 환경운동만으로 해결되지는 못하고 실패국가 치유를 위한 또 다른 범지구적 노력을 필요로 한다.

실패국가 지수는 인구 및 환경지표와 밀접히 연관된다. 많은 실패국가에서 삼림 황폐화, 초지악화, 토양침식이 만연된다. 따라서 브라운(2008: 38~43)은 생태계 보전을 위해선 환경운동을 통한 기후안정 및 생태계 회복과 더불어 인구안정과 빈곤퇴치를 같이 추구해야 한다고 본다. 실패국가 수가 늘면 실패문명으로 전환될 우려가 있기 때문이다.

따라서 지구촌의 의사결정에 보다 강력한 윤리적 고려를 추가해야 한다. 즉, 경제와 자연의 조화, 환경과 생물종 다양성의 보호가 모든 정책에서 우선적 고려사항이 되어야 하고, 세계적 이익이 개별국 이익에 우선되어야 한다(박영숙, 글렌, 고든, 2006: 248~249).

제프리 삭스에 의하면 부유국의 국민총생산 1%에 조금 더 보태는 돈만 모아도 세계의 모든 빈곤아동의 기본건강과 교육을 보장할 수 있어 세계를 더 안전하고 살기 좋은 곳으로 만들 수 있다.

한 통계자료에 의하면 최빈국 국민의 최저 생계비는 1.08달러인데, 평균소득은 하루 79센트이다. 따라서 29센트만 이들에게 더 지불해도 세계 빈민들이 절망적 상태에서 벗어날 수 있다. 만일 서구국민이 최빈국 국민의 4억 5천만 명에게 하루 29센트를 주면 연간 480억 달러가 되는데, 이 돈은 서구국가가 국내농업에 제공한 보조금의 1/8 혹은 군 예산의 1/10에 불과하다.

실제로 미 국방예산의 1/3, 전 세계 국방예산의 1/6을 월드워치 연구소 소장 브라운이 주창하는 플랜 B[77)]에 전환하면, 세계의 모든 사람들에게 기초수요(basic needs)를 제공하는 지구공동체의 구성이 실제로 가능하다. 이런 지구공동체 정신에 입각해 빈곤근절, 가족계획, 재조림(再造林), 재생에너지 개발을 국제원조 프로그램에 포함시킬 필요가 있다.

이미 부유국들은 이런 일을 하기 위한 기술, 경제도구, 재정자원을 보유하고 있다. 예컨대 영국과 노르웨이는 실패국가에 관심을 갖고

---

77) 지구생태계 보전과 실패국가 치유를 위해 사회개선 목표에 770억 달러를, 지구소생 목표에 1,140억 달러를 투자하자는 계획이다.

정부기관 간 기금마련을 통해 제도적 대응방안을 모색 중이다. 가장 많이 에너지를 소비하는 미국 등 선진국들이 제3세계에 대한 생태부채의식에 의거해 자체의 불필요한 예산을 줄여 범지구적 생태보전기금을 조성하고, 실패국가의 빈곤과 환경파괴를 치유하기 위한 재정과 기술지원에 진력할 때(브라운, 2008: 413~427), 환경정의의 국제화와 지구 생태계 보전이 보다 촉진될 것이다. 또 실패국가 수가 줄면 그만큼 선진국의 환경보전에도 이로울 것이다.

⑥ 식량안보 및 환경파괴 축소를 위한 로컬 푸드 운동의 생활화와 제도적 지원

범지구적 소비는 그에 상응하는 자원순환 및 상품유통의 공간체계를 조성한다. 이로 인해 토지, 자원, 생물요소들 간의 순환체계가 탈영토화되는 쪽으로 지구 생태계의 재조직화가 초래된다(조명래, 2009: 131~133). 예컨대 한 해 동안 전 세계를 누비며 교역되는 농산물이 8백만 톤이 넘는데, 이로 인해 먹을거리의 안전성 문제가 부단히 노정되고, 특히 장거리 수송을 위한 화석연료의 과다사용에 따른 지구온난화 문제도 심각해진다. 즉, 식빵 300g의 수송에 서울을 기준으로 230km가 걸리는 전북 김제에 비해 미국은 20,062Km, 콩 500g의 수송에 111km가 걸리는 충북 괴산에 비해 미국은 19,763km의 거리가 든다.

세계화는 이처럼 우리를 소비를 위한 범지구적 슈퍼마켓 속으로 집어넣고 있다. 요구르트 1개의 재료는 4개의 나라에서 온 것이며,

그 수송거리는 1,000km를 넘는다. 따라서 우리는 생태후생 개념을 인지해야 한다. 이는 최소한 모두 먹을 수 있는 음식을 안전하게 만들고 누구나 먹게 해주자는 것이다(우석훈, 2009: 183~187). 생태후생은 자연히 로컬 푸드 운동과 연관된다. 먹을거리의 안전을 위한 도-농 직거래 조직인 한살림이 전하는 희망 메시지『가까운 먹을거리가 우리에게 선물하는 것들』(2009)을 중심으로 로컬 푸드의 장점을 정리하면 다음과 같다.

첫째, 밥상 살림으로서 우리는 로컬 푸드 운동을 통해 신선하고 잘 길러진 농산물을 만나고 방부제, 방사선, 유전자조작, 농약 걱정을 덜 수 있다.

둘째, 식(食)문화의 발전으로서 음식으로 지역의 풍광을 멋지게 하는 등 지역특산물을 이용한 요리법 개발, 식생활 보존, 식습관 개선이 가능해진다.

셋째, 다양한 품종과 지속 가능한 농사로서 우리는 로컬 푸드 운동을 통해 다채로운 맛을 지킬 수 있고, 농사환경의 변화에 쉽게 적응하는 등 지속 가능한 농사가 가능해진다.

넷째, 지역경제에의 유용으로서 지역 일자리 창출, 동네가게 보호 등 지역경제에 도움이 된다.

다섯째, 식량주권 회복으로서 식량 자급도를 높여 우리가 필요하고 원할 때 정당한 비용으로 먹을거리를 구할 수 있다.

여섯째, 더불어 사는 도-농으로서 생산품의 신뢰, 서로 돕는 품앗이 정신이 굳건해져 공동체를 구성할 수 있다.

일곱째, 에너지절약으로서 장거리수송에 의한 화석연료 절약이 가능하다.

여덟째, 지구 살림으로서 온실가스를 줄여 지구환경을 지켜준다.

먹거리의 세계화로 인해 단일 경작방식을 강요받는 오늘의 현실에서 그 대안적 식량정책은 토지이용의 방향을 사회적으로 결정해 이를 지방의 식량경제 재편 프로젝트와 연계시켜 자주적 식량권을 확립하는 것이다.

예컨대 캐나다 토론토 시의 '칼과 포크'라는 시민단체는 돈 많은 고객들에게 사회적, 생태적 요구사항을 교육시켜, 시민들로 하여금 지역식품과 계절식품을 구매할 것을 독려해 인근지역 농민들을 후원한다. 사회주택 거주자들의 농장여행을 알선해 산지에서 직접 농산물을 구매할 것도 장려하고, 그 연장선상에서 사회주택들에 농산물 직배시스템을 조직화해준다(해리엇 프리드만, 2001).

이런 맥락에서 지역에 기반을 둔 먹거리 생산방식이 각광을 받고 있다. 즉, 일본에선 얼굴을 건 농사, 유럽에선 예약농사, 미국에선 지역사회의 지원을 받는 농사(CSA; Community-Supported Agriculture)를 시행한다. 여기서 농민은 소비자공동체와 상호이익을 향유하며 지속가능한 농법을 개발한다. 종래엔 1,300마일이나 떨어진 곳에서 먹거리 수송을 위해 냉장보관에다가 방사선 쬐고 향기내고 진공 포장해 수송하는 등 농산품의 저장수명을 늘리기 위한 인위적 조치들이 취해졌다. 그럼에도 불구하고 기업농 체제에선 수입 농산물의 25%가 수송, 저장과정에서 부패했다. 게다가 1칼로리의 음식에너지를 얻기 위해 10칼로리의 화석에너지를 소비했다.

지역사회의 지원을 받는 농사(CSA)는 지역식량 생산모델로서 도-농의 힘을 합쳐 살충제를 뿌리지 않은 합리적 가격의 제철 먹거리 시장을 만들어보자는 기본구상에서 나온 것이다. 봄에 소비자 출자금으로 운영비를 마련해주면 투자자는 생장기 내내 안전한 채소, 과일, 고기, 우유 등의 식량과 꽃을 공급받는다. 이를 통해 깨끗하고 안전한 먹거리 확보의 길이 마련된다(임호프, 2001).

범지구적 소비에 따른 먹거리의 세계화 과정에서 나타난 식량안보 문제를 해결하고, 농식품의 원거리 수송에 따른 환경파괴를 줄이기 위해선 로컬 푸드 운동의 특징을 보다 잘 살려내야 한다. 그러기 위해선 유기농, 자연농 등 농업정책에 대한 정부의 새로운 이해와 정책적 뒷받침도 요구된다. 정부는 농약, 비료 위주의 약탈 농업, 화학농업 대신에 자연농, 유기농 등 생태친화적 농업기술을 개발, 행정지도해 농업정책과 식품안전정책의 지평을 보다 넓혀 나가야 한다. 물론 이를 위해선 관료들이 생태계와의 관계회복을 위해 생태적 정책감수성 함양에 노력해야 하고, 자연과의 공생을 적극 도모해 생태적 전환을 주도하는 생태적 리더십의 지혜를 발휘해야 한다.

국내적 차원에서의 응용과제들

제2장에선 국내의 대안적 발전 패러다임의 정립차원에서 i) 발전철학의 재정립, ii) 살기 좋은 지역을 만들기 위한 생태-문화도시의 전망, iii) 녹색시민의 양성, iv) 생태맹 극복과 생태적 감수성 제고를 위한 생태교육 방향 등을 논구해 생태주의 행정철학의 국내 응용점을 분명히 하고 그 실천과제의 구체성을 확보하고자 한다. 먼저 발전철학을 리뷰하고 거기서 얻어진 새 발전 패러다임을 우리의 삶터인 생태도시, 문화도시 및 마을 만들기에 적용하는 방법, 이런 새로운 도시풍경을 창조해내는 데 유용한 녹색시민 만들기와 생태교육의 방향 등을 언급해보자.

■ 발전의 진면목 도출과 발전철학의 수정

어려워진 경제를 살려낸다는 명목으로 시장주의자들이 집권하면서 애써 균형감을 찾아온 발전개념에 대한 사회적 합의가 다시 희석

될 우려가 커졌다. 그렇다면 현 정부의 사업구상 중 어떤 점들이 발전의 유사상표로 등장하며 발전의 진면목을 어둡게 하고 있는가?

첫째, 시장주의가 정책기조로 자리 잡으면서 이른바 747공약 등 경제성장지표의 망령들이 다시 춤추고 있다. 주지하듯이 국가발전 척도로 많이 인용되는 한 나라의 GNP와 GDP는 국민생활의 질과 실제비용을 담지 못하는 결정적 한계가 있다. 이미 미국에서는 대표적 경제지표인 GNP, GDP가 국민의 삶을 제대로 반영하지 못한다는 점을 제기하며,[78] 중도좌파 싱크탱크인 '발전의 재정의' 단체(Redefining Progress)를 중심으로 GDP가 도외시한 주요요소들을 추가한 참된 발전지표(GPI; Genuine Progress Indicator)를 제시한다. 이러한 경제지표 개편론은 "GDP는 올라가도 피부로 느끼는 국민 삶의 질은 오히려 떨어진다(If GDP Is Up, Why Is America Down?)"라는 미국인들의 일반정서에 뿌리를 두고 있다.

경제적 파이의 규모가 아무리 커져도 균형적 분배와 생태계 보전을 전제로 하지 않는 성장은 무의미하다. 더욱이 계량적 경제지표상의 수치들이 아무리 늘어나도 경제의 이중구조 심화나 디지털 디바이드 현상 등 사회의 양극화 문제는 쉽게 해결되지 못하고 더욱 정책소외의 늪으로 빠져들 수 있다. 따라서 양적 성장과는 다른 별개의 재분배 정책과 생태친화적 정책이 진지하게 병행될 때만 불균형 성

---

78) GNP는 측정 가능한 재화, 용역의 총생산량을 계산한 것으로 누가 무엇을 어떻게 생산, 소비하는가 등의 질적 문제와는 근본적으로 무관한 개념이다. 즉, 인간 생산활동에서 자연의 몫이 포함되지 못하고 출산, 양육, 가사, 간병 등 돌봄 노동과 농업, 수공업, 협동조합 경제 등 자급노동은 물론 물물교환, 상호부조 및 봉사활동 등의 가치도 누락시킨다. 반면 전쟁, 환경파괴, 무기생산, 교도소 건설 등 파괴적 인간활동의 결과는 이에 포함된다. 즉, 인명을 살상하고 생태환경을 파괴하며 공동체 붕괴와 인간관계를 훼손시키는 범죄자 양산이 이 지표의 상승에 기여한다. 4대강 토목개발사업도 GNP 상승에 도움이 된다(장성익, 2010).

장의 역효과를 줄이고 균형발전을 지향할 수 있다.

둘째, 현 정부의 녹색성장, 녹색일자리 사업의 실제 키워드가 토건 등 개발이란 점이 은폐되어서도 안 된다. 실제로 녹색뉴딜 사업에서 발표된 96만 개의 일자리 중 95%는 SOC 관련 토목건설 일자리였다. 단기적 고용창출과 경제성과만을 노린 정교하지 못하고 성급한 작금의 지역개발들도 난개발로 연결되기 쉽다. 최근의 기업도시, 혁신도시 등의 발상은 개발이념을 토대로 한 신개발주의라는 점에서 난개발의 우려와 함께 지방의 재종속성을 심히 염려하게 만든다.

셋째, 신자유주의 정책기조에 따라 규제개혁 등 개혁, 쇄신도 다시 강조되고 있다. 그러나 이는 발전목표를 도모하기 위한 '수단적' 측면에 한정되어 사용되는 경우가 많다. 즉, 개혁과 쇄신은 수단과 방법적 측면에서의 변화인 데 비해 발전은 이외에도 가치와 행태의 변화까지 포괄한다. 그런데 수단으로만 발전개념을 보니 그린벨트 해제, 수도권 규제완화 등 단기적 시각의 경제 살리기 정책으로 인해 생태계 보전을 위한 장기적 사회규제, 환경규제의 입지가 덩달아 좁아지는 문제가 나타난다.

그렇다면 발전은 구체적으로 어떤 개념이며 그것의 진면목(眞面目)은 무엇인가? 또 그것은 앞의 유사개념들과는 어떻게 차별화되는가?

발전은 종래의 근대화, 산업화보다는 상위의 포괄적 개념으로서 경제성장에 정치, 사회, 문화, 환경 부문의 진보를 골고루 더한 큰 개념이다. 그렇다면 발전은 양(量)과 질(質)과 격(格)의 상호조화 문제로 승화되어야 한다.

경제발전뿐 아니라 정치, 사회, 문화, 환경 부문에서도 골고루 상향적 변화가 이루어지기 위해서는 국민이 정치참여 비용을 과감히 지불해야 하고, 정부도 현대적 사회구조와 제도를 마련하고 문화서비스를 제공하며 생태계 보전에서도 한층 노력을 경주해야 하는데, 이는 국민 삶의 질적 제고 및 격조 높은 국민행동의 창출과 연관되는 것이다. 경제적 측면에서도 마찬가지로 양적 성장뿐 아니라 경제구조의 체질개선, 즉 경제민주화, 경제정의 및 생태경제를 구현하는 것은 결국 국가경제의 질과 격의 제고와 관련된다.

따라서 발전은 형평과 더불어 성장(growth with equity)전략을 통한 풍족한 생활수준(level of living) 확보와 더불어 국민 삶의 질(quality of life)과 격조(格調) 높은 국민행동의 면모를 골고루 갖추어내는 삼위일체(三位一體)의 개념이라고 볼 수 있다.

발전개념을 우리가 먹는 식단(食單)에 비유한다면 발전은 사람의 체격, 즉 덩치만 급속하게 키우기 위해 단백질이나 지방위주의 편식(경제성장)만 강조하는 것이 아니라, 체질개선 및 체력강화를 위한 균형 잡힌 영양식단(정치발전+경제민주화+생태발전+문화발전)을 제공하는 것에 비유할 수 있다.

발전을 사람에 비유해보면 일확천금을 하루아침에 번 벼락부자의 천민적 소비과시 행태보다는 자기 재산의 일부를 인류공동체의 삶의 질 개선과 자연 생태계 보전을 위해 사회에 환원하는 노블리스 오블리제의 격조 높은 행동으로도 볼 수 있겠다(이도형, 김정렬, 2007: 25~26).

발전은 결국 양과 질과 격의 종합적 진보개념이다. 물론 현 시점에서 경제 살리기는 필연의 과제이지만, 그런 결과를 얻기 위해 우리가 다시 한 번 총량적 경제성장지표, 신개발주의, 무분별한 규제완화 등

발전의 유사상표에 놀아나 양+질+격의 삼위일체인 발전의 진면목을
올곧게 가꿀 수 있는 소중한 기회를 놓치는 우를 또한번 범해선 안
될 것이다.

2 　대안적 발전 패러다임의 적용: 생태도시 만들기

"문명 앞에 숲이 있고 문명 뒤에 사막만이 남는다." 이는 프랑스의
외교관이자 작가였던 샤토브리앙이 한 말이다. 그는 인류가 문명의
이기와 물질적 욕망에 사로잡혀 더 많은 생산과 소비를 위해 숲과 같
은 자연을 마구 파괴하면, 인간이 도저히 살기 어려운 사막같이 황폐
한 생활공간만이 인류 앞에 남을 것이라 예언한 바 있다.

19세기에 한 그의 말은 불행히도 이미 우리의 현실이 되어버리고 말
았다. 이제 더 이상의 자연파괴는 인간사회의 멸절을 가져올 것이므
로, 차제에 녹색적 사유와 사회 전체의 생태적 전환 노력이 긴요하다.

현대 생태주의는 상기한 문제의식에서 출발해 인간과 자연이 공존
해야 할 당위성을 철학적으로 논구하고 그 공존의 길을 모색하는 실
천방법을 고민해왔다. 최근 우리 사회에서도 이런 논의의 연장선상
에서 환경이란 말보다는 생태라는 말이 더 많이 쓰이기 시작했다. 환
경이 인간 사회를 둘러싼 단순한 외적 자연을 말하는 것이라면, 생태
(生態)는 한자 뜻 그대로 우리가 자연 속에서 살아가는 모습이나 그
실제상태를 말한다.

따라서 환경주의 시각에서 보면 우리가 단순한 외적 자연인 환경
을 문명을 위한 개발의 대상으로 삼고 쉽게 파괴, 훼손할 수 있다고

보는 반면, 생태주의적 시각에서 보면 자연은 인간세계와 같이 생태계의 일부이며 더욱이 생태계의 기본속성상 자연을 파괴하면 그것이 우리에게 위험의 부메랑으로 돌아오기에 쉽게 파괴하거나 훼손할 수 없는 그런 것으로 보게 된다.

생태도시는 이러한 생태적 전환의 시기에 즈음해 우리의 녹색적 사유가 복잡다단한 도시문제의 해결책과 결합해 만들어진 새로운 삶의 터전이다. 우리나라의 도시화율은 1990년대에 들어서면서 이미 80%를 훌쩍 넘어서 선진국 도시화율을 보이고 있다. 즉, 많은 사람들이 도시라는 인위적 생활공간에서 살게 되었다는 뜻이다. 그러나 우리의 도시현실은 난개발, 막개발로 인해 도시 안에서 녹지공간 한 조각 쉽게 발견하기 어렵고, 시민들은 각종오염과 불편한 교통 속에 생지옥 같은 하루하루를 보내고 있다.

동시다발적으로 폭발하는 도시문제들을 근본적으로 해결하기 위해, 생태도시는 인간-자연의 공존 및 현재-미래세대의 공존을 위해 도시의 물리적 공간구조(H/W)를 자연친화적으로 만들 것을 지향한다. 즉, 환경보전이라는 시정(市政) 철학 아래 대체에너지 개발, 쓰레기 처리정책, 중수도 시설 설치, 대중교통시스템, 바람길 등의 생태통로를 갖추는 데 진력한다. 다소 고비용을 치르더라도 화석연료에의 의존도를 인위적으로 낮추기 위해 도시생활의 기반시설 설치 및 운영을 화석연료 저감 쪽으로 유도하고, 그 대신 녹지공간 조성, 물길, 바람길 등 생태통로 확충을 통해 시내에 쾌적한 자연환경 조건을 적극적으로 끌어들인다.

생태도시는 이러한 자연친화적 공간구조와 하드웨어 시스템을 갖추는데 만족하지 않고, 더 나아가선 도시경제 구조 및 시민들의 의

〈사진 13〉 인간-자연이 공존하는 생태도시: 강물 따라 사람도, 오리도, 꽃도 흐른다

식구조(S/W) 개선까지도 지향한다(정우양, 류재한, 오세규, 2005). 예컨대 폐기물을 아예 발생시키지 않거나 처음부터 재활용을 전제로 물건을 생산하는 친환경적 생산방식을 강력히 장려하고, 시민들이 다소 불편함을 감수하더라도 자연과의 공존을 위해 대중교통 사용, 재활용제도에 적극 참여하도록 유도하는 등 각종 제도적 유인책을 강구한다. 그리고 시내의 자연보전을 위한 환경규제도 엄격히 시행한다.

생태시를 발표하는 정현종 시인은 "인류의 깊은 흙에 대조되는 현대인의 얕은 문명"을 비판하면서 "인간의 짐승스런 편리 추구를 지양하고 사람다운 불편을 감수하는 것"만이 생태계를 보전하는 지름길임을 강조한 바 있다.

유럽의 생태도시 시민들은 사람다운 불편을 몸소 겪으면서 자기가 사는 지역의 생태친화성을 높이기 위해 많이 애쓴다. 즉, 집에 태양열 전지판 등 고가의 대체에너지 시설을 적극 설치하고 쓰레기 분리수거를 철저히 하며 대중교통수단을 적극 활용한다. 그리고 시정부들은 이런 시민의식의 소프트웨어를 촉진시키기 위해 많은 경제적, 제도적 유인책을 강구하고 있다. 반면 우리의 현실은 많이 뒤쳐져 있다. 예컨대 자전거 사용을 적극 권장하면서도 도시 안의 자전거 전용

도로가 미비해 시내에서 자전거를 이용해 출퇴근이나 장보기를 하려
면 거의 목숨을 반쯤 내놓고 다녀야 하는 무서운 현실이다.

이런 악순환의 고리를 끊지 않으면 환경파괴는 더 커진다. 따라서
생태도시를 지향하는 뚜렷한 시정철학 아래 시정부의 생태친화적 물
리적 공간구조 확충정책과 함께 자연친화적 시민의식을 고양시키기
위한 제도적 유인책과 법적 뒷받침이 마련되어야겠다. 그럴 때 시민
들도 생태도시라는 공공재 만들기를 위해 사람다운 불편의 코스트를
지불하는 것이 결국 나 하나만 편히 잘살면 된다는 짐승스런 편리 식
의 개인적 접근보다 더욱 합리적인 결과를 가져옴을 인식하고 생태
도시 건설의 대오에 적극 동참할 것이다.

생태도시로 가는 첩경은 시민이 생태적 삶의 가치를 배우고 몸소
실천하는 것이다. "숲에 들어가기 전엔 숲은 개발의 대상이지만 일단
숲에 들어가면 숲은 보호대상이 된다"라는 목수 김씨 김진송(2002)
의 말처럼 자연은 우리가 어떤 마음으로 다가가느냐에 따라 그 존재
감에 큰 편차를 보인다. 우리가 조그만 더 허리를 굽혀 낮은 데로 임
하면 하찮은 미물인 줄로만 알았던 작은 동식물 생명체들이 숲과 산
에서 열심히 자신의 존재 이유를 다하며 살아가는 모습을 발견할 수
있다. 그리고 꽃과 나무, 풀, 벌레 등 자연생명체가 우리에게 주는
공생, 협력, 소통, 환경개척력 등 다양한 생태적 가치를 학습할 수
있다면, 우리는 내가 사는 동네가 사막화되는 것을 막으려 더 노력할
수 있고, 도시의 생태적 보전 및 복원 쪽으로 몇 발자국 더 발걸음을
옮길 수 있을 것이다.

3 살기 좋은 지역 만들기 차원에서 본 생태—문화[79]도시 전망

"집 뒷문으로 나가면 걸어서 도서관, 우체국, 식품점, 병원에 쉽게 갈 수 있다. 생활편의 시설이 집 주위에 없는 게 없다. 나는 산에서 노는 새들을 보며 클래식, 재즈를 듣고 책을 읽으며 자유시간을 보낸다."

이는 미국 콜로라도 주의 소도시 파오니아 시에 사는 과학자 테오 콜번이 한 말인데 여기서 우리는 주거공간에 대한 인간의 기본 시민권을 실감할 수 있다. 이런 점에서 도심의 슬럼가 등 과거에 눈엣가시로 불리던 지역들이 생활편리와 풍요로움을 주는 찬미의 대상으로 바뀌고 있다. 슬럼화되었던 도심지를 사람들이 즐겨 찾으면서 공설시장, 구도심의 광장도 활짝 제 모습을 드러내고 있다(스페이드, 월 제스퍼, 2004).

서구시민들은 전통적 주택지구의 매력과 안락함을 재발견하고 있다. 반면 우리는 압축성장 논리에 따른 무계획적 도시화의 난개발, 막개발 속에서 주거환경의 불편함과 막대한 통근시간의 고통을 참으며 살아간다. 모처럼 큰마음 먹고 운동하려고 해도 마땅한 운동장 한

---

79) 자연생태에 대한 논의의 장에서 새삼 인간문화를 더불어 말하는 이유는 무엇인가? 생태주의자들은 생활의 간소화나 자연의 복원을 주장하므로 그들의 인식은 자연히 문화의 문제와 연관된다. 이 책 제1편 2장의 생태경제학에서 이미 논했듯이, 국민경제를 생태적 방식으로 전환하기 위해선, 경제활동의 상당부분이 문화영역 같은 비물질 분야로 전환되어야 한다. 적어도 20~30%의 국민이 문화관련 경제활동을 하면 이것이 가능해진다. 우석훈(2009b)은 고교 졸업생의 30%가 토건업, 제조업이 아닌 문화생산자로 살기를 결심하면, 그 순간 생태사회로의 전환도 가능하다고 본다. 문화생산은 물질자원의 소비를 전제로 하지 않으면서도 경제적 편익을 만들어내기 때문이다. 또 제3편 1장에서도 언급했듯이 최근의 질적 복지개념으로 각광받는 생태적 복지방식은 주변의 자연과 인근 문화시설에의 접근도를 강조하는 점에서 주거공간의 생태성과 문화성을 동시에 겸비할 것을 요구한다.

구석 발견하기 어렵고, 다양한 책들을 빌려보고 싶어도 인근 도서관에 가려면 버스를 일부러 타야 하는 등 많은 생활비용을 지불해야만 겨우 최소한의 공공서비스를 향유할 수 있다.

『창조적 계급의 등장』이란 책을 쓴 Florida(2002)에 의하면 과학자, 예술가, IT 기술자 등 새로운 창조계급으로 성장하는 사람들이 최근 경제, 문화적으로 활성화된 도시들의 중심에 몰려들고 있는데, 이들 창조계급이 생활의 터를 잡고 살아갈 만큼 생태친화적 공간과 다채로운 문화복지 서비스를 많이 제공해주는 도시가 자연히 국제경쟁력을 갖게 된다.

휴먼 리서치 컨설팅의 「살기 좋은 도시」 보고서를 보면, 밴쿠버 3위, 동경·싱가포르 34위, 뉴욕 39위인데 비해 서울은 90위였다. 이제 환경과 삶의 질을 토대로 하지 않고는 도시경쟁력 강화가 곤란하다. 그런데도 최근 도시개발의 주체는 토지소유자이고 공공공간이 실종된 도시개발만 이루어지고 있다(김기호, 문국현, 2006). 도시는 이동성보다는 접근하기가 편하게 만들어져야 한다. 예컨대 공원, 운동시설, 학교, 직장을 집에서 800m 이내에 집중해서 배치하고, 주요 유적지 주위에 대중교통 정거장을 두어 차 없이도 이동할 수 있게 해야 한다(박용남, 2006).

우리가 집 문을 열고 나가면 바로 공원, 녹지, 운동장, 도서관, 서점, 극장, 공연장, 갤러리가 나오도록 주거공간을 생태적, 문화적으로 재구성하면 훨씬 더 생태친화적, 문화지향적 일상생활이 가능해진다. 나아가 많은 부를 창출하며 지역의 고용창출에도 기여할 수 있는 창조도시로의 전환도 가능해진다. 따라서 향후 도시 재개발이나 신도시 건설에서도 이런 공간(재)배치가 필히 응용, 실천되어야 할 것이다.

　반드시 디지털 정보도서관이 아니더라도 필수도서들을 잘 구비한 채 지역적으로 골고루 분포되어 있는 작은 지역 도서관들에 마음껏 출입해보는 것도 큰 의미가 있다. 도서관 한구석에 커피향이 가득한 조그만 카페가 소박한 모습으로 자리 잡아 책을 자유롭게 읽으며 커피 마시는 분위기를 즐길 수 있으면 더욱 좋겠다. 화려하진 않지만 자연적 정서를 듬뿍 담은 도시근린 자연공원을 가까운 곳에서 맛보는 것도 한 방법이다. 비싼 우레탄 트랙이 깔리지 않더라도 부드러운 흙길을 조성해 시민들이 집 근처에서 생활운동에 전념할 수 있도록 소박한 생활 체육시설을 많이 만드는 것도 우선되어야 한다.

〈사진 14〉 소박하지만 진정한 운동길: 우레탄 트랙이 아니어도 좋다

    그러나 주거공간의 재구성 과정에서 가급적 돈이 덜 들게 이를 추
진해야 하므로 현존하는 공공시설인 지방의회 의사당, 시청건물, 마
을회관, 학교, 지하철 공간, 동사무소 건물 등의 적극적 활용이 요망
된다. 우리는 마음만 먹으면 얼마든지 이들 시설(혹은 그 일부)을 생
태-문화복지 생활시설로 활용할 수 있다. 그런 점에서 서울의 한 동
사무소 건물 한 층을 북 카페로 운영하거나 과거의 동사무소 건물을
리모델링해 구립미술관으로 재활용하는 지혜가 전국적으로 확산될
필요가 있겠다.

〈사진 15〉 동사무소 건물의 재활용: 작지만 강한 동네도서관과 구립미술관

4 생태주의 발전의 지역적 실천을 위한 마을 만들기

    몇 년 전 겨울 서울 마포구의 성미산 마을을 찾아간 적이 있다. 추
운 겨울이고 일요일 아침이어서 그런지 동네는 생각보다 한산했고,
마을사람들이 공동으로 운영하는 일 공동체인 대로변의 가게들(예:
유기농 카페, 두레생협, 반찬가게)은 다 닫혀 있었다. 단, 성미산을
오르며 그곳에 걸린 현수막과 청년회원들이 심은 나무, 또 나무 밑동

을 이용해 만든 정겨운 간이벤치를 보며 주민 주도적 마을 만들기 기획의 흔적을 느껴볼 수 있었다.

우리는 성미산 마을에서 자생적 마을 만들기의 한국적 성공사례를 발견할 수 있다. 성미산은 서울 마포구에 있는 작은 동산인데, 2001년 서울시에서 이 동산에 배수장을 건설하려 하자 마을사람들이 "우리 산을 지키자"며 모이기 시작했다. 그전에 이미 주민들이 아이를 같이 키우며 이미 마을[80]을 만들고 서로 연대, 신뢰하고 있어 배수장 건설 시 산 지키기가 가능했다.

성미산 마을의 경우는 뚜렷한 리더가 있는 것이 아니라 처음부터 육아의 필요성을 느낀 평범한 주부들의 집단적 노력에서 시작되었다. 마을사람들이 모여 교육이야기, 생활이야기를 하다가 누군가 해볼 만한 필요한 것을 이야기하면 그 사람이 책임자가 되어 일을 꾸리고 다른 사람들은 도와주는 식으로 진행되었다. 예컨대 공동육아로 처음 알게 된 사람들이 함께 살고 어려움을 이겨내면서 마을에 대한 애정, 사람에 대한 신뢰에 입각해 지역공동체를 이웃과 함께 만들어 간 것이다.

먼저 성미산 마을은 공동육아 방식의 어린이집에서 출발해 아이들이 크면서 다양한 생활협동조합(이하 생협)을 만들었다. 아이들이 초등학교에 진학하자 방과후학교를 설립해 공동 운영했고, 아이들을 키우며 친해진 부모들이 함께할 수 있는 일거리를 찾다가 두레생협이라는 유기농산물을 공급하는 소비자생협을 만들었다. 이후 '성미산지키기운동주민연대'를 통해 산을 같이 지키면서 신뢰와 연대정신

---

80) 마을은 하나의 장소 개념이지만 여기선 상호의존적, 호혜적 사람들의 관계망적 의미로 강조해본다.

을 키운 데 힘입어, 남자들은 카센터협동조합인 차병원을 만들고 여자들은 협동조합형 반찬가게인 동네부엌을 만들었다. 이후 협동조합형 마을카페인 작은나무, 공방(工房)인 한땀두레, 재활용을 위한 되살림가게 등 다양한 생협을 만들었다. 대안학교인 성미산학교도 탄생했다.

성미산 마을엔 위에서 보듯이 많은 생협조직이 있는데 이를 모두 언급할 수 없어, 여기선 성미산 차병원만 예로 들어본다(KYC, 시민의 신문, 2005: 70~73). 성미산 차병원 생협은 이 지역 공동체운동의 노하우가 10년간 축적되며 만들어진 협동조합식 카센터로서, 조합원 스스로가 만들어 이용하고 직접 운영하는 국내 최초의 생협형 자동차 정비업소이다. 수익금의 10%는 지역발전사업에 투자해 지역의 교육, 문화, 환경 등 살기 좋은 지역공동체를 만드는 일에 쓴다(이도형, 함요상, 2010: 202).

대부분의 생협이 농산물이나 생활재를 공동구매, 소비하는 소비자조합에 머물지만, 성미산 마을은 사람들이 하고 싶은 일, 잘하는 일을 서로 돕고 그것으로 수익도 창출하는 다양한 실험을 했고, 이를 통해 생태적으로 지탱 가능한 생활공동체를 만들며 자본주의를 넘어서는 마을의 큰 힘을 보여준다.

『다시 마을이다』란 책을 쓴 조한혜정(2007: 144~155)에 의하면 지역주민들이 기존의 소모성 건전지에서 벗어나 적극적 생비자(prosumer)가 되어 마을의 생활자원을 한껏 동원하며 만들어낸 학교, 카페, 소극장, 반찬가게, 진료소 등 창조적 공유지대로서의 안전한 마을 만들기가 후기 근대주거의 핵심이다. 근대엔 가족이었다면 후기 근대에는 마을 없인 생존이 불가능하다. 따라서 자생적 근대화를 거친 서구에선 후기 근대에 들어와 도시 안에 근대적 마을을 만드는 풍조가 새롭게 조성되고 있다. 즉, 생태적 감수성과 네트워크를 가진 주민들이 본인과 후손을 위해 생태적으로 지속 가능한 삶의 터전을 만들기 위해 자신이 원하는 집, 학교, 공공시설을 스스로 만들며 마을 일을 토론, 기획하고 마을의 역사를 기록, 해석해나간다.

그렇다면 우리가 생태발전과 관련해 마을을 새삼 재발견해야 하는 이유는 무엇인가? 마을은 골목이 복원되고 사람들 간의 나눔과 베풂이 있는 그런 단골관계가 존재하는 곳으로서, 인간에게 생태적으로 가장 최적화된 삶이 가능한 곳이다. 따라서 지속 가능한 경제로 복귀하기 위해선, 자연-인간의 공생관계를 정립하고 인간관계의 물질적 기반을 마련하기 위해 마을이 필요하다. 마을의 감수성이 공생(共生)의 최종적 단계이기 때문이다(우석훈, 2009b: 95). 특히 마을은 생태적으로 책임 있는 일을 하기에 적당하다. 마을은 지금 여기서 잘해야 나중의 다른 일도 잘할 수 있음을 아는 사람들로 구성되어 있다. 즉, 농사-자연-식량-건강 등 세상만사가 서로 연결되어 있음을 알고 이런 관계를 보전하고 싶어 하는 사람들로 구성된다. 이들은 생태학적 다양성을 지키고 문화, 환경에 대한 건전한 시각 위에서 지역경제와 공동체의 복원을 추진한다(원델 베리, 2001).

이미 부유국들인 스위스, 독일, 프랑스엔 평온하면서도 생태적으로 강화된 마을체계가 진행 중이다. 일본의 경우도 1973년의 석유파동을 계기로 종래의 반대 위주 주민운동에서 벗어나 스스로 뭔가를 적극적으로 만드는 운동으로 전환할 필요성과 당시 농어촌 및 중소도시의 심각한 과소화(寡少化) 현상에 대한 자구책으로서 지역의 매력적 꾸미기, 즉 마을 만들기가 시작되었다.

『이런 마을에서 살고 싶다』의 저자 야스히로(1997)에 의하면, 일본은 1970년대 후반에 들어서면서 대도시의 내부 시가지 쇠퇴에 대응해 주민 스스로가 지역 내부로부터 환경을 바꿔 재생시키는 활동이 계획되기 시작해 물리적 구조물 등 하드웨어적 환경뿐 아니라 주민건강, 환경, 복지, 교육, 공동체 형성 등 소프트웨어적 생활영역에까지 마을 만들기가 확대되었다. 1980년대에 들어와서는 마을 만들기의 개성화가 강조되어, 각 지역의 고유한 분위기와 고유의 가치를 살리는 마음 만들기가 마을 만들기의 중심주제가 되었다. 따라서 일본의 마을 만들기는 마을 부수기 및 새 건물 짓기가 아니라 자기규율 만들기, 마을의 건강함 회복하기가 된다. 그럴 때 마을 만들기는 종래와 같이 도시계획, 주택건설, 도로정비, 공원설비뿐 아니라 복지, 교육, 환경, 여가, 지역의료를 아우르는 일 공동체도 만들어낼 수 있다.

생물지역주의에 의하면 개인의 정체성과 심리적 평안은 그가 태어나 터를 잡고 사는 장소가 주는 특유의 장소감각, 즉 생태적 적소를 요구한다. 그래서 우리는 주위의 땅을 잘 알아야 하고 장소의 존재방식과 리듬에 맞춰 살아야 한다. 우리는 생물지역주의에 의거해 지역에 대한 감수성을 다시 배우고 거주자로서의 책임감을 다하기 위해 고민해야 한다. 또 지역문화 및 공동체의 복원, 자연과의 조화로운 삶의 제안 등 마을 만들기의 과정에서 주민 주도적으로 스스로 결정하는 정치공동체를 만들 수도 있다.

지방정부는 이런 주민 주도적 마을 만들기의 조력자로서 지역 내의 다양한 조직과 사람을 연계시켜 주민들의 자생적 마을 만들기에 활용되도록 적극 도와야 한다. 일본 와카바야의 『마을 만들기 핸드북』엔 마을 만들기의 시중꾼으로서 행정직원들이 가져야 할 행동지침이 다음과 같이 잘 나타나 있다(야스히로, 1997: 316~317).

"자치단체는 주민협력을 얻어야지 혼자 힘으론 한계가 있다. 총합적 코디네이터로서 다양한 조직, 사람, 제도 활용의 지혜를 짜내라. 갈팡질팡하는 주민의 방향을 정리하도록 거들라. 마을의 소문은 주민의 평가, 걱정, 다양한 정보를 반영한 것이므로 이에 민감하라. 주민은 평생 한번뿐인 경험임을 잊지 마라. 자치단체의 형편과 체제에 맞는 마을 만들기를 시도하라."

5 **녹색시민의 양성: 사람다운 불편의 즐거운 실천**

제3편의 2장에서 살펴보았듯이 사회 전체의 생태적 전환을 좀 더 촉진하기 위해서는 녹색 거버넌스 차원에서 정부-시민 간의 소통통로가 활성화되어야 하고, 특히 특정 지역주민들이 가진 지역 내 고유의 시공간지식(time and space knowledge)이 지역 내의 환경보존이나 생태계 보전-복원 과정에 적극 반영될 필요가 있다.

생태친화적 정책이 성공하기 위해선 시민과 더불어 하는 여민(與民; with the people)행정, 시민이 참여하는 의민(依民; by the people)행정이 필요한 것이다. 그래야만 사회 전체의 생태적 전환과정에서 요구되는 관-민 간의 공(共)동사적 협력이 녹색 거버넌스 차원에서 제도화될 수 있고, 녹색 공(公)영역의 명확한 확립 위에서 소극적 자연보호나 환경보존을 넘어 생태계 보전-복원 쪽으로 정책을 펴는 적극적 녹색정부 활동도 뿌리내릴 수 있다.

그런 점에서 보면 녹색정부와 생태관료의 파트너로서 시민사회 영역 내의 녹색시민 양성이 매우 중요한 실천과제로 등장한다. 그렇다면 현재 우리 시민은 생태적 전환을 정부와 공(共)동사적으로 이끌만한 녹색시민으로서의 의식과 역량을 제대로 갖추고 있는가? 그들의 녹색시민성을 확보하기 위해 어떤 점들이 차제에 보완되어야 하는가? 먼저 우리 사회 내 시민 생태의식의 현주소를 진단해보자.

대부분의 OECD 국가는 개발광풍에서 졸업했다. 멀리까지 걸어가 말뚝을 박으면 그 땅의 소유권을 인정받던 카우보이 경제로부터, 닫힌계 안에서만 먹고 배출하며 생활하지 않으면 안 되는 우주선 경제 쪽으로, 현 생태계의 현실이 크게 후퇴했다는 사회인식이 자리 잡았기 때문이다. 이제 한 나라의 자원사용방식은 국토, 인구, 특히 생태적 조건에 필히 부응하지 않으면 안 되게 되었다. 그러나 우석훈(2009a: 243~247)에 의하면 우리 사회는 역으로 더 깊숙이 개발광풍에 빠진 채 큰 집, 큰 차로 자신을 인정받으려는 성향이 강하다. 2,000cc 자가용의 점유율이 세계 2위이고, 넓게 살기의 과시적 욕구와 과시적 소비행태가 강해 시장에서의 상품구매가 자기 정체성과 존재 이유를 대변하는 등 인정투쟁이 강한 사회가 되고 말았다. 그 결과 소비자들이 집단적으로 같은 소비행위 패턴을 보이는 전형적인 좀비성향이 강해 생태문제를 크게 야기하기도 쉽다.

이런 점에서 보면 우리는 녹색시민은커녕 소비적 인정투쟁에 집단적으로 사로잡힌 좀비형 소비자에서 쉽게 벗어나지 못하고 있는 것으로 진단된다. 그러니 사회의 지속 가능성은 점점 더 약해지고, 그것을 야기한 주요인으로서 생태맹(盲)의 폐해 또한 매우 크다.

한국 사회는 세계 경제규모 13위라는 위상을 유지하기 위해 원유 수입량 5위, 석유 소비량 7위, 이산화탄소 배출량 9위를 각각 기록하고 있다. 1인당 온실가스 배출량은 9.2t이나 되지만, 30%에도 못 미치는 28%의 식량자급률로 겨우 사회가 유지된다. 한국 사회의 이런 지속 불가능성은 우리의 인간중심적, 도구적 자연관을 여실히 반영한 것이다.

인간과 자연의 거리는 도시화, 산업화에 따라 점차 벌어지고 그 결과 자연은 인간에게 무의미한 존재로만 여겨진다. 그래서 생명현상에 대한 호기심, 경외감은 물론 인간-자연 간의 유연성을 직관적으로 느낄 수 있는 감성적 능력도 상실된다. 생태맹(ecological illiteracy)은 이처럼 자연-인간 간의 물리적 거리가 멀어지면서 우리의 사고와 의식 안에서 자연의 실체와 그 가치가 사라지는 현상이다. 생태맹은 협의로는 생태학적 지식의 결여나 자연독해 능력의 결여라는 소극적 의미로 정의되지만, 천부적으로 물려받은 자연과 교감할 수 있는 우리의 정신능력이나, 자연과 우리 자신이 조화롭게 어울릴 수 있는 감성의 결핍이라는 광의를 내포하기도 한다(전영우, 2008: 184).

우리가 좀비형 소비자로서의 생태맹 증세를 극복하고 좀 더 책임 있는 소비자이자 생태계 지킴이로 거듭 나기 위해선 생태인 혹은 녹색시민이라는 새로운 인간형의 모색이 사회적 화두로서 자리 잡을 필요가 있겠다. 그러기 위해선 다음과 같은 사회인식의 전환과 사람들의 지속적 실천이 필요하다.

인간은 사회적 존재 이전에 자연의 요소로 이루어진 자연생태적 존재, 즉 생태계에 의해 그 생명을 유지해가는 존재이다. 따라서 우리는 자연의 이치를 배우고 좀 더 겸손한 마음으로 뭇 생명과 더불어 같이 살아가는 법을 배워야 한다. 그 한 가지 방법이 자연 속에 들어가 자연에 귀일하는 것이다.

귀농(歸農)을 자연에의 귀일(歸一)로 정의하고 귀농을 몸소 실천한

뒤 사람들의 자연 귀일과정을 돕는 일을 하는 이병철(2007: 156~
158)에 의하면 새로운 인간은 일원론적 깨달음을 알고 그것에 맞게
사는 사람, 즉 생태적 인간이다. 생태인은 인디언적 세계관과 생태적
감수성을 가진 사람이다.

자연가치와 균형을 이루는 인간가치의 부활체인 생태인은 노자의
『도덕경』에 나오는 거선지(居善地)를 한다. 즉, 땅에 거하는 것보다
더 좋은 것이 없다는 점을 명심하며, 자연인이길 지향한다. 자연인은
자연공경의 마음으로 자연과 조화를 이루며 생명을 가꾸고 돌보며
'물질을 아끼는 사람'이다. 따라서 생태인은 일본 시모고 농협 구판
장의 판매원칙처럼, "물건 하나를 사고 팔 때에도 그 물건이 우리에
게 정말 필요한가? 필요하다면 직접 만들어 쓸 수는 없는가? 또 타인
의 것과 함께 이용할 수 없는가?"를 늘 진지하게 고민하고 실천에 옮
기려고 노력한다.

자연 속으로 귀일한 귀농자만이 자연의 법도에 따라 살며 자연성
을 회복할 수 있는 것은 아니다. 도시에 사는 사람들도 생태인, 즉 녹
색시민이 되기 위해 소유물을 줄이고 삶의 단순화에 좀 더 노력할 수
있다. 소비를 줄이며 가볍게 살기가 그 일차적 조건인데, 소유물이
적어질수록 우리는 사물 대신에 사람에 집중할 수 있고, 자연의 아름
다움도 더 즐길 수 있다.

결국 생태인, 즉 녹색시민은 자기 존재에 대한 예의를 지키기 위해
뭇 생명에 대한 예의로 나아가는 생명운동의 실천인이어야 한다. 그
실천원칙은 각 생명의 존재에 내재한 신성(神性), 즉 그 근원을 공경
하며 섬기는 자세, 함부로 생명을 해하거나 다루지 않는 삼감의 정
신, 어머니의 마음으로 기르고 돌보는 보살핌의 정신, 함부로 버리지

않고 물질적으로 제한된 행성에서 함께 사는 아낌의 정신이다(이병철, 2007: 259).

박경화(2006)는 녹색시민적 삶의 실천강령을 다음과 같은 '생태적 도시인 되기 10가지 약속'으로 정리해내고 있다. ⅰ) 될 수 있는 한 단순, 소박하게 산다, ⅱ) 느리게 사는 습관을 붙인다, ⅲ) 깨끗한 것보다는 건강을, 건강보다는 자연스러움을 먼저 생각한다, ⅳ) 받은 것보다 더 많이 돌려준다, ⅴ) 새 것보다 오래 쓰는 즐거움을 누린다, ⅵ) 작은 것을 볼 때 아이의 미래까지 생각한다, ⅶ) 내가 머문 자리에 흔적을 남기지 않는다, ⅷ) 나를 둘러싼 전체를 생각하는 눈을 갖는다, ⅸ) 사람도 자연 생태계 속 하나의 종에 지나지 않음을 명심한다, ⅹ) 자신이 믿는 대로 실천한다.

시민들이 종래의 도구적 자연관에서 벗어나 생태인으로서의 심성을 키우고, 겸손한 마음으로 세상만물을 보살피며 행동을 겸손하게 하기 위해선, 좀 더 사람답기 위해 여러 가지 불편사항도 즐겁게 이겨낼 필요가 있다.

일본의 신문기자인 후쿠오카 켄세이(2004)는 과도한 소비사회가 낳은 환경위기 속에서 사람다운 사람이 되기 위해 일부러 '즐거운 불편'을 감수했다. 즉, 자전거 통근, 자판기 음료수 불매, 외식 근절, 제철채소 및 과일만 먹기, 목욕물 손으로 세탁기에 퍼 담기, 설거지 할 때 온수 사용 안 하기, 전기청소기 사용하지 않기, 티슈 안 쓰기, 다리미 안 쓰기, 음식쓰레기의 퇴비화를 몸소 실천에 옮겼다. 그는 자전거로 출근하다 교통사고를 당해 한동안 입원했지만 퇴원 후에도 자전거 통근을 고집한다.

여기서 우리는 좀비형 소비사회를 극복하기 위해 즐거운 불편을 자발적으로 수용하는 한 인간의 진정성을 발견한다. 평범한 우리도 자신의 삶 속에 사람다운 사람이 살고 있는 날들을 삶의 일기장에 더 많이 기록하기 위해, 불편을 즐거운 마음으로 이겨내고 진정한 생태적 삶을 실천한다면, 우리 모두가 생태인, 녹색시민이 되는 쪽으로 한걸음 더 이동할 수 있을 것이다. 그럴 때 녹색정부의 당당한 파트너로서 사회의 생태적 전환에 요구되는 여민행정의 또 하나의 주체가 될 수 있다.

〈내용 보태기 6〉 생태맹 극복하기의 한 실례

1. 자연의 아름다움 발견하기

고개를 들어 주위의 산하를 보자. 아니면 자기 집 베란다에 놓인 조그만 화분이라도! 우리가 굳이 찾지 않더라도 자연은 우리가 생각한 것보다도 훨씬 가까운 곳에 이미 존재해 있다. 우리가 그 가치를 무시하고 무심코 지나쳐서 그렇지 자연은 이미 우리 주변 곳곳에서 '스스로 그러하게' 존재하고 있다.

나이 50이 훌쩍 넘어가면서 인생 이모작을 준비하기 위해 적절한 취미생활을 찾던 중 나는 DSLR 카메라를 하나 사서 사진을 찍어보기로 마음먹었다. 그러나 처음엔 애써 장만한 카메라의 성능이 생각했던 것보다 좋지 않다고 생각하고 엄청 실망했다(나중엔 아직 사진 찍는 기술이나 의미 있는 대상체를 진지하게 발견하지 못했는데도 카메라 탓만 한 것을 알고 엄청 부끄러웠다).

어느 날 저녁 무렵 우연히 아파트 앞 베란다에 놓여 있는 한 화분 안에 꽃 하나가 신기하게 피어 있는 것을 발견하고 무작정 카메라 셔터를 눌러 보았다. 그러고 나서 그 이미지 파일을 컴퓨터로 전송해 재생해서 보니 그 꽃은 내가 생각한 것 이상으로 훨씬 예쁘고 매우 고혹적이었다. 예상 외의 아름다운 자연과 우연히 조우한 다음부턴, 1주일에 한 번은 꼭 주말을 이용해 카메라를 메고 집 인근의 산이나 시내 고궁, 멋진 건물이 있는 장소를 돌아다니며 무작정 많은 사진들을 찍기 시작했다.

그런 내가 안쓰러웠는지 아니면 기특해보였는지 자연은 자신의 아름다운 자태를 가장 멋진 포즈로 선사하거나 자신의 존재성을 본질적으로 드러내 보여주었고, 나는 점차 그런 자연의 본질을 가장 자연 그대로 담는다는 자세로 사진을 찍고 또 찍었다.

그렇게 사진을 찍어대며 사진이란 것이 카메라의 성능과 찍는 테크닉보다는 피사체의 본질을 꿰뚫고 그것이 우리에게 주는 의미를 있는 그대로 정직하게 담아내는 철학의 영역이자 정신세계의 영역임을 알게 되었다.

그런 과정에서 자연은 봄, 여름, 가을, 겨울 등 계절을 불문하고 자신의 진실을 보여주었고 나는 그것들에서 자연의 다양한 아름다움을 발견할 수 있었다. 봄엔 주로 산과 들의 새싹들을 찍었다. 이른 봄 발아한 새싹들이 한껏 웅크리고 있다가 점차 잎을 조금씩 벌리며 자신의 속살을 드러내기 시작하는 모습은 갓 태어난 영아들이 날이 갈수록 예쁜 아기의 모습으로 변해가는 것을 보여주는 것과 같았다. 여름엔 새싹들이 햇빛을 마구 먹어치우며 청년 잎으로 성장하는 것을 볼 수 있었다. 평소엔 말라 있던 산속 개울도 장마철엔 콸콸 힘찬 소리를 내며 흘러내렸다. 가을엔 단풍잎의 아름다움이 압권이었고, 공활한 가을하늘의 뭉게구름도 생각보다 잘 찍혔다. 겨울이라 해서 사진 찍을 곳이 없는 것은 아니었다. 다소 냉랭하지만 정신 바짝 나게 하는 겨울 강변의 헐벗은 모습은 겨울정취를 100% 드러내고 있었다.

2. 낮은 데로 임하니 우리가 미물이라 폄하한 것들의 더할 나위 없이 소중한 존재가치가 느껴진다.

사진 찍기를 시작한 첫해 봄엔 아름다운 자연을 주로 찍다가 초여름이 되면서부터는 꽃이나 나뭇잎파리 찍을 것이 조금씩 마땅찮아, 잎들 위나 혹은 땅을 기어다니는 곤충과 벌레들도 찍기 시작했다. 그리고 이런 새로운 대상을 찍기 시작한 지 얼마 안 되어 나는 지금까지의 내 경솔한 행동들을 반성하기 시작했다.
내가 산길을 걸으며 아무 생각 없이 밟고 다녔던 나무뿌리들이 때로는 개미들이 줄지어 다니는 그들만의 고속도로가 되기도 하고, 길을 걷다가 무심코 손을 내밀어 마구 만지거나 때론 찢어버리기도 했던 나뭇잎들이 때론 벌레들의 단골 식당이란 생각이 들기 시작했다.

〈사진 16〉 개미 고속도로: 낮은 데로 임하니 세상만물이 다 소중하다

우리 인간이 배고프면 밥을 먹으러 식당에 가고 먹고 살기 위해 차를 몰며 도로를 달리듯, 우리의 일상적 눈높이에서 한참 밑에 있는 땅위나 나뭇잎 위에선 세상의 일원인 벌레와 곤충들도 자기 나름의 존재이유를 보이며 먹고 살기 위해 바쁘게 돌아다니고 있었다.
낮은 데로 임해 이런 것들을 보며 우리가 미물이라 하찮게 보아온 것들도 다 존재이유를

갖고 있음을 알게 되면서 이 세상이 인간만이 아니라 많은 생명체들로 구성되어 있음을
다시금 느끼게 되었다.

3. 생태적 가치 배우기

꽃, 나무, 벌레 등 자연의 사진을 찍으며 생태주의 공부도 병행하면서, 나는 자연이 우리
에게 주는 생태적 가치들을 알게 되었다. 우리는 평소 가치(판단)의 문제를 형이상학의 영
역으로 돌리며 골치 아픈 생각들을 애써 피한다. 그렇기에 우리의 삶의 방향을 규정하고
우리의 행동근거가 되어야 할 가치들은 우리에게 추상적 느낌으로밖에 다가올 수 없었다.
민주주의, 자유, 정의, 공익 등이 바로 그것이다.
그러나 이런 추상적 개념들을 자연 생태계의 존재방식에서 우러나오는 생생한 생태적 가
치로 대체한다면, 우리는 훨씬 피부에 와 닿게 가치의 존재 이유를 밝힐 수 있고 가치의
실천전략을 만들 수 있겠다.
자연 생태계 속에서 생명체들은 햇빛을 놓고 선의의 경쟁을 벌이지만 그보다는 훨씬 더
많은 시간에 걸쳐 공생, 협력하며 생장조건의 한계를 서로 극복해나간다. 예컨대 꿀을 찾
는 벌레들과 번식을 위해 벌레에게 꿀선을 제공하는 식물들의 공생관계가 바로 그것이다.
그리고 인간은 조금만 힘들고 여의치 않으면 환경 탓을 일삼는데, 자연은 특유의 환경 개
척력, 환경적응력을 보이며 혹독한 생장조건 하에서도 멋지게 살아간다.
우리가 자연에서 배울 수 있는 또 하나의 의미 있는 가치는 소통역량과 자율적 구조조정
능력이다. 봄에 핀 진달래꽃을 옆면에서 바라보자. 그들이 한껏 내민 꽃 수술을 보면서 우
리는 충매(蟲媒)작용을 통한 번식을 위해 많은 것들을 단단히 준비한 뒤 멋지게 자신의 매
력을 유감없이 뽐냄으로써 벌레들을 유혹하는 꽃들의 소통 의지를 느낄 수 있다.

〈사진 17〉 진달래꽃의 유혹: 충매화(蟲媒花)의 소통 의지

사람들은 소유욕이 강하거나 게을러서 몸의 군살을 잘 빼지 못한다. 그러나 늦가을의 낙엽을 보자. 나무는 에너지만 낭비하는 자신의 잎들을 스스로 덜어내며 힘을 저축하고, 땅 위에 떨어진 낙엽들은 이듬해 봄, 나무를 살찌게 하는 밑거름으로 작용한다. 나무줄기에 매달린 늦가을의 열매들은 새들의 먹이가 된다. 불교에서 말하는 육보시(肉報施)처럼, 자기 몸을 바쳐 어려운 자를 도우라는 부처님 말씀을 실천에 옮기고 있는 듯하다.

4. 생태계 파괴현장을 보며 정당한 분노를 키운다

그러나 생태적 가치의 보고로 우리가 아껴야 할 자연은 오늘도 개발, 성장의 인간중심적 논리 앞에 난개발, 미친 개발의 희생양이 되고 있다. 우리의 단말마적 사고와 부단한 소유욕으로 인해 오늘도 여지없이 자연은 파괴의 몸살을 앓는다.

지금도 단기적 일자리 창출차원에서 우리의 산과 숲은 여지없이 파헤쳐지고 붕괴되고 있다. 이른바 희망근로, 단기 취로사업 차원에서 기존의 험한 등산로를 다니기 좋게 다듬는 것까지는 좋은데, 문제는 인위적 손길이 지나치게 산길과 숲에 가해지면서 생태계 파괴가 가속되고 있는 점이다. 예컨대 상식선에서 볼 때 불필요한데도 예산이 많이 남아서인지 아니면 일자리를 계속 유지해야 하는 정치적 이유에서인지, 멀쩡한 산길에 쇠가 무수히 박히고 불필요한 와이어 줄이 기존의 천 로프를 대신해 어지러이 설치되어 있는 광경이 자주 목도된다. 인간이 자꾸 손대고 파헤치고 매만지면서, 자연은 불필요한 성형의 칼날을 아프게 받으며 본래의 모습을 잃어가고 있다.

〈사진 18〉 생태계 파괴의 아픔: 짐승스런 편리는 이제 그만

5. 사막화 방지와 자연과의 친교

숲은 우리가 미물이라 하찮게 여기는 풀, 꽃, 나무, 벌레, 곤충들의 보금자리이다. 개인적으로 사진을 찍으러 다니며 이들의 존재감을 무한히 느낄 수 있었다. 여기서 우리는 목수 김씨 김진송의 말처럼 숲에 들어가기 전엔 숲은 개발의 대상이지만 숲에 일단 들어가면 숲은 보호의 대상이 되어야 함을 알 수 있다. 그런 점에서 우리는 값싼 문명의 이기에 탐닉하는 우리의 어리석음이 결국 삶의 터전을 사막으로 만드는 지름길임을 재인식하며 사막화 방지에 올인해야 한다.

지금은 우리가 더 이상의 자연파괴를 삼가며 자연과의 친교를 도모해나가야 할 시점이다. 다행히도 자연은 인간에게 그렇게 수모를 당하면서도 인간과 친해지기 위해 우리 곁으로 자꾸 다가온다. 바람을 타고 집 문 안으로 기어들어와 살포시 앉아 있는 낙엽을 보라. 낙엽은 우리가 즐겨 다니는 계단 위에도 넉넉한 걸음으로 포진하며 인간과의 소통을 기다린다. 우리는 그런 자연을 한번쯤 더 들여다보고 느끼고 손으로 만져보며 자연이 우리에게 주는 생태적 가치와 아름다움을 체화해나가야 한다.

〈사진 19〉 자연과의 교감: 인간을 찾아와 작별인사를 건네는 낙엽

6. 생태계 보전-복원을 위한 정책적, 제도적 노력

자연과의 친교는 더 나아가 주변의 생태계를 보전, 복원하려는 제도적 노력과 연결되어야 할 것이다. 전 세계적으로 이름 난 생태도시들을 보면 도시정책 면에서 몇 가지 공통점을 갖고 있다.

독일의 프라이부르크, 브라질의 꾸리찌바, 스웨덴 예테보리 등은 나름대로 생태도시다운 시정(市政) 철학 아래 의미 있는 정책들을 제도화하고 있다. 예컨대 생태계의 원리인 다양성, 관계성, 순환성, 안정성을 응용한 이들 도시의 재생에너지 사용정책, 쓰레기처리 대책,

대중교통시스템, 녹지공원 조성정책, 바람길 등 생태통로의 전문적 확보노력 등은 우리의 신도시개발이나 도심재개발 과정에서 십분 응용할 만한 것들이다.

사진 찍으러 주변을 돌아다니다 보면, 우리 주변에서도 생태도시의 단초들이 최근 들어 적잖게 눈에 들어온다. 예컨대 건물옥상 녹화, 바람길 조성, 태양열 사용, 나무은행 설립, 자연을 침해하지 않으며 건물 짓기 등 인간-자연이 공존하는 생태도시의 초보단계를 밟고 있는 모습을 볼 수 있다.

〈사진 20〉 나무은행: 이런 은행은 많을수록 좋다

내친 김에 우리는 도시의 물리적 공간구조에서 환경친화적인 시도를 하는데 만족하지 말고 사회, 경제구조 및 시민의식 차원에서까지도 생태적 가치가 보다 더 스며들 수 있도록 좀 더 적극적 자세로 발 벗고 나서야 한다. 앞으로는 길 하나 더 내고 건물 올릴 때도 아니면 개천을 조성할 때도 함부로 삽질을 시작하기 전에 '측정 2번, 톱질 1번'의 자세로 생태계의 다양성, 관계성, 순환성 원칙을 지켜나가야 한다. 또 자연의 생태적 가치를 학습해 이를 공공문제 해결의 가치잣대로 활용하는 방법들을 진지하게 고민해야 할 것이다. 그럴 때 나와 자연이 그리고 우리 세대와 후손들이 공평하게 자연이 주는 환경적, 공익적 가치를 누리며 평화롭게 살 수 있지 않을까?

7. 이젠 먹거리 확보에서도 DIY이다

도시 촌놈인 나는 어렵게 농사일을 익혀 근 5년째 주말농장 형식으로 작은 텃밭을 가꾸면서 각종 채소와 배추, 무 등을 재배해 먹고 있다. 이를 통해 장만한 배추, 무를 이용해 무척 서툴긴 하지만 김장도 해보려고 아내와 무던히 애쓰고 있다.

어설프기 짝이 없지만 그래도 도시 촌놈이 농사를 지으며 몸으로 배운 것은 바로 정직이라는 가치이다. 내가 시로부터 임대해 농사지은 밭들은 그해에 내가 찾아가 물주고 풀 뽑고 거름 준 회수에 정확히 비례해 내게 농사짓는 기쁨과 수확물을 주었다. 땅은 내가 게으르면 가차 없이 게으른 베짱이 대접을 해 맛난 채소를 아주 조금만 주었고, 내가 부지런을 떤 해는 풍성한 김장거리를 기쁘게 선사해주었다.

〈사진 21〉 주말농장에서 배운 정직이란 가치

주말농장에서 수확한 로컬 푸드는 먹거리의 안전성을 확보하는 가장 좋은 방법이다. 또 식품의 가공처리, 유통, 포장 등에 소요되는 많은 비용과 환경파괴를 생각할 때 생태적 삶을 실천하는 조그마한 방법이기도 하다. 이제 먹거리의 자체적 확보가 식량안보와 생태계 보전이란 점에서 또 하나의 생활양식으로 자리 잡을 수 있길 기대해본다.

6 생태맹 극복과 생태적 감수성 제고를 위한 생태교육

생태계의 관점에서 보면 우리나라의 경제적 위상은 우리가 감당할 수 있는 양보다 2~3배나 많은 생태적 훼손을 통해서 얻어진 것이라 한다. 이런 만성적인 생태적 적자상태는 세계경제포럼이 발표한 환경지속성 지수에서 142국 중 최하위권인 122위의 순위로 이미 분명해졌다.

생태교육은 이런 한국사회의 지속 불가능성과 사람들의 생태맹 현 주소를 정확히 인식하는 데서부터 시작되어야 한다. 생태맹의 극복은 세계의 구성체들이 서로 연결되고 조화롭게 작동하는 원리를 이해하고, 그 원리에 맞게 인간의 행동을 스스로 조절해낼 수 있는 능력을 갖추는 것으로부터 시작될 수 있다. 즉, 주변의 동식물은 물론 토양, 강, 바위, 산 등 자연환경 요소와의 빈번한 접촉을 통해 자연과의 영적 교감을 회복하고 자연과의 공생을 적극 모색하는 일이 생태맹 극복의 일차방안이다(전영우, 2008: 185).

생태교육이 활성화되기 위해선 우선적으로 그 핵심 키워드인 생태주의적 삶, 녹색사유, 녹색문화에 대한 인문생태학적 지식의 습득이 전제되어야 한다. 생태주의적 삶은 우리가 생태계의 파괴를 멈추고 정의롭고 지속 가능한 사회를 구성하기 위해 자원절약, 자원순환, 저소비를 추구하는 삶인데, 이것을 지향하는 사유가 녹색사유이며, 생태주의적 삶의 양태를 추구하는 것이 녹색문화이다. 녹색문화의 특성은 생태적 감성과 영성의 고양, 양적·물질적 풍요보다는 질적·정신적 풍요를 추구하는 삶이다. 다시 말해 녹색문화는 유한한 지구자원의 순환질서에 따라 절제하며 살아가는 삶의 양태이며, 녹색사유는 인간-자연의 유기적 연대를 추구하는 한편, 우리가 자연 속에서 자연과 더불어 사는 것을 제대로 인식하는 행위이다(우석훈, 2009a: 187~188).

〈사진 22〉 생태교육 현장

생태교육은 이런 녹색문화와 녹색사유에 입각해 생태적 존재에 대한 존중, 자연과의 공존 및 조화 가치를 교육하는 것이다. 생태교육은 우리가 자연의 일부라는 자각을 갖게 하고, 지구 상의 모든 생명체가 고유의 방법으로 그 총체적 존속에 기여하기 때문에 그것들이 모두 우리가 존중할 만한 고유한 가치를 지닌다는 생각을 확산시키는 데 중점을 두어야 한다. 즉, 생태교육은 생태적 감수성에 바탕을 두어야 하는 것이다.

생태적 감수성은 자연의 아름다움과 생명의 그물망에 대한 경이로움, 풍요로움, 너그러움, 더 나아가 모든 생명체에 대한 공경심을 느끼게 되는 감성으로서 지구 상에 존재하는 삼라만상이 제각기 자율성과 독립성을 갖되 서로 긴밀히 연결되어 있음을 알게 되는 것이다 (전영우, 2008: 189).

우리가 주변 자연에 대한 생태적 감수성을 제고하기 위해선 지속적인 생태모니터링도 필요하다(김재일, 2009). 즉, 우리 주변을 전체적으로 조망하면서 지질·지형의 특성을 파악하고 초본, 목본, 버섯류 등 모든 식물군을 관찰하고 기록하는 습관을 들여볼 필요가 있다. 이왕이면 희귀종, 멸종 위기종, 천연기념물 주요군락, 보존가치가 있는 우수종, 조경가치가 뛰어난 이식대상수종, 그 다음엔 텃새, 나그네새, 철새도 관찰해볼 만하다.

생태 모니터링의 습관을 통해 생태적 감수성이 충만할 때, 우리는 생태적 용기를 가질 수 있다. 생태적 용기는 지금의 좀비형 소비와는 다른 방식의 책임소비를 하는 등 종래와 다른 방식으로 세상을 이해하고 개인적으로 생태적 소비를 위한 소소한 실천을 결심하는 것이다(우석훈, 2009b: 156~162). 사람들로 하여금 생태적 감수성과 생태적 용기를 체득하게 하기 위해선 지역의 문화와 고장에 대한 자부심을 갖게 하고, 지역의 생태환경에 뿌리를 내리게 하는 교육이 필요하다(게리 스나이더, 2006: 226~227). 자연정서를 몸에 배게 만드는 생활환경의 조성도 필요하다(오용선, 2009: 445). 도시계획에서 자연정서가 우리의 몸에 밸 수 있도록 녹지, 공원, 문화예술 공간 등 자연 동화적 공간의 배치와 확대에도 좀 더 노력할 필요가 있겠다.

참고문헌

1. 국내문헌

강기홍(2009), "해외지자체 녹색성장 사례: 오스트리아,"『지방행정』, 제58권.

강양구(2010), "원자력를 둘러싼 일곱 가지 신화,"『녹색평론』, 5~6월호.

구도완(2006), "한국 환경운동의 담론,"『경제와 사회』, 봄호.

――――(2009),『마을에서 세상을 바꾸는 사람들』, 서울: (주)창비.

구승모(2005), "지역혁신 체제와 생태관광의 과제," 국중광, 박설호 편,『새로운 눈으로
　　　보는 독일 생태공동체』, 서울: 도서출판 월인.

구승희(2001),『생태철학과 환경윤리』, 서울: 동국대학교 출판부.

구준모(2009), "경제위기와 생태위기에 대한 오판과 단견,"『사회운동』, 1~2월호.

국가과학기술위원회(2009), "신성장 동력 및 발전전략," 2009.1.13.

국무총리실(2008), "저탄소 녹색성장 추진전략," 2008.9.17.

기획재정부 등(2009), "미래 한국 프로젝트: 신성장 동력 비전과 발전전략," 2009.1.13.

김갑년(2005), "환경위기 극복을 위한 독일의 환경교육정책," 국중광, 박설호 편,『새로
　　　운 눈으로 보는 독일 생태공동체』, 서울: 도서출판 월인.

김귀곤(2001), "생태도시계획의 특징과 과제," 시민환경연구소 편,『생태도시로 가는 길』,
　　　서울: 도요새.

김기호, 문국현(2006),『도시의 생명력, 그린 웨이』, 서울: 랜덤하우스 중앙.

김병완(1993), "한국 행정부 내의 관료정치: 환경정책에 관한 개발부처와 보전부처의 관
　　　계분석,"『한국행정학보』, 제27권 1호.

김선희(2001), "지속 가능한 도시개발전략," 시민환경연구소 편,『생태도시로 가는 길』,
　　　서울: 도요새.

김성균, 구본영(2009),『에코 코뮤니티』, 서울: 이매진.

김소희(1999),『생명시대: 지구 생태 이야기』, 서울: 학고재.

김욱동(2000), 『한국의 녹색문화』, 서울: 문예출판사.

김일태(2001), "생태도시 조성을 위한 추진전략," 환경정의시민연대, 『생태도시의 이해』, 서울: 다락방.

김재일(2005), "환경위기 시대의 숲과 숲길," 탁광일, 전영우 외, 『숲이 희망이다』, 서울: 책씨.

───(2009), 『산사의 숲을 거닐다: 108사찰 생태기행』, 서울: 지성사.

김정욱(2010), "강은 하나님이 모든 생명에게 주신 것," 『녹색평론』, 5~6월호.

김종성(2005), "숲이 지닌 자정능력," 탁광일, 전영우 외, 『숲이 희망이다』, 서울: 책씨.

김진현(1996), "개화 120년과 21세기 미래개척," 『계간 사상』, 가을호.

김철수(2001), "생태도시 조성방안 모색에 관한 연구," 『한국행정학보』, 제35권 3호.

김태환(2002), "레스터: 영국 최초의 환경도시," 국토연구원 엮음, 『세계의 도시』, 서울: 한울.

김형국(1999), "땅의 근대화: 장소에서 공간으로," 김형국 편, 『땅과 한국인의 삶』, 서울: 나남출판.

김형기(2009), "경제위기 극복과 지속가능 성장을 위한 의제: 모두를 위한 녹색뉴딜," 『노동저널』, no.2.

김형진(2008), "신재생에너지를 활용한 도시개발," 『도시문제』, 43권.

도건우(2009), "녹색뉴딜 사업의 재조명," 『CEO Information』, 제691호.

류기봉(2006), 『포도밭 편지』, 서울: 예담.

목수 김씨(김진송) 지음(2002), 『목수일기』, 서울: 웅진닷컴.

문순홍(2006a), 『생태학의 담론』, 서울: 아르케.

───(2006b), 『정치생태학과 녹색국가』, 서울: 아르케.

───편(2006), 『녹색국가의 탐색』, 서울: 아르케.

문태훈(1997), 『환경정책론』, 서울: 형설출판사.

───(2002), "한국에서 녹색정부의 제약요인과 가능성," 바람과 물 연구소 편, 『한국에서의 녹색정치, 녹색국가』, 서울: 당대.

미래기획위원회 엮음(2009), 『녹색성장의 길: 무엇을 어떻게 준비해야 하는가?』, 서울: 중앙북스.

박경화(2006), 『도시에서 생태적으로 사는 법』, 서울: 명진출판.

박두영(2008), 『노벨과 교육의 나라 스웨덴』, 서울: 북 콘서트.

박명규(1999), "땅의 사회사," 김형국 편, 『땅과 한국인의 삶』, 서울: 나남출판.

박봉우(2004), "심금솔 숲: 어제와 오늘 그리고 내일을 만나는 숲," 김영도 외, 『숲을 걷다』, 서울: 수문출판사.

박영숙, 글렌, 고든(2006), 『UN 미래보고서』, 서울: 교보문고.

박용남(2006), 『작은 실험들이 도시를 바꾼다: 보고타에서 요하네스버그까지』, 서울: 시울.

박이문(2002), 『환경철학』, 서울: 미다스북스.

박재길(2006), "살기 좋은 도시 만들기," 국가균형발전위원회, 『살기 좋은 지역 만들기』, 서울: 제이플러스애드.

박재현(2011), "지류정비 사업이 보여주는 4대강의 불안한 미래,"『창비주간논평』(http://weekly.changbi.com).

박정원(2011), "숲의 공익가치 105조 원 넘는다,"『월간 산』, 7월호.

박진희(2007), "대안적 과학기술의 모습," UNEP 한국위원회 엮음, 『초록 눈으로 세상 읽기: 환경의 학제적 이해』, 서울: 한울.

박태순(2008), 『나의 국토 나의 산하』, 서울: 한길사.

박해철(2005), "숲은 곤충을 부르고, 곤충은 숲을 건강하게 만든다," 탁광일, 전영우 외, 『숲이 희망이다』, 서울: 책씨.

박흥식(2007), "진화심리학의 행정학적 적용 및 정책대안의 모색에 관한 논의,"『한국사회와 행정연구』, 제18권 1호.

배병삼(2010), "삼강과 오륜은 다르다,"『녹색평론』, 5~6월호.

변동건(1994), "환경사상과 환경정치, 그리고 환경정책,"『한국행정학보』, 제28권 3호.

변순용(2007), 『책임의 윤리학』, 서울: 철학과 현실사.

복거일(2007), 『벗어남으로서의 과학』, 서울: 문학과 지성사.

삼성경제연구소(2008), 『녹색성장 시대의 도래』, 서울: 삼성경제연구소.

서요성(2005), "한국 생태의식의 현황," 국중광, 박설호 편, 『새로운 눈으로 보는 독일 생태공동체』, 서울: 도서출판 월인.

성지은(2003), "정보통신산업의 정책진화에 관한 연구,"『한국행정학보』, 제37권 2호.

손영우(2009), "프랑스의 녹색일자리 현황과 정부의 친환경 경제정책,"『국제 노동브리프』, 제7권 4호.

송미영(2009), "4대강, 이렇게 추진되어도 괜찮나?", 『경기개발연구원 GRI 웹뉴스』 (http://webnews2.gri.kr).

송위진(2009), "녹색성장을 위한 국가혁신체제: 녹색혁신체제(G-NIS)," 노태호 외,『환경정책 연구사업 5개년계획』, 한국환경정책평가연구원 기초연구, no.7.

신영복(2005), 『강의: 나의 동양고전 독법』, 서울: 돌베개.

신원섭(2005), "심리치료사, 숲," 탁광일, 전영우 외, 『숲이 희망이다』, 서울: 책씨.

신응수(2005), 『목수』, 서울: 열림원.

오관영(2003), "개발의 전위대, 개발공사를 해부한다," 『환경과 생명』, 제37권.

오용선(2008), "생명의지의 발현과 녹색자아: 녹색사회의 인간학적 기초," 대화 아카데미 엮음, 『녹색대안을 찾아서』, 서울: 아르케.

———(2009), 『성찰 환경론』, 서울: 아르케.

우석훈(2007), 『명랑이 너희를 자유케 하리라』, 서울: (주)창비.

———(2009a), 『생태요괴전』, 서울: 개마고원.

———(2009b), 『생태 페다고지』, 서울: 개마고원.

———(2011), 『비버블링: 신빈곤 시대의 정치경제학』, 서울: 개마고원.

우종영(2006), 『나는 나무처럼 살고 싶다』, 서울: 랜덤하우스 중앙.

———(2008), 『게으른 산행』, 서울: 한겨레출판.

유영초(2005), 『숲에서 길을 묻다』, 서울: 한얼미디어.

윤석철(2005), 『경영, 경제, 인생 강좌』, 서울: 위즈덤하우스.

윤순진(2009), "이명박 정부 1년과 녹색의 변질," 『창비주간논평』(http://weekly.changbi.com).

윤영진(1988), "공익의 행정철학적 함의," 관악행정학회 편, 『행정과 가치』, 서울: 법문사.

윤용택(2004), "생태철학," 『현대사상키워드 60』(신동아 신년호 특별부록).

윤진호(2009), "'녹색뉴딜' 사업은 고용위기를 구할 수 있을까?," 『노동사회』, no.2.

윤형근(2003), "한국의 생태담론과 생명운동," 『계간 사상』, 겨울호.

이도원(2004a), 『생태에세이 (상): 흐르는 강물 따라』, 서울: 사이언스북스.

———(2004b), 『생태에세이 (하): 흙에서 흙으로』, 서울: 사이언스북스.

이도형(2004), 『행정철학』, 서울: 대영문화사.

———(2006), 『행정학의 샘물(전정증보판)』, 서울: 선학사.

———(2007a), "정부의 존재가치 구현을 위한 시론: 자연독법을 통한 숲의 존재방식 응

용방향 예시를 중심으로,"『행정논총』, 제45권 제4호.

이도형(2007b), "정부와 숲의 존재가치적 일치성에 관한 연구,"『충주대학교 논문집』, 제42집.

————(2008), "생태관료 육성전략: Re-ing 모델의 전략적 재구성을 중심으로,"『행정논총』, 제46권 제3호.

————(2009), "녹색뉴딜의 한계에 대한 성찰과 정책적 보완방향,"『충주대학교 논문집』, 제44집.

————(2011), "공무원 생태윤리 확립전략: 윤리범주화 및 전제조건,"『정부학 연구』, 제17권 제3호.

———— · 김정렬(2007),『비교발전 행정론: 세계 각국의 발전경험 비교와 한국의 발전전략(개정판)』, 서울: 박영사.

———— · 함요상(2010), "제3부문의 가치발견과 활성화 전략: 생활협동조합을 중심으로,"『정부학 연구』, 제16권 제1호.

이민형(2009), "녹색성장과 지역발전: Green-RIS 전략," (제300회 과학기술 정책포럼, 2009.4.14, 프레스센터).

이병문(2006),『핀란드 들여다보기』, 서울: 매일경제신문사.

이병철(2007),『나는 늙은 농부에 미치지 못하네』, 서울: 이후.

이성규(2003),『백두산 툰드라지역 식물의 살아남기』, 서울: 대원사.

이수윤(1996),『철학개론』, 서울: 법문사.

이순우(2004),『산책의 숲』, 서울: 도솔.

이연학(2010), "낙동강 순례에 나서며,"『녹색평론』, 5~6월호.

이원규(2004),『길을 지우며 길을 걷다: 지리산 편지』, 서울: 좋은생각.

이유진(2009), "기후변화와 에너지 대안,"『녹색평론』, 5~6월호.

이정일(2009),『실천철학, 오늘의 삶을 말하다』, 서울: 이담북스.

이정전(1999), "땅의 경제철학," 김형국 편,『땅과 한국인의 삶』, 나남출판.

이종원(2009), "무엇이 뉴딜인가?"『인터넷 국민일보』(http://www.kukinews.com).

이지훈(2010),『미국의 국립공원에서 배운다』, 서울: 한울.

이천용(2005), "나무의 능력, 숲의 힘," 탁광일, 전영우 외,『숲이 희망이다』, 서울: 책씨.

————(2009), "숲과 녹색뉴딜사업,"『숲과 문화』, 제18권 2호.

임도빈(2007), 『글로벌 시대의 공공윤리』, 서울: 법문사.

임석민(2010), "물류효과 없는 운하, 재론의 여지도 없다," 『녹색평론』, 5~6월호.

임성진(2009), "제3차 산업혁명과 녹색사회," 『다산포럼』(http://www.edasan.org).

임주훈(2005), "숲 모습을 크게 바꾸는 교란," 탁광일, 전영우 외, 『숲이 희망이다』, 서울: 책씨.

임혁백(2000), 『세계화 시대의 민주주의』, 서울: 나남출판.

임혜지(2010), "4대강 사업," 『녹색평론』, 5~6월호.

장성익(2009), "녹색성장에 침을 뱉으마," 『녹색평론』, 5~6월호.

──(2010), "서평: 인간의 길을 찾아서," 『녹색평론』, 5~6월호.

전영우(1999), 『숲과 한국문화』, 서울: 수문출판사.

──(2004), 『숲 보기, 읽기, 담기』, 서울: 현암사.

──(2005), "숲, 인간과 화합의 공간," 탁광일, 전영우 외, 『숲이 희망이다』, 서울: 책씨.

──(2008), "대학의 생태교육에 대한 인문생태학적 접근," 『한국학논집』, 제36집.

정규호(2005), "정치생태학, 생태적 상상력과 급진적 실천의 결합," 데이비드 빌 외 편, 『정치생태학』, 서울: 당대.

──(2006), "행정체제의 녹색화," 문순홍 편, 『녹색국가의 탐색』, 서울: 아르케.

정선양(1999), 『환경정책론』, 서울: 박영사.

정성희(2009), "MB 녹색, 휴먼뉴딜과 사람-자연의 순환경제," 『통일뉴스』 (http://www.tongilnews.com).

정우양·류재한·오세규(2005), 『유럽의 생태, 문화도시 읽기』, 광주: 전남대학교 출판부.

조경식(2005), "자연과 인간의 관계에 대한 역사적 의미론," 국중광, 박설호 편, 『새로운 눈으로 보는 독일 생태공동체』, 서울: 도서출판 월인.

조경진(1999), "땅과 경관," 김형국 편, 『땅과 한국인의 삶』, 나남출판.

조명래(2001), 『녹색사회의 탐색』, 서울: 한울.

──(2002), "국가론의 녹색화를 위한 시론," 바람과 물 연구소 편, 『한국에서의 녹색정치, 녹색국가』, 서울: 당대.

──(2003), "개발주의 정부의 반녹색성," 『계간 사상』, 겨울호.

──(2009), 『지구화, 되돌아보기와 넘어서기: 공간환경의 모순과 극복』, 서울: 환경

과 생명.

조영탁(2004), "생태경제학의 방법론과 비전,"『사회경제평론』, 제22호.

조한혜정(2007), 『다시 마을이다: 위험사회에서 살아남기』, 서울: 또 하나의 문화.

지율 외(2010), 『낙동강』, 서울: 녹색평론사.

진교훈(1997), "보편적 가치윤리학의 재구성과 가치관 교육," 한림과학원 편, 『21세기를
　　　여는 한국인의 가치관』, 서울: 도서출판 소화.

─────(2004), "숲의 보전과 숲에 대한 존재론적 성찰," 김영도 외, 『숲을 걷다』, 서울:
　　　수문출판사.

차명제(2009), "주민 자발적 마을공동체 만들기로 녹색성장,"『지방행정』, 제58권.

차윤정(2004), 『숲의 생활사』, 서울: 웅진 닷컴.

─────(2007), 『나무의 죽음』, 서울: 웅진 지식하우스.

최미희(2007), "환경경제학을 넘어 생태경제학으로," UNEP 한국위원회 엮음, 『초록눈
　　　으로 세상읽기: 환경의 학제적 이해』, 서울: 한울.

최민자(2007), 『생태정치학: 근대의 초극을 위한 생태정치학적 대응』, 서울: 모시는 사
　　　람들.

최병두(2007), "지구공동체윤리로서 환경정의," UNEP 한국위원회 엮음, 『초록눈으로
　　　세상읽기: 환경의 학제적 이해』, 서울: 한울.

최병선·이원섭(2006), "도시변동론과 도시의 질적 발전," 국가균형발전위원회, 『살기 좋
　　　은 지역 만들기』, 서울: 제이플러스애드.

최병성(2010a), 『강은 살아 있다: 4대강 사업의 진실과 거짓』, 서울: 황소걸음.

─────(2010b), "4대강 사업의 미래를 보라,"『녹색평론』, 7~8월호.

최소영(2006), 『숲은 더 큰 학교입니다』, 서울: 랜덤 하우스.

최창조(1999), "자생풍수에 담긴 선조들의 지혜," 김형국 편, 『땅과 한국인의 삶』, 서울:
　　　나남출판.

─────(2005), 『닭이 봉황되다』, 서울: 모멘토.

─────(2007), 『도시풍수: 도시, 땅, 사람을 위한 명당이야기』, 서울: 판미동.

최창현(1999), "복잡성 이론의 조직관리적 적용가능성 탐색,"『한국행정학보』, 제33권 4호.

KYC(한국청년연합회), 시민의 신문 엮음(2005), 『도시속 희망공동체 11곳』, 서울: 시금치.

탁광일(2005a), "세계사 속의 숲의 박해," 탁광일, 전영우 외, 『숲이 희망이다』, 서울:

책씨.

탁광일(2005b), "숲의 윤리, 모든 것은 하나," 탁광일, 전영우 외, 『숲이 희망이다』, 서울: 책씨.

통계청(2011), "2011 녹색성장지표," 2011.11.24.

한국은행(2005), "우리나라 고용구조와 노동연관효과,"『조사통계월보』.

한국환경사회학회(2004), 『우리 눈으로 보는 환경사회학』, 서울: (주)창비.

한면희(2005), "숲 보전철학으로 본 자연," 탁광일, 전영우 외, 『숲이 희망이다』, 책씨.

————(2007), "생태주의 이념과 현황 그리고 전망," UNEP 한국위원회 엮음, 『초록눈으로 세상읽기: 환경의 학제적 이해』, 서울: 한울.

홍성태(2006), "고도성장의 한계와 생태적 전환,"『경제와 사회』, 봄호.

————(2007), 『개발주의를 비판한다: 박정희 체계를 넘어 생태적 복지사회로』, 서울: 당대.

홍윤순(2010), 『녹색문화도시, 프라이부르크 읽기』, 서울: 나무도시.

환경부 국제협력관실(2008), "녹색경제와 그린뉴딜정책," 2008.12.16.

황태일(2009), "녹색성장=녹색파괴?,"『뉴스메이커』(http://www.newsmakeror.kr/news).

2. 번역서 및 번역논문

가드너(이현우 역)(2005), 『체인징 마인드』, 서울: 재인.

게리 스나이더(홍수원 역)(2006), "모든 생명체가 참여하는 마을회의," 노르베리 호지, 시바 외, 『진보의 미래』, 서울: 두레.

고르(임희근·정혜용 역)(2008), 『에콜로지카』, 서울: 생각의 나무.

골드스미스(윤길순·김승욱 역)(2001), "식민지화로서의 개발," 제리 맨더, 에드워드 골드스미스 편저, 『위대한 전환: 다시 세계화에서 지역화로』, 서울: 동아일보사.

굿랜드(윤길순·김승욱 역)(2001), "성장이 한계에 이르렀다," 제리 맨더, 에드워드 골드스미스 편저, 『위대한 전환: 다시 세계화에서 지역화로』, 서울: 동아일보사.

니시오카 츠네카츠(최성현 역)(2002), 『나무의 마음, 나무의 생명』, 서울: 삼신각.

다이아몬드(김진준 역)(1998), 『총, 균, 쇠』, 서울: 문학사상사.

데자르뎅(김명식 역)(1999), 『환경윤리』, 서울: 자작나무.

도일, 멕케이컨(이유진 역)(2001), 『환경정치학』, 서울: 한울아카데미.

돕슨(정용화 역)(1993), 『녹색정치사상』, 서울: 민음사.

뒤마(송형석 역)(2004), 『나무의 철학』, 서울: 동문선.

드러커 외(이재규 역)(2002), 『미래의 공동체』, 서울: 21세기북스.

로드니 페퍼(정규호 외 역)(2001), "세계정의, 탄소배출권 계획과 지구관리청," 데이비
　　　드 빌 외 편, 『정치생태학』, 서울: 당대.

로저스(허남혁 외 역)(2007), "쓰레기 자본주의의 녹색상업," 패니치, 페이스 엮음, 『자
　　　연과 타협하기』, 서울: 필맥.

롱펠로(허남혁 외 역)(2007), "날씨에 관한 보고: 기후위기의 실상," 패니치, 페이스 엮
　　　음, 『자연과 타협하기』, 서울: 필맥.

리처드 스미스(김정현 역)(2009), "자본주의와 생태적 붕괴: 문명의 붕괴가 주는 교훈과
　　　그 한계," 『녹색평론』, 5~6월호.

리트비노프, 메릴레이(김병순 역)(2007), 『공정무역: 인간의 얼굴을 한 시장경제』, 서
　　　울: 모티브북.

리프킨(이원기 역)(2005), 『유러피안 드림』, 서울: 민음사.

모리슨(노상우·오선근 역)(2005), 『생태민주주의』, 서울: 교육과학사.

바른케(노송두 역)(1997), 『정치적 풍경』, 서울: 일빛.

바이츠제커(이필렬 역)(1999), 『지구환경정치학』, 서울: 아르케.

반 존스(함규진·유영희 역)(2009), 『그린칼라 이코노미』, 서울: 페이퍼로드.

배리(허남혁·추선영 역)(2004), 『녹색사상사: 루소에서 기든스까지』, 서울: 이매진.

베르크마이스터(최병환 역)(1999), 『가치론의 역사적 조명』, 서울: 서광사.

벡(정일준 역)(2000), 『적이 사라진 민주주의』, 서울: 새물결.

벤튼, 레드클리프트(이기홍·조재광·이강익 역)(1997), 『지구환경과 사회이론』, 서울: 한울.

볼프강 작스(윤길순·김승욱 역)(2001), "신개발: 세계적 생태계 관리," 제리 맨더, 에드
　　　워드 골드스미스 편저, 『위대한 전환: 다시 세계화에서 지역화로』, 서울: 동아일
　　　보사.

부케티츠(김영철 역)(1999), 『사회생물학 논쟁: 유전자인가 문화인가』, 서울: 사이언스
　　　북스.

브라운(한국생태경제연구회 역)(2003), 『에코 이코노미』, 서울: 도요새.

─────(황의방·이종욱 역)(2008), 『플랜 B 3.0: 문명을 구하기 위해 모두 나서자』, 서울:

환경재단 도요새.

비티, 에얼릭(이주영 역)(2005), 『자연은 알고 있다』, 서울: 궁리출판.

세계화국제포럼 지음(이주명 역)(2005), 『더 나은 세계화는 가능하다: 세계화, 비판을 넘어 대안으로』, 서울: 도서출판 필맥.

슈리배스터버(이장훈 역)(1998), 『그린 비즈니스: 환경과 차세대 기업전략』, 서울: 자연사랑.

스미스(허남혁 외)(2007), "축적전략으로서의 자연," 패니치, 페이스 엮음, 『자연과 타협하기』, 서울: 필맥.

스즈키, 그레이디(이한중 역)(2005), 『나무와 숲의 연대기』, 서울: 김영사.

─────, 드레슬(조응주 역), 『나쁜 뉴스에 절망한 사람들을 위한 굿 뉴스』, 서울: 샨티출판사.

스페이드, 월제스퍼 지음(원재길 역)(2004), 『틱낫한에서 촘스키까지: 더 실용적이고 창조적인 삶의 전망 61장』, 서울: 마음산책.

아힘 브루넨그레버(허남혁 외 역)(2007), "교토의정서의 정치경제학," 패니치, 페이스 엮음, 『자연과 타협하기』, 서울: 필맥.

알트(박진희 역)(2004), 『생태적 경제기적』, 서울: 양문.

알트파터(정규호 외 역)(2005), "지구질서와 자연," 데이비드 빌 외, 『정치생태학』, 서울: 당대.

야스히로(김찬호 역), 『이런 마을에서 살고 싶다』, 서울: 황금가지.

에커슬리(정규호 외 역)(2005), "환경권과 민주주의," 데이비드 빌 외, 『정치생태학』, 서울: 당대.

엘버리 외 편(이한중 역)(2003), 『지구를 입양하라』, 서울: 북키앙.

오귀스트 외(고정아)(2006), 『에코토이, 지구를 인터뷰하다』, 효형출판.

오제키 슈지 외(김원식 역)(2007), 『환경사상 키워드』, 서울: 알마.

윌슨(최재천·장대익 역)(2004), 『통섭』, 서울: 사이언스북스.

워드(김정아 역)(2004), 『아나키즘, 대안의 상상력』, 서울: 돌베개.

월드워치 연구소(환경사회연구소 역)(2004), 『지구환경보고서』, 서울: 도요새.

웨더포드(권루시안 역)(2005), 『야만과 문명 누가 살아남을 것인가?』, 서울: 이론과 실천.

이나가키 히데히로(최성현 역)(2006), 『풀들의 전략』, 서울: 도솔 오두막.

이노우에 토시히코 편저(유영초 역)(2004), 『세계의 환경도시를 가다』, 서울: 사계절.

임호프(윤길순·김승욱 역)(2001), "공동체의 지원을 받는 농업: 얼굴을 건 농사," 제리 맨더, 에드워드 골드스미스 편저, 『위대한 전환: 다시 세계화에서 지역화로』, 서울: 동아일보사.

제임스 카드(김정현 역)(2010), "4대강 프로젝트: 경기부양책인가 쓸데없는 짓거리인가," 『녹색평론』, 5~6월호.

존 저잔 편저(정승현 역)(2009), 『문명에 반대한다』, 와이즈 북.

지강테스(강미경 역)(2004), 『권력과 탐욕의 역사』, 서울: 이마고.

카르티에 & 카르티에(길잡이늑대 역)(2007), 『농부철학자 피에르 라비』, 서울: 조화로운 삶.

케일 외(정규호 외 역)(2005), "세계 정치생태학의 관점," 데이비드 빌 외, 『정치생태학』, 서울: 당대.

코─타스 파나요타키스(허남혁 외 역)(2007), "더 많이 일하고 팔고 소비하기: 자본주의의 3차 모순," 패니치, 페이스 엮음, 『자연과 타협하기』, 서울: 필맥.

코헨(윤규상 역)(2001), 『우리는 너무 오래 숲을 떠나 있었다』, 서울: 도솔.

Kubit 외(2009), "녹색일자리 현황," 『국제노동브리프』, 제7권 4호.

크로포트킨(김영범 역)(2005), 『만물은 서로 돕는다』, 서울: 르네상스.

톰킨스, 버드(황금용·황정민 역)(2004), 『식물의 정신세계』, 서울: 정신세계사.

트리그(김성한 역)(2007), 『인간본성과 사회생물학의 철학적 측면을 논하다』, 서울: 궁리.

한나 홈스(안소연 역)(2008), 『풀 위의 생명: 도시근교의 자연사계』, 서울: 지호.

해리엇 프리드만(정규호 외 역)(2005), "지속 가능한 세계식량경제," 데이비드 빌 외, 『정치생태학』, 서울: 당대.

헌팅턴, 해리슨(이종인 역)(2001), 『문화가 중요하다』, 김영사.

헤센(진교훈 역)(1992), 『가치론』, 서울: 서광사.

후안 마르티네즈-알리에르(허남혁 외 역)(2007), "사회적 물질대사와 환경 갈등," 패니치, 페이스 엮음, 『자연과 타협하기』, 서울: 필맥.

후쿠오카 켄세이(김경인 역), 『즐거운 불편』, 서울: 달팽이.

힉스(함규진 역)(2003), 『농부의 마음으로 경영하라』, 서울: 시대의 창.

3. 외국문헌

Alroe, Hugo F. & Kristensen, Erik S.(2003), "Toward a Systemic Ethic: In Search of an Ethical Basis for Sustainability and Precaution," *Environmental Ethics*, 25(1): 59~78.

Barrett, Christopher B. & Grizzle, Ray(1999), "A Holistic Approach to Sustainability Based on Pluralism Stewardship," *Environmental Ethics*, 21(1): 23~42.

Barry, John(1999), *Rethinking Green Politics: Nature, Virtue & Progress*, London: Sage Pub.

Beattie, A. & Ehrlich, P. R.(2005), *Wild Solutions: How Biodiversity is Money in Bank*, Yale University Press.

Beck, Ulrich(1994), *Risk Society*. London: Sage Pub.

─────────(1998), *Democracy without Enemies*(trans. by Mark Ritter), Cambridge: Polity Press.

Benton, T.(1993), *Natural Relations: Ecology, Animals and Social Justice*, London: Verso.

Berthold-Bond, Daniel(2000), "The Ethics of 'Place': Reflections on Bio-regionalism," *Environmental Ethics*, 22(1): 5~22.

Briggs, Roman(2009), "The Greening of Heart and Mind: A Love Story," *Environmental Ethics*, 31(2): 155~164.

Cahill, Michael(1999), "Sustainability: the Twenty-first-century Challenge for Social Policy," *Social Policy Review*, vol.11: 90~105.

Caldwell, Lynton K.(1980), "Biology and Bureaucracy: The Coming Confrontation," *Public Administration Review*, 49(1): 1~12.

Campos, Daniel G.(2002), "Assessing the Value of Nature: A Transactional Approach," *Environmental Ethics*, 24: 1.

Cawley, R.(2001), "Everything is Hitched to Everything Else: Environmental Governmentality and Legitimacy," *Administrative Theory and Praxis*, 23(1): 83~98.

Cheng, Chung-ying(1998), "The Trinity of Cosmology, Ecology and Ethics in the Confucian Personhood," In Mary Evelyn Tucker and John Berthrong(eds.), *Confucianism and Ecology: The Interrelation of Heaven, Earth and Humans,* Harvard University Press.

Cockburn, A. & Ridgeway, J.(1979), *Political Ecology,* N. Y.: New York Times Book Co.

Commoner, B.(1971), *The Closing Circle: Nature, Man and Technology,* Random House, Inc.

Costanza, R. et al.(1997), *An Introduction to Ecological Economics,* Boca Raton, FL.: St. Licie Press.

Dobson, A.(1990), *Green Political Thought,* Academic Division of Unwin Hyman Ltd.

————(1996), "Representative Democracy and the Environment," In Lafferty & Meadowcraft(eds.), *Democracy & Environment.* Cheltenham: Edward Eager.

Dryzek, J. S.(1987), *Rational Ecology: Environment & Political Economy,* Oxford: Basil Blackwell.

————(1990), "Designs for Environmental Discourse?: the Greening of the Administrative State," In R. Paehlke & D. Togerson (eds.), *Managing Leviathan: Environment Politics & The Administrative State,* London: Belhaven Press.

————(1997), *The Politics of the Earth: Environmental Discourses,* Oxford University Press.

Dunlap, R. E.(1994), "The Nature and Causes of Environmental Problems," The Korean Sociological Association.

Eckersley, R.(2004), *Green State: Rethinking Democracy and Sovereignty,* MIT Press.

Goulet, Denis(1997), "Development Ethics: a New Discipline," *International Journal of Social Economics,* 24(11): 1160~1171.

Hal, Matthew(2009), "Plant Autonomy and Human-Plant Ethics," *Environmental Ethics,* 31(2): 169~182.

Hempel, L.(2003), *Environmental Governance,* Washington D.C.: Island Press.

Heyd, T.(2005), "Introduction," In T. Heyd(ed.), *Recognizing the Autonomy of Nature,* Columbia University Press.

Hodgkinson, Christoper(1978), *Towards a Philosophy of Administration,* N. Y.: St. Martin's Press.

————(1983), *The Philosophy of Leadership.* N. Y.: St. Martin's Press.

Holzer, M. & Callahan, K.(1998), *Government At Work: Best Practice and Model Programs.* London: Sage Pub.

Inglehart, R.(1997), *Modernization and Postmodernization: Cultural, Economic & Political Change in 43 Societies,* Princeton University Press.

Jaenicke, M.(1996), "Democracy as a Condition for Environmental Policy Success," In Lafferty & Meadowcraft(eds.), *Democracy & Environment,* Cheltenham: Edward Eager.

Jonas, H.(1984), *The Imperative of Responsibility: In Search of Ethics for the Technological Age,* University of Chicago Press.

Jun, Jong S.(1994), *Philosophy of Administration.* Seoul: Daeyoung Moonhwa International.

————(1986), *Public Administration: Design and Problem Solving,* N. Y.: Macmillan Pub.

Keulartz, Jozef (2009), "European Nature Conservation and Restoration Policy-Problems and Perspectives," *Restoration Ecology,* 17(4): 446~450.

Lai, Karyn L.(2003), "Conceptual Foundations: for Environmental Ethics: A Daoist Perspective," *Environmental Ethics,* 25(3): 247~266.

Langhelle, Oluf(1999), "Sustainable Development: Exploring the Ethics of Our Common Future," *International Political Science Review,* 20: 2.

Leopold, A.(1949), *A Sand County Almanac with Essays on Conservation from Round River*, Oxford University Press.

Leuenberger, D. Z. & Bartle, J. R.(2009), *Sustainable Development for Public Administration*, Armonk, N. Y.: M. E. Sharpe.

Luton, Larry S.(2001), "Plestocenic Public Administration: The Import of Paul Shepard," *Administrative Theory & Praxis*, 23(1): 67~82.

March, James(1994), "The Evolution of Evolution," In J. Baum & J. Singh(eds.), *Evolutionary Dynamics of Organizations*, Oxford University Press.

Marlowe, H. et al.(1994), "The Re-ing of Local Government: Understanding and Shaping Governmental Change," *Public Productivity & Management Review*, XVII: 3.

Merchant, C.(1989), *Ecological Revolutions*, University of North Carolina Press.

Meyer-Emerick, Nancy(2007), "Public Administration and The Life Science," *Administration & Society*. Jan: 689~706.

Mol, A.(1996), "Ecological Modernization and Institutional Reflexity," *Environmental Politics*, vol. 5.

Murray, Nancy(1997), *An Inner Voice for Public Administration*, London: Praeger.

Nassauer, J. I.(1997), "Cultural Sustainability," In J. Nassauer(ed.), *Placing Nature*, Washington, D. C.: Island Press.

Nolt, John(2006), "The Move from Good to Ought in Environmental Ethics," *Environmental Ethics*, 28(4): 355~374.

Osborne, D. & Gaebler, T.(1992), *Reinventing Government: How the Entrepreneurial Spirit is Transforming the Public Sector*, Mass.: Addison-Wesley Pub., Co.

Paehlke, R. & D. Togerson(1990), "Environmental Politics and the Administrative State," In R. Paehlke & D. Togerson (eds.), *Managing Leviathan: Environment Politics & The Administrative State*. London: Belhaven

Press.

Parkin, James(1994), *Public Management: Technology, Democracy and Organization Reform*, Aldershot: Avebury.

Perlman, D. L. & Milder, J. C.(2005), *Practical Ecology: For Planners, Developers & Citizens*, Washington, D. C.: Island Press.

Pollin, R. et al.(2008), *Green Economy: A Program to Create Good Jobs and Start Building a Low-Carbon Economy*, Bureau of Labor Statics.

Quilley, Stephen(2009), "The Land Ethics as an Ecological Civilizing Process: Aldo Leopold, Norbert Elias, and Environmental Philosophy," *Environmental Ethics*, 31(2): 115~134.

Raadschelders, Jos C. N.(1998), *Handbook of Administrative History*, New Brunswick: Transaction Pub.

Rogers, Heather(2005), "Titans of Trash," *The Nation*, 281: 21.

Rosenthal, Sandra & Buchholz, Rogene(1998), "Bridging Environmental and Business Ethics: A Pragmatic Framework," *Environmental Ethics*, 20(4): 393~408.

Ryn, Sim Van der & Cowan, Stuart(1996), *Ecological Design*, Island Press.

Saito, Yuriko(2002), "Ecological Design: Promises and Challenges," *Environmental Ethics*, 24: 243~261.

Schiller, F. C.(1981), "Value," In J. Hastings (ed.), *Encyclopedia of Religion and Ethics*, vol. XII.

Scott, P. & S. Sullivan.(eds.)(2000), *Political Ecology: Science, Myth and Power*, London: Arnold.

Shaw, Bill(1997), "A Virtue Ethics Approach to Aldo Leopold's Land Ethics," *Environmental Ethics*, 19(1): 53~67.

Smith, Neil(1996), "The Production of Nature," In G. Robertson & M. Mash(eds.), *Future Natural*, London: Routledge(Social Register, vol.43).

Spirn, A. W.(1997), "The Authority of Nature," In J. Wolschke-Bulmahn(ed.), *Nature and Ideology*, Washington, D. C.: Dumbarton Oaks Research

Library and Collection.

Stenmark, Mikael(2002), "The Relevance of Environmental Ethical Theories for Policy Making," *Environmental Ethics,* 24(2): 135~148.

Swart, J. A. Windt, H. & Keulartz, J.(2001), "Valuation of Nature in Conservation and Restoration," *Restoration Ecology,* 9(2): 230~238.

Taylor, P.(1986), *Respect for Nature,* Princeton University Press.

Togerson, D.(1990), "Limits of the Administrative Mind: the Problem of Refining Environmental Problems," In R. Paehlke & D. Togerson(eds.), *Managing Leviathan: Environment Politics & The Administrative State,* London: Belhaven Press.

Trewavas, T.(2003), "Aspects of Plant Intelligence," *Annals of Botany,* 92: 1~20.

Turner, Rita(2009), "The Discursive Construction of Anthropocentrism," *Environmental Ethics,* 31(2): 183~202.

Tyburski, Wlodzimierz(2008), "Origin and Development of Ecological Philosophy and Environmental Ethics and Their Impact on the Idea of Sustainable Development," *Sustainable Development,* vol.16: 100~108.

Van Jones(2009), *The Green Color Economy: How One Solution Can Fix Our Two Biggest Problems,* HarperOne.

WCED(1987), *Our Common Future,* Oxford University Press.

Welchman, Jennifer(1999), "The Virtues of Stewardship," *Environmental Ethics,* 21(4): 411~423.

Williams, M.(2002), *Deforesting the Earth: From Prehistory to Global Crisis,* University of Chicago Press.

Woller, Gary M.(1998), "Toward a Reconciliation of the Bureaucratic and Democratic Ethos," *Administration & Society,* 30: 1.

이도형 —

연세대학교에서 행정학 박사학위를 취득한 뒤, 현재 한국교통대학교 행정학과 교수로 재직하고 있다. 한국행정학회 등 여러 학회지의 편집위원으로 활동했고, 미국 Florida 주립대와 Oregon 대학교에 방문교수로 다녀왔다. 『행정철학』, 『행정학의 샘물』, 『지방자치의 하부구조』, 『정부의 전략적 인적자원관리』, 『비교발전행정론』(2인 공저) 등의 책을 썼다. 현재 '생태주의 철학', '대안적 발전 패러다임', '디지로그 공무원 육성' 쪽의 자료를 모으고 공부하고 있다.

e-mail: ledoh@hanmail.net
blog: http://blog.daum.net/ledoh

생태관료 육성의 철학적 기반을 찾아서

생태주의 행정철학

초 판 인 쇄 | 2012년 3월 1일
초 판 발 행 | 2012년 3월 1일

지 은 이 | 이도형
펴 낸 이 | 채종준
펴 낸 곳 | 한국학술정보㈜
주　　　소 | 경기도 파주시 문발동 파주출판문화정보산업단지 513-5
전　　　화 | 031) 908-3181(대표)
팩　　　스 | 031) 908-3189
홈 페 이 지 | http://ebook.kstudy.com
E - m a i l | 출판사업부　publish@kstudy.com
등　　　록 | 제일산-115호(2000. 6. 19)

ISBN　　978-89-268-3249-3 93350 (Paper Book)
　　　　978-89-268-3250-9 98350 (e-Book)